陕西师范大学教材建设基金资助出版

21世纪高等院校教材

中国古代思想简史

韩 星 编著

陕西师范大学出版社

目　　录

绪论 …………………………………………………………………（ 1 ）
 一、《中国古代思想史》研究对象、内容及其与相关学科的关系 ……（ 1 ）
 二、《中国古代思想史》研究的历史、现状 ………………………（ 3 ）
 三、怎样才能学好中国古代思想史？在学习中应该注意什么？……（ 3 ）

第一章　上古三代的思想意识 …………………………………（ 1 ）
 一、古代思想的萌芽 …………………………………………………（ 1 ）
 二、灵魂不死的观念 …………………………………………………（ 1 ）
 三、万物有灵和自然崇拜 ……………………………………………（ 2 ）
 四、图腾崇拜和祖先崇拜 ……………………………………………（ 3 ）
 五、神话中的观念 ……………………………………………………（ 4 ）
 六、夏代人们的意识 …………………………………………………（ 5 ）
 七、殷代宗教思想 ……………………………………………………（ 6 ）
 八、殷周阴阳五行观念 ………………………………………………（ 7 ）
 九、《尚书·洪范》中的治国之道 …………………………………（ 9 ）
 十、西周宗教与政治思想 ……………………………………………（ 10 ）
 十一、《周易》古经的思想 …………………………………………（ 13 ）

第二章　春秋时期的思想 ………………………………………（ 16 ）
 一、春秋德礼思潮以及人文思想勃兴 ………………………………（ 16 ）
 二、春秋盟誓活动与德治和礼法 ……………………………………（ 17 ）
 三、春秋时代神人、天人关系 ………………………………………（ 19 ）
 四、春秋时代和同之辨 ………………………………………………（ 21 ）
 五、阴阳五行学说的发展 ……………………………………………（ 22 ）
 六、《孙武兵法》与《孙膑兵法》的军事思想 ……………………（ 23 ）
 七、孔子的思想渊源和学术理路 ……………………………………（ 26 ）
 八、孔子的思想体系 …………………………………………………（ 29 ）

九、孔门后学 …………………………………………………（32）
　　十、道家思想的先驱——杨朱及其思想 ……………………（33）
　　十一、老子及《老子》一书的思想 …………………………（35）
　　十二、墨子与墨家学派 ………………………………………（39）
第三章　战国百家争鸣 ……………………………………………（43）
　　一、百家争鸣 …………………………………………………（43）
　　二、思孟学派 …………………………………………………（44）
　　三、《易传》……………………………………………………（51）
　　四、荀子的思想 ………………………………………………（54）
　　五、庄子的思想 ………………………………………………（57）
　　六、黄老道学 …………………………………………………（59）
　　七、《管子》……………………………………………………（61）
　　八、名辩思潮的形成 …………………………………………（63）
　　九、惠施与公孙龙 ……………………………………………（64）
　　十、后期墨家 …………………………………………………（66）
　　十一、前期法家 ………………………………………………（67）
　　十二、法家思想的集大成者——韩非 ………………………（69）
第四章　秦汉的思想学术（上）……………………………………（72）
　　一、秦代专制思想 ……………………………………………（72）
　　二、邹衍的思想及其在秦国的应用 …………………………（73）
　　三、《吕氏春秋》的思想整合尝试 …………………………（74）
　　四、汉初诸子复兴思潮 ………………………………………（77）
　　五、陆贾、贾谊与韩婴的思想整合 …………………………（79）
　　六、黄老道家与儒法 …………………………………………（81）
　　七、董仲舒的思想整合 ………………………………………（83）
第五章　秦汉的思想学术（下）……………………………………（87）
　　八、"罢黜百家，独尊儒术"与汉家制度 ……………………（87）
　　九、谶纬思潮 …………………………………………………（88）
　　十、《白虎通》…………………………………………………（90）
　　十一、司马迁的学术思想 ……………………………………（92）
　　十二、《淮南子》的反主流思想 ……………………………（97）
　　十三、扬雄、桓谭的思想 ……………………………………（99）
　　十四、王充的思想 ……………………………………………（101）

十五、汉末社会思潮 ………………………………………………… (102)

第六章　魏晋南北朝时期的思想思潮 ……………………………… (105)
一、魏晋玄学与魏晋南北朝时期的其他思想 ……………………… (105)
二、魏晋玄学的形成及其思想特征 ………………………………… (106)
三、魏晋玄学的流派 ………………………………………………… (108)
四、魏晋反玄学 ……………………………………………………… (112)
五、魏晋南北朝的佛学 ……………………………………………… (114)
六、魏晋南北朝时期佛教与中国文化的冲突和反佛学思潮 ……… (116)
七、葛洪的丹鼎派道教理论 ………………………………………… (120)
八、寇谦之与陆修静改革"五斗米道" ……………………………… (121)
九、陶弘景与南朝道教改革 ………………………………………… (123)

第七章　隋唐时期的思想文化（上） ……………………………… (124)
一、隋唐以儒为主，佛道为辅的思想文化政策 …………………… (124)
二、王通的思想 ……………………………………………………… (126)
三、孔颖达与《五经正义》 …………………………………………… (128)
四、隋唐时期的佛教流派 …………………………………………… (130)

第八章　隋唐时期的思想文化（下） ……………………………… (139)
五、韩愈的思想特点 ………………………………………………… (139)
六、李翱的《复性书》 ………………………………………………… (142)
七、柳宗元与刘禹锡的思想 ………………………………………… (143)
八、王玄览及其《玄珠录》 …………………………………………… (146)
九、司马承祯的修道理论 …………………………………………… (147)

第九章　宋元时期的思想学术 ……………………………………… (149)
一、宋明理学思潮的产生和发展 …………………………………… (149)
二、周敦颐的思想 …………………………………………………… (150)
三、邵雍的思想 ……………………………………………………… (152)
四、张载的思想及其关学学派 ……………………………………… (154)
五、程颢、程颐的思想及其洛学学派 ……………………………… (157)
六、理学的集大成者——朱熹 ……………………………………… (160)
七、王安石的新学 …………………………………………………… (163)
八、陆九渊的心学思想及朱陆之争 ………………………………… (165)
九、陈亮、叶适的功利学派 ………………………………………… (168)
十、元代儒学思想简述 ……………………………………………… (170)

十一、全真道及其思想……………………………………………（172）
第十章　明代思想与思潮…………………………………………（176）
一、明初朱学………………………………………………………（176）
二、陈献章的思想…………………………………………………（178）
三、明代心学的集大成者——王守仁……………………………（181）
四、阳明学派与东林学派…………………………………………（185）
五、王艮与泰州学派及李贽的思想………………………………（187）
六、罗钦顺、王廷相对理学的批评………………………………（190）
七、吕坤的反理学专制思想………………………………………（194）
第十一章　明清之际的社会变动与思想变化……………………（197）
一、明清之际的社会变动与实学思潮兴起………………………（197）
二、黄宗羲的思想与学术…………………………………………（198）
三、顾炎武的思想与学术…………………………………………（201）
四、西教、西学与中国传统思想…………………………………（204）
五、方以智的学术思想……………………………………………（206）
六、陈确、唐甄的思想倾向………………………………………（208）
七、王夫之的思想观点……………………………………………（209）
第十二章　清代的思想和学术……………………………………（213）
一、乾嘉时期的中国社会与思潮…………………………………（213）
二、专门汉学的形成与发展………………………………………（214）
三、专门汉学的历史影响与评价…………………………………（218）
四、颜李学派的思想特点及其重要观点…………………………（220）
五、戴震的学术思想………………………………………………（223）
六、浙东学派及汪中的学术思想…………………………………（225）
七、焦循与阮元的思想学术………………………………………（226）

绪 论

一、《中国思想史》研究对象、内容及其与相关学科的关系

中国思想史在学科划分上属于历史学科——专门史,但实际上与中国哲学史又非常接近。关于思想史的研究对象,现在还没有统一的认识。著名中国思想史家张岂之先生认为:"思想史是人类社会意识的发展史;确切地说,思想史是理论化的人类社会思想意识的发展史。中国思想史是整个中国历史的一个组成部分,是理论化的中国社会思想意识的发展史。"(张岂之主编:《中国思想史》"原序",西北大学出版社,2003年版,第3页)中国思想史是以中国思想观念的发生、发展、演变的历史过程与规律为研究对象。作为中国历史的一个专门学科,它与中国经济史、中国政治史、中国法制史等不同,不是就某一专门学科进行的历史研究,而是主要从上层建筑领域就中国传统的思想观念、意识形态、精神和学术方面进行的宏观的、概括的、整体的研究,不同时代的社会思潮兴衰、起落以及不同学派对待各种社会思潮的态度、观点与理论,也是其重要的研究内容。

中国思想史与学术史、哲学史的关系十分密切。其实哲学史、思想史、学术史这三个名称严格地说都是"舶来品",在中国历史上只有诸子学、经学、玄学、佛学、理学等名称,并没有哲学史、思想史这样的称呼,与今天哲学史类似的在中国古代如玄学和理学、与今天思想史类似的在中国古代如经学。哲学史、思想史与学术史这些内容在中国文化传统中是浑然一体的,近代以来受西学影响,渐渐分化,成为人们进行研究的不同范式。20世纪以来,学者们出版了为数不少的哲学史和思想史的著作,而其中以前者命名的远多于后者。但实际上人们往往把二者混同起来,撰"中国哲学史"者,内容宽于"哲学史"而略同于"中国思想史",撰"中国思想史"者,内容大都局限于"中国哲学史"的范围。

关于这三者的关系,已经有许多学人进行了非常有意义的探讨,如张岂之先生曾提出:"学术史不同于政治史、法律史等,也不同于思想史。在思想史中含有一定学术史的内容,同样,在学术史中也含有一定思想史素材,但这二者也不能等同,因为思想史更加偏重于理论思维(或逻辑思维)演变和发展的研究。

顾名思义,学术史必须研究'学术',而'学术'的载体是学术著作。著作是学术成果的一种表现形式,当然还有其他形式。因此,要求学术史研究并评论有代表性的学术成果,以阐明其学术意义(在学术史上有什么地位与作用)和历史意义(对于当代社会以及后来社会有什么影响)。"(张岂之:《中国近代史学学术史·序》,中国社会科学出版社,1996年版)

葛兆光先生也认为,"古往今来哲人智者探寻宇宙、社会与人生之道,有的靠灵感启悟,有的以格物致知,有的凭实验操作,有的由逻辑演绎,选择范畴、切入角度、进行运算、归纳分析,各个不同,代代相异,以时间为轴研究这不同相异,便是学术史的事情;思想二字从'心',心之官则思,不需翻检字典也可以明白这里指沉思、思维、想象的内容,……古往今来哲人智者有的想探索宇宙,有的要改造社会,有的在体验人生,一代与一代想法不同,一人与一人目的相异,这不同与相异在时间轴上的衔接演变是思想史的任务。"(葛兆光:《思想史与学术史》,《学人》第一辑,江苏文艺出版社,1991年版,第27—28页)这就揭示了学术史与思想史结合对于中国学术史和思想史研究的重要意义。

郭沂先生有更清晰的说法:"我们或许可以把从事学术研究的人分为三个层面。第一个层面是哲学家,他提出了一套关于世界的根本看法和关于存在问题的独到见解,并为之建构了一个超验的形而上学体系。第二个层面是思想家,他虽然没有建构出一套形而上学体系,甚至没有提出一套关于世界的根本看法,但他提出了自己独特的思想,并对现实或历史发生了重要影响。第三个层面是学者,泛指所有从事学术研究的人。这三个层面依次存在着包容和被包容的关系。也就是说,哲学家首先是思想家,思想家首先是学者。而这三个层面正分别是哲学史、思想史和学术史研究的对象。就哲学史、思想史和学术史的关系而言,哲学史是思想史的核心,思想史又是学术史的主体。虽然我们可以作出这种划分,但在实际研究中,这三个方面是相互关联、不可分割的。"(郭沂:《郭店竹简与先秦学术思想·绪论》,上海教育出版社,2001年版,第1页)

有的学者对思想史和哲学史研究的对象和重点做了区分:思想史研究的对象和重点,是思想流变发展规律的历史进程;哲学史研究的对象和重点,则是理论思维发展的内在逻辑。(李锦全:《试论思想史与哲学史的联系和区别》,《哲学研究》1984年第4期)1983年在西安举行的首届全国中国思想史学术讨论会上就形成了一个基本看法:哲学史、思想史和文化史是三个相互联系的概念和领域,就范围而言,文化史最大,思想史次之,哲学史最小(刘宝才:《关于中国思想史对象问题讨论情况综述》,《西北大学学报》(哲社版)1984年第1期)。

二、《中国思想史》研究的历史、现状

在中国，思想史的研究已有两千多年的历史，历史上出现了《庄子·天下篇》、《荀子·非十二子》、《韩非子·显学》、司马谈《论六家之要指》《汉书·艺文志》的"六艺略"和"诸子略"、朱熹《伊洛渊源录》、孙奇峰《理学宗传》、黄宗羲等《宋元学案》《明儒学案》、江藩《汉学师承记》等思想史论著。20世纪以来，中国思想史、中国哲学史研究有影响的主要是胡适的《中国哲学史大纲》（卷上）、梁启超的《先秦政治思想史》、冯友兰的《中国哲学史》（上、下）、侯外庐的《中国古代思想学说史》、侯外庐主编的多卷本《中国思想通史》、任继愈主编的《中国哲学史》（全四册）、李泽厚的《中国古代思想史论》《中国近代思想史论》、肖萐父、李锦全主编的《中国哲学史》、葛兆光的《中国思想史》（分《七世纪前中国的知识、思想与信仰世界》和《七世纪至十九世纪中国的知识、思想与信仰世界》）等。

三、怎样才能学好中国思想史？在学习中应该注意什么？

中国思想史的学习，可能存在一些误区，如以今人的观念来理解古人，以今天的水平来要求昨天的学者，以教条主义的公式套过去的思想观念，以西方的学术理路肢解中国传统思想学术，以政治的眼光对待学术问题，拔高或压低古人，等等，这些都是我们过去研究中国思想史、哲学史过程中曾经发生过的，是有着深刻的教训应该吸取的。因此，在学习过程中，要通过分析历史上的各种思想形态和思想意识，总结和吸取历史的经验、教训，培养自己的思辨能力，进一步提高发现问题、分析问题、解决问题的能力。具体的讲：

第一，要读懂原著，扫清文字障碍，弄清过去思想家的真实思想。切忌以现代人的思路"理解"古人，那样往往要歪曲古人的思想。

第二，要知人论世，以同情的理解，进入古人的时代，追随古人的生活，体会古人的心境，进一步准确地理解古人的思想观点。

第三，要把思想史的学习研究与社会史的学习研究结合起来，不能就思想论思想。因为任何一种思想的产生都不会空穴来风，是有一定的社会原因的。因此，在学习和研究中要注意历史与逻辑的统一。

第四，在学习中要注意思想的流变，对各个思想学派的兴衰变化、学派间的相互辩论和承袭融合，前代思想家对后代思想家的影响，以及后代思想家对前代的继承和发展，要有宏观的审视和把握。

第五，研究中国思想史还要注意史料与观点的统一，所谓"史"与"论"的结合。只有观点而材料不充分，就没有说服力，就容易发空论，华而不实；只重视

材料,而不提炼出观点,就成了材料的堆积,让人生厌。史论结合,以论导史,以史带论,避免片面性。

第六,学习和研究中国思想史要有现实感和经世意识,不能"两耳不闻窗外事,一心只读圣贤书",而要"风声、雨声、读书声,声声入耳,国事、家事、天下事,事事关心"。历史上思想家思考的问题往往都有一定的现实意义,而许多现实问题的解决也可以从历史上的思想家那里得到有益的启示。

第一章 上古三代的思想意识

一、古代思想的萌芽

中国是世界上文明发达的最早国家之一,至今有确切记载的文明历史由于夏商周断代工程的研究成果,已经确切地说明我们有五千年的文明史。思想观念萌芽于原始社会,发展历史源远流长。

在原始社会,人们的生产能力、智力都非常简单低下,无法说明自己及其周围的各种现象,于是就对捉摸不定的自身构造和自然力产生了各种幼稚而又形象化的观念。正如马克思所说:"古代各族是在幻想中、神话中经历了自己的史前时期。"(《马克思恩格斯选集》第1卷,第6页)他又说:"哲学最初在意识的宗教形式中形成。"(《马克思恩格斯全集》第25卷,第26页)我国原始社会的意识形式也表现为宗教和神话,其世界观也采取有神论的形态。中国思想在其史前发展过程中,自从灵魂不死观念产生以后,与他相联系的原始宗教也经历了万物有灵和自然崇拜、图腾崇拜和祖先崇拜等不同发展阶段,神话中所反映出来的观念也是中国思想史前形态的重要内容。

二、灵魂不死的观念

灵魂的观念产生于原始社会。恩格斯指出:"在远古的时代,人们还丝毫不知道自己身体的构造,还不会解释梦见的事,便以为他们的思维和感觉不是他们身体的活动;而是某种独特的东西,即寄居在这个身体内而在人死亡后即离开人的身体的灵魂的活动。"(《费尔巴哈与德国古典哲学的终结》,人民出版社,1959年版,第13页)

我国考古发掘的北京周口店山顶洞人的墓葬中,以燧石、石器、石珠、穿孔兽牙等物作为随葬品,并在死者身旁撒有红色铁矿粉。研究者结合现代民族学资料进行分析,因为近代处于原始社会的一些氏族部落,认为红色表示血液,血是生命的来源和灵魂寄身之所,生者给死亡的氏族成员随葬物品,是为了让他在另一世界过人世间一样的生活。这说明山顶洞人已经有了灵魂不死观念的萌芽。半坡或其他原始社会的墓葬中已有随葬品,说明原始社会人们相信人死后还继续其生前的生活,所以用生产工具和生活用品随葬。还有在仰韶文化的墓葬中,许多死者的头都向西方安放,这可能意味着人死后灵魂可以回到另一个世界(西方)去生活。

灵魂不死观念的出现是一个重要的标志,只有当原始人的生产能力和智力发展到一定阶段,思维能够离开当前的具体对象作类推联想时,才能从日常的现实生活中推想到死后的生活、人死了灵魂可以离开形体继续活动等生死大问题。山顶洞人对生死的看法,是一种最早的宗教观念,也可以说是一种最早的形神观。

三、万物有灵和自然崇拜

万物有灵观念和由此引起的自然崇拜活动,在距今5000到7000年的仰韶文化时代很盛行。原始人长期以来同自然界混于一起,大自然一方面赐予人们阳光雨露,提供衣食住行的资源;另一方面又往往会翻脸无情,使寒冬酷暑、毒蛇猛兽随时危及人们的生存,使地震火山、洪水狂风摧毁人们的家园。随着人类对自然界进行改造的努力,生产能力获得一定发展,生活条件提供一定可能,思维能力达到把自己与自然界明确分开来的时候,人们才意识到自然力是一种可怕的具有无限威力的异己力量。人们开始观察和思考自然界为什么会有寒暑往来、日月交替,为什么会出现阴晴雨雪等等。在当时对自然界的理解,最直接的思路便是以身取譬,以为自然界也与人一样,具有思想、意志和感情,也有自己的灵魂,这便是万物有灵观念的产生。在原始人的眼里,自然界的各种事物和现象,无论日月、星辰还是山川、河流、风雨、雷电都有某种神奇的力量,于是所有影响作用于人类生活的自然物、自然力,纷纷被幻化为形形色色的神灵:日神、月神、雷公、电母、土地爷、河伯……祈祷这些神灵保佑平安,帮助先民战胜无法预料又无力抵御的灾害,就是原始宗教的发端。

对于进入农耕社会的先民来说,太阳普照大地,土地滋长万物,太阳和土地是他们赖以生存的最重要的自然物,也是他们虔诚供奉的神祇。在仰韶、屈家岭、马厂等文化遗址出土的陶器上,人们往往发现太阳图形的纹饰,在连云港将军崖、云南沧源、广西宁明的新石器时代崖画上,也清晰地出现了太阳的形象。《尚书·舜典》说舜时已有"禋于六宗",什么是"六宗"?马逵说:"天宗三——日月星,地宗三——河海岱。"殷墟卜辞和《尚书》均有"宾日"、"饯日"等宗教仪式的记录,《礼记·表记》说:"郊之祭,大报天而主日,配以月;夏后氏祭其暗,殷人祭其阳,周人祭日以朝及暗",可见三代都是崇拜日月的,这并不是三代的新创,当然是从上古流传下来的,是原始时代日月崇拜的继续。不过,有一个十分有趣的现象,就是太阳崇拜在中国后来的思想文化史上没有继续发展成为像西方太阳神阿波罗那样的声名显赫,汉代以后人们普遍以太一为天上的主神,而不是太阳神。如《史记·天官书》说:"中宫天极星,其一明者,太一常居也。"《正义》说:"泰一,天帝之别名也。"上帝、天帝、太一、泰一等,都是天上神灵系统中至上神的不同名称。这个问题可以进行中西文化的比较研究,以更好地探讨中国思想文化的特征。

原始先民对土地的崇拜来源于人们生活对土地的直接依赖,如《艺文类聚》卷六引《春秋元命苞》说:"地者,易也,言养物怀任,交易变化,含吐应节。"把万物的发荣繁衍,物相的交替更迭,都看成是地的功劳。《物理论》说:"地者,其卦曰坤,其德曰母,其神曰祇,亦曰媪。大而名之曰黄地祇,小而名之曰神州,亦名后土。"(《初学记》卷五引)祇、媪、后土都是地神的名称。中国民间,还有关于"地母"的神话传说一直在流传着。随着人们思维的进化发展,人们不断地对宗教信仰的现象进行归纳、分类,形成了天上、人鬼、地下三大神祇系统。总之,在我们的先民那里,"山林川谷丘陵,能出云,为风雨,见怪物,皆曰神。"(《礼记·祭法》)几乎一切自然现象都是他们崇拜的对象——这就是自然崇拜。

四、图腾崇拜和祖先崇拜

图腾(Totemism)是由印第安人的语言中来,指的是野蛮人的一种对自然物的迷信。他们信仰一类物质的东西或动物,是与社会及个人有密切的关系的。一般多是指宗族的图腾,即某一宗族的人类,认为其祖宗出于某一图腾,或即是某一图腾的化身。原始人生活在大自然中,在相当长的时间里,动物对于人的生存至关重要。一方面动物给人们提供生活的重要来源,另一方面动物在许多情况下比人更为灵巧或有力量,凶禽猛兽甚至袭击人、伤害人,威胁人们的生存。人们既依赖动物又害怕动物,便把动物当成神灵来崇拜。这种动物崇拜与人们对自己祖先的探求相结合,便产生了图腾崇拜。图腾成为氏族的徽号和保护神,受到本民族的敬仰和膜拜。

当时每个氏族部落都相信他们这个氏族与某种动物或植物或无生物有着亲属或其他特殊关系,而分别以某种自然物作为本族的保护者和象征而加以崇拜。像黄帝部族,就以云为图腾;炎帝部族,以火为图腾;共工氏以水、太皞氏以龙、少皞氏以鸟作为自己的图腾。中国古代文献中那些古帝的形象,往往是什么蛇首人身之类的,就是暗示其是从蛇一类动物变来的,或者该氏族以蛇为崇拜对象。《说文解字》:"南方闽蛮从虫,北方狄从犬,东方貊从豸,西方羌从羊。"虫、犬、豸、羊可能就是蛮、犬、貊、羌这些氏族的图腾。在仰韶文化的彩陶上有鸟、鱼、蛙和人首虫身等图像,可能就是当时一些氏族的图腾。中国先民图腾崇拜的对象主要是龙凤。中华民族又称"龙的传人"。为什么称"龙的传人"? 闻一多先生早年曾指出,龙凤崇拜是"我们民族发祥和文化肇端的象征"。(《闻一多全集》第1册,第69页,上海开明书店1949年)1994年,在属于兴隆洼文化的查海类型文化遗址中发现了一条以红褐色石块精心堆塑的龙,身长

19.7米,宽1.82米(《查海遗址发掘再获重大成果》,《中国文物报》1995.3.18)这是我国目前已知的崇龙实例,距今8000年。到了红山文化和仰韶文化时期,我国南北各地的崇龙习俗已十分普遍。近年来,随着辽河流域红山文化考古的不断深入,考古工作者先后发现了20余件形似熊龙的玉玦,这种玉雕熊龙是红山文化玉器中最多的种类之一,地位非同寻常,其分布面覆盖了红山文化分布区的大部分。龙崇拜还透露了我们祖先不同氏族部落融合的信息,因为龙是各种动物的综合,闻一多先生在《伏羲考》一文说:"龙的形象是在蛇的基础上,接受了兽类的四脚,马的头,蛇的尾,鹿的角,狗的爪,鱼的鳞和须"综合形成的。今天,龙已经成为中华民族的象征。

进入父系氏族社会以后,意识形式的发展又有了新的突破,最早的宇宙发生论和社会历史观念大约就是在这一时期形成的。父系氏族社会开始形成了规模较大的部落和部落联盟,不断地迁徙和战争,加上生产和交流范围的扩大,宽阔了人们的眼界,增强了战胜自然界的能力。在这一时期,农业生产的发展使人们的生活有了可靠的保证,畜牧业的兴盛表明人们在动物面前的自卑感和依赖感减少了,而优越感和自主感增强了,这样就逐渐的不再把动物当成崇拜的对象。人们把氏族或部落的始祖之神从动物移到男性英雄人物身上,氏族首领往往作为智能、能力、德性方面最出色的长辈,生前给部族带来繁荣和强大,人们当然幻想祖先去世后不死的灵魂仍会在暗中保佑自己的部落和子孙后代,所以那些有功有德的祖先就被称为"祖宗"而成为崇拜的对象。像传说中发明取火的燧人氏、构木为巢的有巢氏、驯化动物的伏羲氏、遍尝百草分明五谷的神农氏等。

五、神话中的观念

我国古代有许多神话和传说,如开天辟地的神话,说的是在天地开辟之前,宇宙不过是混混沌沌的一团气,里面没有光,没有声音。这时候,出了一个盘古氏,用大斧把这一团混沌劈了开来。轻的气往上浮,就成了天;重的气往下沉,就成了地。以后,天每天高出一丈,地每天加厚一丈,盘古氏本人也每天长高了一丈。这样过了一万八千年,天就很高很高,地就很厚很厚,盘古氏当然也成了顶天立地的巨人。后来,盘古氏死了,他的身体的各个部分就变成了太阳、月亮、星星、高山、河流、草木等等。这是人类思考自身来源的一个典型神话,表现了人类思想的能力,形象而又生动地揭示了中国传统哲学的核心观念——"天地人一体"的思想。今天,人们一谈起历史,常常说从"盘古开天地"起。其实,所谓盘古就是太古,是宇宙起源之前一无所有的状态。无极而太极,太极生两仪,就是所谓盘古分天地。现代宇宙学已经证明,宇宙的起源有一个"奇点",由前原子状态到原子、分子状态,然后是恒星的起源、行星的起源,然后是生命的起源,最后是人类的起源。天地开辟之后,伏羲、女娲应运而生,女娲"抟土造人",才有了人类。伏羲氏仰观天文、俯察地理,研究草木、鸟兽的生活习性,根据宇宙万物的自身性质和变化规律,"一画开天",分阴分阳,创立了"八卦",教导人们识别天、地、水、火、山、泽、风、雷这八种基本的自然现象。此外,还有羿射九日、嫦娥奔月等。盘古、伏羲和女娲后来被称为"三皇"。再往后,神农氏炎帝、轩辕氏黄帝和后来的尧、舜、禹为"五帝"。在三皇五帝之后,就是夏、商、周、秦、汉、唐、宋、元、明、清……是中华民族一脉相承的历史传统。

  神话传说是上古历史的史影,往往有精巧的构思,富有想象力的情节,不但具有文学艺术的魅力,又是氏族成员集体智慧的结晶,包含着十分丰富的思想观念,反映了随着生产的进步,人们对大自然斗争的能力和信心增强了,进而产生了要求征服和支配自然力的美好愿望。这种相信人力能够征服自然的信念,成为后来我国古代无神论思想产生的萌芽。如何认识神话,马克思曾经揭示了神话传说的历史意义:"过去的现实又反映在荒诞的神话形式中。""人物虽然是神话中的人物,但这一点并不重要,因为传说确切地反映了氏族的制度。"(马克思:《摩尔根〈古代社会〉一书摘要》,第173、231页)拉法格也说过:"神话既不是骗子的谎话,也不是无谓的想象产物,它们不如说是人类思想的朴素形式之一。"(拉法格:《宗教和资本》第2页,三联书店,1963年)就是说神话往往是上古没有文字以前历史的变形反映,破除神话的迷雾可以间接地了解史前人们的生活和观念。

六、夏代人们的意识

  公元前2070年左右,黄河中下游出现了中国历史上第一个朝代——夏代,从此开始传子的世袭制度。夏代国家是从父系氏族社会蜕变而来的。蜕变有一个漫长的历史过程,世袭制度没有废除氏族制,而是把父系氏族推广开来,用以管理国家。与此相应,原始的宗教观也发生了变化。总体上,夏代表现了更多的文明成分,宗教的地位在明显下降的同时自身也发生了变化。《礼记·表记》说:"夏道遵命,事鬼神而远之,近人而忠焉。"什么是"忠"?今天我们可以从鲧、禹治水的故事中加以推测。传说鲧因治水不当被治罪,而禹仍然恪尽职守,劳形天下,这就是忠。因此,柳诒徵在《中国文化史》中说:"夏时所尚之忠……谓居职任事者,当竭心尽力求利于人而已。"

  在夏代,原始宗教已经变为人为宗教,但具体状况目前尚无确切文字可考,据牟钟鉴推测,夏代大约已经形成了至上神的观念,其宗教观念是从原始宗教中继承下来的祖先崇拜和灵魂——祖灵——崇拜(《中国宗教通史·上卷》,第

86—87页),这有孔子的话可以为证:禹"致孝乎鬼神"。(《论语·泰伯》)夏代统治者为了论证自己统治的合理性,认为天神是宇宙的最高支配者,君王是天神在人间的代表,声称自己的政权是得之于"天命"的,如《尚书·召诰》记载说:"有夏服(受)天命"。《礼记·表记》也记载孔子说夏代尊天命,即是说夏王朝是受天之命来统治万民的。因此,天命观念在夏代就有了,这种思想实际上是一种有神论的宗教思想。历史记载还表明,在夏代末期,由于统治者的残暴统治,激起了人民的反抗,也产生了对天命观念的怀疑。据《汤誓》载夏桀时人民咒骂夏桀的话:"时日害(曷)丧,予及汝皆亡。"夏桀把自己比作太阳,希望他的统治像太阳一样长久,而人民表示了不满夏桀的残暴,要与他同归于尽的愤怨。

七、殷代宗教思想

公元前1600年左右,黄河下游的商部落灭掉夏朝,建立起商王朝。在殷代,思想更演变为以宗教为主的特色,宗教支配着整个社会生活和精神生活,《礼记·表记》说:"殷人尊神,率民以事鬼,先鬼而后礼","道德观念在卜辞中没有痕迹"(《中国思想通史·第一卷》,第64页)。在殷商人眼里,几乎每一种与人关系密切的自然物、自然现象都有它们的神灵。这与考古所呈现的商代文化的总貌也相符,从出土的甲骨卜辞来看,殷人几乎所有的事务,比如年成的丰歉,战争的胜败,城邑的兴建,官吏的任免,刑罚的施用,法律的制定,以及奴隶是否逃亡等等,都是通过占卜向祖先神和"上帝"祈祷和请示。甚至发展到无日不占,无事不卜的程度。《尚书·洪范篇》作为追述殷商官方政治文化方面的原始资料,向我们展示了殷人一切都要通过占卜预决吉凶的事实:"汝则有大疑,谋及乃心,谋及卿士,谋及庶人,谋及卜筮。汝则从,龟从,筮从,卿士从,庶民从,是之谓大同。身其康疆,子孙其逢吉。汝则从,龟从,筮从,卿士逆,庶民逆,吉。卿士从,龟从,筮从,汝则逆,庶民逆,吉。庶民从,龟从,筮从,汝则逆,卿士逆,吉。汝则从,龟从,筮逆,卿士逆,庶民逆,作内吉,作外凶。龟筮共逆于人,用静吉,用作凶。"从这段引文中,我们可以看到,在国君、卿士、庶人、卜、筮五方面因素中,起至关重要作用的是卜、筮的意见,国君、卿士、庶人的意见只是起一定的参考作用,而卜、筮的结果却具有最终的决定权。

但是,占卜并不是所有人都能够做的事,为此,商代还有一批专门从事决断吉凶的人才,这就是巫、卜、史、祝。《国语·楚语》中说:"民神杂糅……家有巫史。"《说文解字》上说:"巫祝也,能齐肃神明者,在男曰觋,在女曰巫。"司马迁在《报任少卿书》中说:"仆之先人,文史、星历,近乎卜祝之间。"巫、卜、史、祝是专业祭祀阶层,是中国最早的知识分子。他们具有天文、历史等知识,能够预测吉凶、祈祷神灵，沟通天地人。甲骨卜辞就是他们问"卜"上帝的记录。显然，这个时期是一个宗教意识极为浓厚的时代，整个社会中到处弥漫着原始宗教的气息，神学观念在社会中占据绝对统治的地位。因此，有人称之为"神本主义"。

甲骨卜辞表明，殷商时期统治者抬出了一个至高无上的神，叫"帝（上帝）"，认为上帝是整个自然、社会的主宰，并迷信它广泛的神力。这样，以上帝为至上神的一元宗教代替了自然崇拜和祖先崇拜的原始宗教。在殷人的神人关系中，"帝（上帝）"是至高无上的，一切都要听命于他的安排，人完全是其附庸，受其支配。陈梦家《殷墟卜辞综述》认为："卜辞中上帝有很大的权威，是管理自然和下国的主宰。"殷人把现实世界称为"下"的世界，把神的世界称为"上"的世界。正如在"下"的世界里有一个王是最高统治者一样，在"上"的世界里也有一个至上神是最高统治者，这就是"帝"或"上帝"。也正如"下"的世界里王有许多臣吏管理各种事务一样，在"上"的世界里上帝也有许多臣吏管理各种事务。这样，自然神如日、月、山、川等神灵都失去了独立性，成为执行上帝意志的工具。

殷人的宗教是祖先一元神的宗教。他们祭奉的至上神上帝实际上就是殷民自己的祖先，即卜辞中的"高祖夔"。卜辞中的高祖夔就是《山海经》中的帝俊，也就是《帝王世纪》中的帝喾和《国语·鲁语》中的舜。而这位殷人的始祖到底是人王还是上帝呢？《山海经》中说帝俊是许多圣贤的父亲，是娥皇的丈夫，好像是人王；同时又说他生育了太阳和月亮，又显然是上帝。玄鸟的传说也是殷人帝祖合一宗教观念的证明。传说"天命玄鸟，降而生商"（《商颂·玄鸟》），是说殷人的女性祖先简狄吞了玄鸟的卵，因而怀孕，生下殷人的祖先契来。玄鸟是上帝派到人间来的，故而契就是上帝的儿子。这样一来，殷人便以"上帝"的后代的身份实行对人间的统治。从客观上看，殷人的宗教思想，有利于巩固商族内部的团结，也有利于维护商族对他族的统治。但是，商王一意侍奉神灵，不重民事，假借鬼神，作威作福，终于激化了阶级矛盾而走向了衰亡。

八、殷周阴阳五行观念

殷周宗教思想与早期阴阳五行说联系在一起。最早所说的阴阳只是一个明与暗的相对的日常观念，只是反映了阳光照射到与照射不到这两种自然现象。阳光照射到的地方就叫做"阳"，阳光照射不到的地方就叫做"阴"。以后，随着人们对这两种自然现象的观察不断深入，阴阳概念的内涵也就不断地扩展。人们看到一切现象都有正反两个方面，就用阴阳这个概念来解释自然界两种对立和相互消长的力量，阳代表阳性、主动、热、明、干、刚等等，阴代表阴性、被动、冷、暗、湿、柔等等。阴阳二道互相作用，产生宇宙一切现象，这就是阴阳之道。这种思想,在中国人的宇宙起源论里直至近代依然盛行。从历史上看,在殷墟卜辞中已经出现"阳"字,有人认为卜辞中也出现了"阴"字。周人早在祖先公刘时就发现了阴阳与农业生产有密切关系,如《诗经·公刘》载:"笃公刘/既溥既长/既景乃岗/相其阴阳/观其泉流……"西周初年,阴阳观念发展成为包含辩证思维的阴阳说,集中体现在《周易》古经中,这方面的内容我们下面还要专门论述。西周末期的伯阳父曾经用阴阳观念解释自然现象,《国语·周语》记载他解释地震原因的话说:"阳伏而不能出,阴迫而不能蒸,于是有地震。……是阳失其所而镇阴也。"在他看来,因为阴阳错位导致了地震的发生。他还把"阴"和"阳"看成是两种基本的互相对立的物质力量,并把它们提到"天地之气"的高度,这就使"阴阳"概念超出了特殊领域,升华为具有普遍意义的朴素辩证法范畴。

商周之际出现的"五行"说,试图用水、火、木、金、土五种具体的物质变化来说明世界万物的起源和多样性的统一问题。"五行"概念的最早记载见于《尚书·甘誓》,这是一篇从夏代流传下来,并经过后人修饰、改定的古代文献,记述夏启与有扈氏在甘地决战时发布的誓师词,其中指责有扈氏"威侮五行,怠弃三正"。这里"五行"是指金木水火土五物,"三正"是指多少与五行有关的正德、利用、厚生三大政事。《尚书·洪范》是西周初年流传下来的文献,其中提到了水、火、木、金、土"五行":

一曰水,二曰火,三曰木,四曰金,五曰土。水曰润下,火曰炎上,木曰曲直,金曰从革,土爰稼穑。润下作咸,炎上作苦,曲直作酸,从革作辛,稼穑作甘。

这就非常清楚地讲了五行的名称、性质和作用。水向下浸润,其味是咸的;火焰向上燃烧,其味是苦的;木具有柔韧的弹性,可曲可直,其味是酸的;金熔化后可以制成各种变化的器械(从,顺也;革,变也),能给人带来痛苦;土能够种植农作物,收获甘美的果实。《洪范》"五行"说包含着许多哲学思维的可贵萌芽,这里仅论述几点:

第一,包含着差异思想的萌芽。它把水、火、木、金、土五种物质元素放在"相互关系"中加以考察比较,形象地揭示出事物在性质上有"润"与"燥"的差别,在方位上有"上"与"下"的差别,在形体上有"曲"与"直"的差别。这里已经注意到观察事物的特性和功能,试图从联系和差别中认识事物,重视差别,这就为研究事物的矛盾打开了思路。

第二,包含有联系思想的萌芽。水、火、木、金、土五种物质元素之间是存在着一定的客观关系,但要获得对这些关系的初步认识,需要经过长期的实践,并付出代价。如鲧治水,由于不掌握水、土之性,采取以土堵的方式而失败了,禹总结了这个教训,按照"水曰润下"的客观性能,采取"高高下下,疏川导滞"的办法,最后取得了治水平土的胜利。这种对五行中水、土性能及其关系的认识,给人们带来了实际的益处。

第三,包含有能动性思想的萌芽。我们的先民由于认识到"火曰炎上"的特性,就"使益掌火,益烈山泽而焚之,禽兽逃匿"(《孟子·滕文公上》),推行刀耕火种。由于认识到"木曰曲直"的特性,就可以制造各种交通工具,做到"陆行乘车,泥行乘撬"(《史记·夏本纪》)。特别是由于认识到"金曰从革"的特性,就能够制造各种武器和工具。金不同于水、火等现成的自然物,而是人们经过冶炼而成,对金的特性概括出"从革"二字,表示"金"的发现是人们通过变革自然的结果,并且坚硬如"金"(铜)的物体可以在一定条件下"顺从"人的需要而"变革"成各种工具。这在哲学上是对人的自觉的能动性的朴素概括。

关于"五行"还有一条资料,传说武王伐纣,大军挺进到殷商都城的郊区时,"停止宿夜,士卒皆欢乐达旦,前歌后舞",齐声欢呼:"孜孜无怠。水火者,百姓之所饮食也;金木者,百姓之所兴生也;土者,万物之所资生;是为人用。"(《尚书·大传》)这里更具体地说明了五行与人类生活的密切关系,是人们日常生活所不可缺少的。

西周末年,随着生产力的发展和人们思维能力的进一步提高,"五行"说在社会上广为流行,并有了较大的思想突破。据《左传·襄公二十七年》记载,宋国大夫子罕说:"天生五材,民并用之,废一不可。"这里说的"五材",就是指五行。《左传·昭公三十二年》有所谓"天有三辰,地有五行",《国语·鲁语》说:"地之五行,所以生殖也"。又据《国语·郑语》记载,西周末年幽王的史官史伯与郑伯谈话时明确指出:"先王以土与金木水火杂,以成百物"。这些例子说明基于对五行之物与人生日用之间的紧密关系的认识,以及跟别的事物之间的类比关系,当时的人们在进一步思考五行之间的统一整体关系。

九、《尚书·洪范》中的治国之道

据《史记·周本纪》所载:周武王灭商后,被俘的商朝贵族归顺周朝,武王问治国之道,箕子向武王陈述了九类治国大法,即《尚书·洪范》篇的"洪范九畴"。对于这个说法,近代以来有人提出异议,认为《尚书·洪范》可能是战国时期五行家的著述。然而,就其表现出的政治思想和意识形态来看,基本上与殷末周初相合。因此,《洪范》虽可能有后人窜入的成分,也不一定是箕子传授给武王的,但它的主要部分可以代表殷末周初的思想。

《洪范》篇一开始就说,禹的父亲鲧治水不好,惹恼了上帝,因此不能得到"大法"。禹治水成功,感动了上帝,上帝就给他这个"大法",这就是"洪范九畴"。其内容概括为：

（1）五行：自然界有水、火、木、金、土五种物质，它们各有不同的性质与作用，是人类生活所不可缺少的。

（2）五事：对君主貌、言、视、听、思的要求，即貌曰恭，言曰从，视曰明，听曰聪，思曰睿，这"五事"可以产生应有的作用：恭作肃，从作乂，明作哲，聪作谋，睿作圣。这些是就人类的社会现象和精神现象而言的。

（3）八政：食、货、祀、司空、司徒、司寇、兵、师八项政事。

（4）五纪：年、日、月、星辰、历数。

（5）皇极：君主建立的准则，也是人民言论、行动的最高标准。

（6）三德：正直、刚克、柔克。中正和平就是正直，强不可亲就是刚克，和顺可亲就是柔克。

（7）稽疑：卜筮的作用，君主如果有重大的疑难，好考虑与卿士、与庶民、与卜筮官员商量。

（8）庶征：雨、晴、暖、寒、风等检验君主得失的征兆，它们都必须及时。这五者如果按正常秩序来得很充足，各种植物就会长得茂盛而丰饶。其中任何一种，如果极多，或者极少，就会造成灾害。

（9）五福六极：五种幸福，即一曰寿、二曰富、三曰康宁、四曰攸好德、五曰考命终，六种不幸，即一曰凶、短、折，二曰疾，三曰忧，四曰贫，五曰恶，六曰弱。

十、西周宗教与政治思想

约公元前1046年，在渭水流域发展的周人灭掉殷商，建立起周朝，并分封同姓子弟和功臣，在各个地方建立诸侯国。周人占领了中原，继承了中原文化，逐渐形成了"中国"这个观念，如《诗经·大雅·生民之什》上说："惠此中国，以绥四方。"中国是相对四方而言，后来进一步形成"华夏"以及"夷夏之辨"的观念，如《左传·定公十年》上说："裔不谋夏，夷不乱华。"

周人对商人的思想观念有继承，但更有创新。在宗教观念上，周人承袭了商人的某些思想，而上帝祖先神的分离则是西周宗教思想的一个创新。在周人看来，每个民族都有自己的祖先神，每个祖先神都保护着自己的后代，同时，在祖先神之外，还有一个更高的至上神"天"或"帝"。支持周人取代商人的，不仅有周人的祖先神，还有"天"或"帝"。"天"或"帝"既然能够支持周人，那他就一定不是商人的祖先神；反之，如果他是商人的祖先神，那么他一定不会支持周人。因此，结论必须而且只能是：祖先神和至上神是两码事，二者之间没有血缘关系。"天"或"帝"是众多民族的祖先神之上的最高的主宰。这样，周人就把商人的一元神论推翻，转变成为二元神论。周人继承商人崇拜祖先的观念，认为祭奉祖先是子孙的神圣义务。但周人更倾向于称至上神为"天"。周人认为，他们的祖先是上帝的儿子，被派到下界来做最高统治者，死后灵魂回到天上去，仍然是天的下属。天是主宰人类祸福的全能神，每个人的生死夭寿、穷通祸福、利禄爵位都由天帝主宰。王取得国家统治权叫"受命"，把政权维持下去叫"永保天命"。

天命可以转移，是周人宗教思想的又一个创新。周代在总结殷亡周兴的历史经验教训时，把夏商周三代的兴亡联系起来考察，力图找出三代更替的因果联系。他们认为，三代虽然都是天神所授，但是天神并不是毫无选择地任意所为，而是"天惟时求民主"（《尚书·多方》）。天神既然把统治人间的大权交给了殷王，为什么又把统治权转移给了周王呢？周人解释说："民之所欲，天必从之"（《左传·襄公三十一年》引《泰誓》）。这是说，王权的得失既是天意也是民意决定的。殷代后世的王，特别是殷纣王，胡作非为，不但不敬天神，还给人民带来许多灾难，所以天就让周人取代殷王作民之主。《尚书·多士》中周成王告诫殷商遗民说，我们周人取代商人，就像你们商人取代夏人一样，都是天意，是一种正义的行为。周人心目中的上帝具有了一种主持公道、是非观念明确的品格，这是一个了不起的进步。

周人把"天命"思想从殷人单纯的宗教迷信中突出出来，增加了其政治性色彩。周室为了加强其统治地位，灵活运用其天命思想，采取了双重标准论：面对殷商遗民，周室一再宣称，政权的取得，是上天的意志，肯定天命的不可动摇性和神圣性；但在周室内部，则一再强调殷鉴不远，政权获取之不易，因而不断告诫天命实不可信，表示对天命的怀疑和警戒，这在打击宗教迷信思想的同时又在统治集团中间埋下了理性意识的种子，在中国思想发展史上具有极其重要的意义，直接开启了后来儒家民本主义、人文主义和德治主义的思想先河。

周公是伟大的政治家，他辅佐成王平定武庚、管叔、蔡叔叛乱，营建东都洛邑，创立礼乐制度，奠定了周代国家的基础。周公为政的主要政绩有两项，一是制礼作乐，创立礼乐制度。二是完善了宗法制度，构建了一个庞大、复杂但井然有序的社会制度体系。周代礼乐文化既是制度文化、行为文化和观念文化的集中体现，又是政治生活、经济生活、社会生活、家族生活各种行为规范的准则，"道德仁义，非礼不成；教训正俗，非礼不备；分争辩讼，非礼不决；君臣上下，父子兄弟，非礼威严不行；祷祠祭礼，供给鬼神，非礼不诚不庄"（《礼记·曲礼》）。王国维说，礼乐"是周人为政之精髓"，是"文武周公所以治天下之精义大法"（王国维：《殷周制度论》）这就深刻地指明了礼乐文化在周代思想体系中的核心地位。中国文化后来被称为"礼仪之邦"，后儒常追宗到周公制礼作乐，都说明了周代礼乐文化的原创性。周人通过礼乐文明、政治权力统治和血亲道德三位一体的社会政治与文化结构,开创了中国传统政治文化的基本模式。

周公的思想自成体系,内容非常丰富,涉及社会政治、经济、文化、习惯、舆论等各个方面,上绍尧、舜、禹、文、武之绪,下启孔孟儒术之运,承前启后,在中国古代思想史上占有特殊的地位。中国后代的政治家与思想家几乎无不将其视为宝库,言必称周公。然而,这一包罗万象的思想体系并不是杂乱无章的,它可以用两个字概括:这就是"礼治"。"礼治"思想体系是一个以德为理想,以礼制、礼仪为规范,以教化、刑罚(即古人说的礼、乐、刑、政)为手段,对国家进行综合治理的思想体系。

周取代殷就是有德者进行暴力征伐获得政权的典型。纣王的"无德"和"暴政",丧失了民意,而文、武王长期积德,赢得了民心,在时机成熟时就实现了政权的转移。武王在征伐商纣的动员大会上,正是通过控诉商纣的"罪恶"和"无道无德",诉求于"德治",以赢得支持的。西周时,周公等在追究天为什么降丧于殷时,讲了两方面原因:一是殷王只图淫逸享乐,不顾上天旨意;二是暴虐百姓,不事敬德。鉴于此,周公谆谆告诫周人"皇天无亲,唯德是辅"(《左传·僖公五年》引周书),把德提高到了一个特别的高度。西周德治可以概括为一个中心、三个关系。一个中心就是"德"的问题。三个关系:一是天人关系,要求"以德配天";一是君民关系,要求"敬德保民";一是民天关系,是"民欲天从"。这里,天决定君,即"天命靡常","唯德是依";君决定民,即"保民","牧民";民决定天,即"天视自我民视,天听自我民听"。

周人提出"以德配天"和"敬德保民"去补充和修改"天命"论,具有重要的理论意义。首先,是对神的权威的一种限制,这对于冲破宗教神学的绝对统治,具有思想解放的作用;其次,改变了原来人完全屈服于神的那种状态,使得人在某种程度上可以支配神了,提高了人在宇宙中的地位。这样,在人们的认识由天国转到人间的道路上迈出了可喜的一步。

德治思想是西周政治思想的核心,而礼乐制度实在又是西周政治制度的主体。德治思想是周人在制礼作乐过程中总结夏殷历史经验教训抽象和升华出的精神价值因素,而礼乐则是德治思想在制度、仪节层面的体现。西周礼乐制度与德治思想是相互支持、相辅相成的关系。正如有论者所说的,德为礼赖以维持和付诸实行的力量和前提,礼则是以德为政的保证。如果没有礼,也就是没有作为规范性质的由国家机关制定并强制执行的礼去协调上层建筑各个领域的正常运转,周初的德治政治只能是一句空话。德和礼,其内涵和作用虽不同,但二者的目标却是一致的。德治是走向礼治的开端,礼治是实现德治的动力。事实上,德治与礼治的统一,正是西周政治家努力追求的目标。德与礼之间既有相互联系,又各有不同的作用和特点。德是礼的内容和灵魂,礼是德的表现形式。在现实生活中,一个人能够自觉自愿奉德守礼,是因为他具有这种道德境界,由此而产生道德自觉,并通过守礼、行礼表现出来。

十一、《周易》古经的思想

《周易》是中华思想文化之根,原本是卜筮之书,但其中包含着某些原始而可贵的朴素辩证法思想的萌芽。中华民族的理论思维能力和关于宇宙、人生、社会的智能主要是通过对《周易》的研究获得的。《周易》分两大部分:一部分是《易经》,即《周易》古经,记录了64卦的卦象和周人卜筮的部分卦辞和爻辞。另一部分是《易传》,记载后人对卦、爻辞的各种解释和理论上的发挥。关于《易传》思想我们在稍后有专门论述,这里只就《易经》部分中包含的思想观念作一概要的介绍。

《易经》成于何时,何人所作,历来有不同的说法。司马迁在《史记》中说:"伏羲至纯厚,作易八卦",又说"西伯(周文王)拘羑里演周易。"(《自序》)《汉书·艺文志》说:"易道深,人更三圣,世历三古。"也就是说易的形成经历了上古、中古、下古三个时代,是由伏羲、文王、孔子三个圣人相继创立、加工、完成的。自汉唐以来,经班固、孔颖达等人的考订,形成了"四圣作《易》说":伏羲画卦、文王作卦辞、周公作爻辞、孔子作《易传》,几成定论。现在一般根据《易经》部分卦、爻辞中记载的一些殷末周初的历史故事来看,其中的一些内容可能在西周初年就有了。另外,从《国语》、《左传》等书中多处引用《易经》卦、爻辞以解释时事看,似乎到西周末年,《易经》就已编辑成为一部典籍了,因而为人所引用。

《易经》包含着丰富多彩的思想内涵。

(一)它具有多层次、多角度、多变化、高度复杂的辩证思维。它是和谐的辩证法,事物必须有对立、对立必有变化、变化必有统一,对立与和谐并存,不能只讲对立和斗争,更要重视和谐和共存;它是系统的辩证法,强调从整体到个体,从应变到创新,一以贯之;它是真善美的辩证法,是一切善良、美好、和平、正义的根源。《易经》通过卦象演示天地人万物的相互作用和不断变化,表示发展变化的动力、过程和方向,成为中国古代辩证法最完备的形式之一,其中应该强调的是它包括了古代自然科学和自然辩证法,是中国古代自然哲学大全。因此,把《易经》看成封建迷信的伪科学、反科学,从根本上加以否定的态度是不对的。正确的态度应该是对《易经》进行一番去伪存真,去粗留精,由表及里,由此及彼的研究,以古为今用为目的,弘扬其中的优秀思想观念。

（二）阴阳观念是《易经》贯彻始终的基本观念。《庄子·天下篇》说："《易》以道阴阳。"这句话说出了《易经》的思想本质。阴阳为《易经》之本，它是《易经》哲学的总纲，是贯穿天道、地道和人道的总规律。一部《易经》就是建立在"—"、"– –"两个阴阳符号的基础上，这一断一连的两个阴阳符号，经过排列组合而衍成八卦，即坤、艮、坎、巽、震、离、兑、乾。这时，抽象的阴阳观念便具体化为八经卦分别代表的八种自然物：地、山、水、风、雷、火、泽、天。它们分别具有柔或刚的性质。八卦两两相重，形成六十四卦，包括三百八十四爻，代表了世界上的万事万物。《易经》是把阴（– –）、阳（—）两爻作为相互消长的两种最基本的势力来运用的，所有卦象的变化都归结为阴、阳两爻的变化。诚如朱熹所说："天地之间无往而非阴阳，一动一静，一语一默皆是阴阳之理。"（《朱子语类·读易纲领》）《易经》以阴阳之道为宇宙之本，用阴阳范畴概括宇宙万物的运动变化关系，可谓抓住了问题的关键。

据《易传·系辞》解释说，八卦作者"仰则观象于天，俯则观法于地"，"近取诸身，远取诸物"而作八卦。所以，《易经》关于阴阳的观念，很可能是从观察天象、地理的变化或人类男女两性，禽兽雌雄的不同中概括出来的。这一概括，在人类认识史上有重要的意义，它反映了古代人们抽象思维能力的提高。19世纪德国著名哲学家黑格尔在讲到中国的《易经》思想时曾说："中国也曾注意到抽象的思想和纯粹的范畴。古代的《易经》（论原则的书）是这类思想的基础。《易经》包含着中国人的智慧（是绝对权威的）。"（《哲学史讲演录》第一卷）

（三）万物交感观念。事物在阴阳两种力量推动下发生变化，变化是通过交感作用引起的。《易经》中的所谓吉卦，一般是上下两卦具有交感性质的卦；所谓的凶卦，一般是上下两卦不具有交感性质的卦。例如，《易经》中的泰（☷☰）卦的象是地在上天在下，天属阳，阳气要向上；地属阴，地气要向下。这样就象征了天与地就发生了交感作用。泰卦的卦辞说："小往大来"，阴阳贯通，预示着事情的顺利通达，大吉大利。反之，否（☰☷）卦的象是天在上地在下，与天地常态相同。在这种状态下，天地不能发生交感作用，阴阳不能贯通，不利于事物的变化，因此象征着不顺利。类似的还有既济（☵☲）和未济（☲☵）卦。古人就这样把是否交感这一判断吉凶的原则贯穿于《易经》之中。《易经》通过占卜问吉凶，本来是迷信活动，但对吉凶判断的原则和解释，却包含了初步的哲学见解。

（四）发展变化观念。按照通行的解释，"易"有三义：一是"简易"，即最根本又最简单；二是"变易"，即"日"（阳）"月"（阴）之间交互运动而导致的变化；三是"不易"，即万变不离"日"与"月"。《易经》特别重视发展变化，可以说是一部论述宇宙万物变化大规律以及人类知变、应变大法则的著作。首先，《易经》

详尽揭示了宇宙万物运动变化的内在动力及阴阳两种相互对峙势力的相互作用。其次,《易经》认为宇宙万物的运动变化是永恒向前发展的,没有尽头,也不是循环变化,而是一个否定之否定的发展过程。例如,《易经》的乾(☰)卦就通过龙象征性地揭示了宇宙的发展变化是一个由低向高、由微而著、最后"物极必反"的过程:

初九(第一爻):潜龙勿用;

九二(第二爻):见龙在田,利见大人;

九三(第三爻):君子终日乾乾,夕惕若厉,无咎;

九四(第四爻):或跃在渊,无咎;

九五(第五爻):飞龙在天,利见大人;

上九(第六爻):亢龙有悔。

在乾卦中,因为六爻均为阳爻,古人有崇阳抑阴的思想,在这里是用龙来代表阳气,以龙的隐显、升降,描述阳气的发展变化状态,从而说明事物的发展有一个由微而著的过程,以至最后出现了"亢龙有悔"的走向相反的结果。这里也可以象征地说明人的命运由低向高的发展变化,龙由"潜"到"飞"都是吉利的,到了上九,则应该注意"亢龙有悔"了。

第二章 春秋时期的思想

一、春秋德礼思潮以及人文思想勃兴

春秋德礼思潮兴起的社会背景是社会结构发生动摇,王室衰微,四夷侵扰,诸侯坐大,集中表现出的是礼崩乐坏。如果顺着这个形势发展下去局面将不堪设想。于是,"何以救世""何以为治"就成为当时政治家和思想家必须回答的问题。依逻辑而论,礼崩乐坏标示了西周政治文化模式核心部分的裂变,必然出现的可能有两种相反的主张:或者废弃礼乐制度,或者恢复礼乐制度。

恢复礼乐制度则是春秋时期较为普遍的主张,与"乐崩乐坏"正形成对照。这一主张具体呈现为观念形态时就是出现了崇德尚礼的思潮,即在德治已成为虚幻,礼治又失去效用的情况下兴起了德礼思潮,试图通过强调德治礼治来挽救世道人心。当时各阶层在这一点上基本趋向一致或达到基本共识。

德观念在春秋的拓展大致有以下几项:第一,"德"构成了天地神人的亲和力的价值依据。"鬼神非人实亲,唯德是依。故《周书》曰:'皇天无亲,唯德是辅'……如是,则非德民不和,神不享矣。神所凭依,将在德矣。"(《左传·僖公五年》)

第二,强调依靠德治和教化治国。春秋时期,政治文化中的道德因素也在不断发展,重视统治者个人德行和为政以德的思想比《尚书》时代更为广泛和深刻,"而安民、宽民、利民成了德政的中心观念。务德安民成了政治文化的共识,与西周敬德思想一脉相承,奠定了中国古代政治文化和价值观念的基础。"(陈来:《古代思想文化的世界——春秋时期的宗教、伦理与社会思想》,第15页,北京三联书店,2002年)

第三,对德与礼,与刑关系的新发挥。《左传·僖公七年》载:"管仲言于齐侯曰,臣闻之,招携以礼,怀远以德,德礼不易,无人不怀。"这里德礼连称,唯功用略有不同。春秋少提"明德慎罚",而德、刑并论很普遍:"政以治民,刑以正邪,既无德政,又无威刑,是以及邪。"(《左传·隐公十一年》)

第四,德被拓展出仁、义、忠、孝、智、勇、信、勤、俭、惠、敏、顺、慈、敬等具体德目,丰富了德的内涵,中华民族的许多传统德目就是这样提出的,并逐渐成为全社会各阶层人的多样化的道德规范。

礼的变化与"德"不同,主要是西周礼乐文化中制度、仪规层面的"礼制"体系不断崩解的情形刺激着统治阶层的一部分人,他们觉得若任其发展下去,前途是不堪设想的。于是,他们首先想到"无礼必亡"(《左传·昭公二十五年》),自然起来维护,就先后发出了不少的关于"礼乐"的议论,对礼乐的观念化、人性化、人情化的思想意识层面的"礼论"于是获得了空前繁盛,为儒家学说的产生提供了直接的思想资源。春秋时代对礼的诸种论述甚多。

第一,春秋人赋予礼以天地、宇宙的含义,使礼有自然哲学的基础。子产云:"夫礼,天之经也,地之义也,民之行也。"(《左传·昭公二十五年》)即是说,礼的宇宙义,就是经天纬地的。礼的经天纬地落实到人间,民行之,便是礼义。这就从天地人的同构角度赋予礼以秩序意义。

第二,春秋人对礼的治国安邦的重要性及作用有普遍的认识。《左传·昭公五年》记载的晋国女叔齐的礼论,认为礼是"所以守其国,行其政令,无失其民者也"。在女叔齐看来,礼是国家的政治生命所系,其根本目的在于维护国家的稳定,使政令畅达,社会安定,民众归服。

第三,春秋人还把礼作为修身做人的基本规范和要求,礼被逐渐强化了伦理道德含义,人们常以礼释"孝"、"让"、"忠"、"信"、"恕"等。如"孝,礼之始也。"(《左传·文公二年》)"礼,所以观忠、信、仁、义也"(《国语·周语上》)。

春秋德礼思潮的兴盛是对礼崩乐坏的社会现实的正面反映,是一种思想文化现象,这种思想文化现象的本质就是人文思想。这个时代人文思想的勃兴成为中国文化从上古向中古过渡的一个非常关键的环节,可以说奠定了中国文化后来发展的基本走向。正如徐复观所说:"春秋是礼的世纪,也是人文的世纪……此一发展方向,代表了中国文化发展的主要方向。"(徐复观:《中国人性论史》(先秦篇),上海三联书店,2001年,第41页)

春秋人扬弃了礼乐文化的不适应社会和时代发展的因素,着重阐发礼对于人生的价值,否认固守繁琐的形式化的礼仪对人生有积极意义。《左传·昭公元年》在同一年载鲁叔孙昭说:"君子贵其身,而后能及人,是以有礼。"是说君子对自我的尊重,加强修养,然后推己及人,就是礼。说明礼是为了提高人生修养,改善人际关系。礼还被春秋贵族作为立身行事,乃至庇身活命的根本。鲁国孟僖子为自己不熟悉礼仪而深为遗憾,谓"礼,人之干也。无礼,无以立"(《左传·昭公七年》),临终前嘱其子师事孔子以学礼。这些都是人文意识的表现。

二、春秋盟誓活动与德治和礼法

盟誓活动是春秋时期一种特殊的政治文化现象。自平王东迁,周王室的政治威望每况愈下,诸侯坐大,王权旁落,周天子名存实亡,其实际地位还比不上一个大国的诸侯。当时诸侯专政,陪臣执国命。"蛮、夷、戎、狄,其不宾也久矣,中国不能用也。"(《国语·楚语上》)这种形势,为春秋盟誓活动提供了生长点。周王室对各诸侯国之间的兼并征伐无能为力,只能借助盟誓活动,共同订立盟约,以约束诸侯。诸侯国之间争霸活动,往往作为霸主的,联合一些诸侯国,孤立、打击其他诸侯国。在各诸侯国内部,公室衰微,政出家门,卿大夫之间也争权夺利,互相觊觎,但谁都没有能力冲破周礼的束缚,凭实力消灭对方,只好通过盟誓活动,订立盟约,保持相对平衡。所以,春秋盟誓活动不可能产生于全国大一统的汉、唐、宋、明、清的鼎盛时期或势均力敌的三国时期,也不可能产生于各国为完成统一大业而角力的战国时期。频繁的、普遍的盟誓行为是春秋时期独特的现象。

"盟"的本意是对神发誓,歃血为凭。盟作为一种礼仪,通过集中共同的方式取信于神祇,以期获得有效的约束力而采取共同的步骤。"誓"之本义乃古代军中告诫、约束将士的言辞,作为动词便用为发誓、立誓,指以语言进行一种约束、警诫。

西周"盟""誓"都是礼制之内容,所以他们都是由周天子主持、垄断,并受周礼的基本原则如"亲亲"、"尊尊"宏观指导,不过,还没有切断神权的脐带,成为礼制中较独特的部分。春秋社会结构发生了重大变化,周天子天下"共主"越来越形同虚设,权力下移,政治上出现了多元化的格局。"礼崩乐坏"的同时是礼乐的全社会弥散,"盟"与"誓"从礼制中向下扩散。由于周室的衰落,盟主的资格实际上已由周天子落到了霸主的身上,并逐渐为诸侯、卿大夫所拥有。尽管如此,霸主们还得打着周天子的旗号,当时整个社会政治秩序的维持,还得以周天子的名义,借助盟会的召开和以盟约形式发布敕令。盟约的内容涉及政治、经济等各方面,各诸侯国对之也比较重视。盟誓活动之重要,使之成为春秋时代政治活动的中心内容,"有事而会,不协而盟""诸侯擅相与盟"(《国语·晋语八》),形成了春秋时代特有的一种政治文化现象。当时的盟誓活动一般都是由大国发起的。春秋时期的大国,非齐、晋、楚莫属。秦国地处西陲,无力问鼎中原。其他如鲁、郑、宋、卫、吴、越等国,都无法与三个大国相颉颃。春秋时国君主盟,大夫也可以主盟。由于盟誓活动是不定期的,已突破了礼制的规定,所以无法控制,次数越来越多,并由过去的有限的礼仪活动转变为具有鲜明政治——法律色彩的活动。

春秋时代的盟誓活动尽管是一种具有鲜明政治——法律色彩的活动,但它与当时的思想文化关系密切。

(一)盟誓活动与德治思想有密切关系。在盟誓活动中,德行的观念仍起着十分重要的作用。如《左传·定公四年》记载,为争蔡卫会盟的次序,祝佗说:"以先王观之,则尚德也",据此,卒以卫为先。要想当盟主,不仅要有足够的实力,而且要高举德行的旗帜。德教对治国争霸也有重要意义。《国语·楚语上》记叙楚国大夫申叔关于当时教育的谈话,其中讲到"教之春秋"、"教之世"、"教之诗"、"教之礼"等等,尽管教育的内容多种多样,但几乎都涉及德,甚至其主要的目的就在于明德。

（二）春秋时代的盟誓活动还是从礼治到法治转换的一个逻辑环节。春秋盟誓活动是在周礼已遭到破坏,血缘关系已松散,宗法等级制逐渐崩溃,春秋以降社会政治、法律发生重大变革的产物,是由礼到法的过渡的产物。在由礼向法的转变过程中,社会上出现了法制规范的"空白"区域,盟誓活动及盟书便在从西周礼治到战国法治的新旧转变过程中起了不可替代的、承上启下的政治——法律作用,成为大变革历史进程中一种独特的政治文化现象。可惜这种盟誓活动还没有摆脱宗教神权,没有能发展出真正独立、超越的法权体系来,到战国变法运动开展起来之后,就悄然地完成了历史使命,让位于法家的"法治"。

三、春秋时代的神人、天人关系

神人关系是指敬神与人事的关系问题。春秋时代前期,在神与人的关系方面出现了很多重人轻神的言论。随国贤者季梁说:"夫民,神之主也。是以圣王先成民而后致力于神。"（《左传·桓公六年》）鲁臣申繻说:"妖由人兴也。人无衅焉,妖不自作。人弃常,则妖兴,故有妖。"（《左传·庄公十四年》）周臣史嚚说:"吾闻之,国将兴,听于民;将亡,听于神。神,聪明正直而壹者也,依人而行。"（《左传·庄公二十二年》）宋国的司马子鱼说:"祭祀以为人也。民,神之主也。"（《左传·僖公十九年》）这些春秋前期的人物,明确提出民为神主,依人而行的观点,表明他们把民和人提高到了首要的地位,而鬼神降到了次要的地位,但他们都没有明确否定神的存在和作用。在他们的观念中,人的作用必须通过神才能得到证明。祭祀是人与神沟通的一个重要环节,过去祭祀鬼神主要是鬼神能赏善罚恶,支配人的命运,现在鲁国的展禽（柳下惠）就对祭祀有了新的解释,认为祭祀的对象都是有利于民的自然界的东西或者有功于民的历史人物。前者如"天之三辰,民所以瞻仰也;及地之五行,所以生殖也;及九州名山川泽,所以出财用也"。后者包括"法施于民"、"以死勤事"、"以劳定国"、"能御大灾"、"能捍大患"的历史人物。（《国语·鲁语上》）祭祀这些对象,目的是"崇德报功"。这就减少了人对鬼神的迷信和依赖,具有了人文因素,影响了后来儒家的鬼神观、祭祀观。在春秋时期的神人关系中,"神"的影响自始至终都存在着,"人"在不断的与神的斗争和挑战中,逐渐争得了一席之地,并逐渐取得主动地位。这一思想特点是普遍存在的,无论是在西方人学思想的发展历程中,还是在中国人学思想的产生过程中,我们都看到了"神人"或"人神"交织在一起的思想特点。人类只有经历了"思想阵痛"的过程,才能把自己从至高无上的"神"的藩篱中"剥离"出来,才能超越"神"的束缚从而达到真正意义上的"社会人"。这时新型意义上的天人关系出现了。

天人关系指天道与人道的关系。宗教性的天道观在春秋时开始动摇,人们开始怀疑天道主宰人事的观念,产生了天人相分的思想。这一思想在《诗经》的变风变雅中已经有了萌芽,出现了一股怨天、骂天的思潮,认为下民遭受苦难,原因不在天上而在人间,表达了对天命的不信任。发展到春秋就是对天人关系展开的论辩。公元前645年,宋国发现了五块陨石,又出现了六只叫做鹢的水鸟倒飞的奇特现象,于是有人说这是灾祸之兆。周内史叔兴则说:"是阴阳事,非吉凶所生也,吉凶由人。"(《左传·僖公十六年》)叔兴把自然现象看成是自然本身产生的,它和人的吉凶祸福无关;吉凶祸福是人自己的所作所为的结果。叔兴之后,明确提出天道和人道相分观点的是春秋晚年郑国的子产。据说在一个五月的傍晚,大火(星名,指心宿二,为28宿之一)出现,丙子日刮风,后来宋、卫、陈、郑都发生了火灾,整个郑国的人都有点人心惶惶,这时主管祭祀的官员裨灶准备用宝物来祭灶以求免除灾难,但郑国的大夫子产却不同意这样做,他说:"天道远,人道迩,非所及也,何以知之?灶焉知天道,是亦多言矣,岂不或信?"(《左传·昭公十八年》)。子产认为,天地的运行自有其恒常的规律,而人间的事物却容易被人们观察把握,子产已经明确地指出了"天道"和"人道"是两个不同的概念,二者互不干涉,它们各自有其运行的范围和特点。"天道"的发展变化是不以人的意志为转移的,没有人能够正确地认识和预测它的未来;"人道"是我们自己活动的结果,我们可以从事物的发展过程中把握和认识社会发展的一般规律,所以,只有充分地了解"人道"变化的特点并在实践中运用这一特点,才能使国家得到良好有序的发展。因此,他坚持不搞祭神,而郑国也没有再发生火灾,事实证明他的观点是对的。

在《左传》的其他篇章中对这一问题也有更进一步的阐述。鲁哀公元年,吴国入侵楚地,吴王派人召见陈国的陈怀公,陈怀公有点害怕,不知道是福是祸,这时陈国的大臣逢滑表达了自己的看法,他说:"臣闻国之兴也以福,其亡也以祸,视民如伤,是其福也;其亡也,以民为土芥,是其祸也。"(《左传·哀公元年》)这段话明确表明了国家的兴亡主要取决于以什么样的态度对待百姓民众,如果把民众看作像有病的人一样,关心、爱护他们,而不要经常打扰他们,这就是国家的福分,国家就有了兴盛的保证;反之,如果把民众当作田地里的野草一样,任意驱赶、奴役他们,这就是国家的祸患,灭亡的日子也就为期不远了。逢滑以"民众"的生产生活状况的好坏作为国家兴亡的决定因素,把"民"视为国家兴衰存亡的根本所在,这种较为明确的表述进一步使"民本"思想趋于清晰化、政治化,我们甚至可以这样说,"天人关系"的分化在这一时期已经基本完成,"民"不仅已从"神"的阴影中分化了出来,而且在当时的政治、社会生活中愈来愈成为社会关注的重要对象。(详细参阅王杰:《儒家文化的人学视野》第二章,中共中央党校出版社,2000年出版)

四、春秋时代和同之辨

先秦曾经有过两次著名的和同之辨,通过区分"和"与"同",推崇"和"而贬损"同"。一次是周太史史伯与郑桓公对话时提出的。他说:"夫和实生物,同则不继。以他平他谓之和,故能丰长而物归之;若以同裨同,尽乃弃矣。故先王以土与金木水火杂,以成百物。"(《国语·郑语》)这说明"和"就是各个事物在保持自己个性的前提下与别的事物产生作用,就如五行中的土与金木水火相杂而构成百物一样。也就是说必须以非己的"他"为基础,与众多或单一的"他"构成一种多样统一的关系,才能达到"和"。可见,"和"是一种多样统一的理想状态,"同"则是相同事物的简单相加,它不可能产生新质。

第二次是齐国晏婴在与齐景公的对话中提出的。《左传·昭公二十年》载:齐侯问:"唯据(据即梁丘据,是齐侯的大臣)与我和夫。"晏子对曰:"据亦同也,焉得为和?"公曰:"和与同异乎?"对曰:"异。和如羹焉,水火醯醢盐梅,以烹鱼肉,燀之以薪,宰夫和之,齐之以味,济其不及,以泄其过,君子食之以平其心。君臣亦然……声亦如味。一气,二体,三类,四物,五声,六律,七音,八风,九歌,以相成也。清浊、大小、长短、疾徐、哀乐、刚柔、迟速、高下、出入、周疏,以相济也。君子听之,以平其心。……若以水济水,谁能食之?若琴瑟之专壹,谁能听之?同之不可也如此。"这是晏婴以"味"与"声"为例,与史伯思路一致,但谈的更深入。晏子主张"和"而反对"同","和"是多种因素的复杂调和、有机调节,而"同"则是一味和单调,是不可取的。

孔子在这个基础上进一步丰富和发展了"和"的思想,明确提出"和而不同"的思想。他指出,在处理人与人的关系时,应该"君子和而不同,小人同而不和"(《论语·子路》),和谐而又不千篇一律,不同而又不相互冲突。和谐以共生共长,不同以相辅相成。从此,和而不同,成为社会事物和社会关系发展的一条重要规定,也是人们处世行事应该遵循的准则,是人类各种文明协调发展的真谛。孔子的弟子有子也说:"礼之用,和为贵。"(《论语·学而》)这里发挥了礼乐文化中礼与乐的辩证关系,意即以礼为体,以和为用,礼的终极目标是实现社会在等差条件下的和谐。从礼乐文化的深层内涵而言,礼本是讲"名分"的,但"分"不是目的,也必然产生离心力,因此还需要有乐来配合,以乐之"和"来实现整体的和谐。因此,乐的"和"又是实现"礼"的主要手段。这样,"和"就既是"礼"的手段,也是其目的。

一般认为,仁、礼、中庸为孔子思想的基本范畴,为了实现仁、礼、中庸就得求诸"和"。孔子说:"克己复礼为仁,一日克己复礼,天下归仁焉。"(《论语·颜渊》)以礼释仁,认为仁的最终实现要通过"克己复礼",即改造人性,使之合于礼的规范,这就是归于仁了。这里不明言"和",实际上"归仁焉"就是使社会处于和谐美好的理想状态。孔子在评价《诗经》名篇《关雎》时,说它"乐而不淫,哀而不伤",这正是"和"的原则最典型的体现。而孔子这一关于艺术评论的具体观点,也变成了一条原则,成为后世评价艺术作品的一个基本的美学尺度。

后来,孟子还提出"天时不如地利,地利不如人和"(《孟子·公孙丑下》),这里孟子提出三个概念:天时、地利、人和,并将这三者加以比较,层层推进。用两个"不如"强调了"人和"的重要性。三者之间的比较,实质上是重在前者与后者的比较,强调指出各种客观及诸多因素都比不上人的主观条件及"人和"的因素,这实际上就是以和睦、和平、和谐,以及社会的秩序与平衡为价值目标。

五、阴阳五行学说的发展

阴阳与五行学说结合是春秋时代阴阳五行学说发展的集中体现。早在伯阳父称五行为"天地之气"的言论中,就包含着天地对立观念的萌芽。春秋时代,人们在天地对立观念指导下考察自然和社会,使阴阳与五行学说结合得到新的发展。周卿士单公说:"天六地五,数之常也。"(《国语·周语》)认为天有阴、阳、风、雨、晦、明六种气象,地有金、木、水、火、土五行,是自然界符合规律的现象。晋国的史官史墨还有"天有三辰,地有五行"之说,他还进一步概括出"物生有两"的法则,认为一切事物都包括对立面,而对立面相互转化是自然界常见的现象。

《老子》一书中有"万物负阴而抱阳,冲气以为和"的说法,开始赋予阴阳观念以普遍性的形式。尽管在这本书中,"阴阳"仅此一见,实际上,后世学者的研究表明,老子哲学,老学政治权谋体系,就是从"天道盈虚"即基于阴阳观念而构想出来的。老子常用的"牝牡"、"雌雄"等就是阴阳观念的形象化表达,老子常用的"有无"、"刚柔"、"取与"、"生死"等范畴也都与阴阳有关。老子对阴阳的辩证理解,发展出了有无相生,难易相成,长短相形,高下相盈,音声相和,前后相随等辩证思想,这些都是"万物负阴而抱阳,冲气以为和"这一普遍原理的具体运用。

阴阳五行学说还在与具体科学如医学的结合中得到发展。史书所记载秦医和关于病理的议论,他说:"天有六气,降生五味,发为五色,徵为五声,淫生六疾。六气曰阴、阳、风、雨、晦、明也。分为四时,序为五节。过则为灾,阴淫寒疾,阳淫热疾,风淫末疾,晦淫腹疾,明淫心疾。"(《左传·昭公元年》)除把阴阳二气扩大为六气外,又提出"五味"(辛、酸、咸、苦、甘)、"五色"(白、青、黑、赤、黄)、"五声"(宫、商、角、徵、羽)、"六疾"(寒、热、末、腹、惑、心),把这几个不同范畴组成一个错综的结构,用以说明病理。(刘保才:《求学集》,第176页,陕西人民出版社,2004年)

阴阳五行学说,在春秋时代还越出中原的地域,在南方得到传播和发展。范蠡就是南方具有阴阳五行思想的政治家和思想家。他认为"天道"的规律是"阳至而阴,阴至而阳。日困而还,月盈而匡(亏)。"(《国语·越语》)把这一事物转化思想用于政治,他强调时机的重要性,主张"时不至,不可强生,事不究,不可强成","得时无怠,时不再来,天予不取,反为之灾,嬴缩转化,后将悔之。"(同上)他辅佐越王勾践兴越灭吴,取得政治上的"成利",是阴阳学说包含着的辩证法的胜利。(刘保才:《求学集》,第177页,陕西人民出版社,2004年)

六、《孙武兵法》与《孙膑兵法》的军事思想

孙武,字长卿,春秋末期齐国乐安人(今山东惠民)。其生卒年月不可考,约与孔子同时代。他在齐国的战乱中逃到吴国,经伍员推荐,被吴王阖闾重用为将。他和伍员协助吴王发展政治、军事力量,并指挥吴军打过许多胜仗。现存史籍记载有孙武的军事活动和兵书,没有关于他政治思想和政治活动的记录。他的军事著作《孙武兵法》,就是《孙子兵法》,是我国现存的最古老的兵书,也是世界上最早的兵书。1972年银雀山汉墓出土的竹简《孙子兵法》二百余简,相当于今本《孙子兵法》三分之一,另外还有《吴问》、《地形二》、《黄帝伐赤帝》等不见于现存史籍的重要佚文,以及孙武以"妇人"试行列阵的记述。其中《吴问》可以看出他的一些政治观点,如他对晋国六将军情况的评述,能够从田亩制度的变革、田赋的多少与争取民心的关系方面来说明他们的消长兴衰,这确实是难能可贵的,完全可以说他也是一个有远见的政治家。

《孙武兵法》内容的排列顺序是先讲物质基础,后讲主观指导的作用,先讲常法,后讲变法。全书开宗明义就提出决定战争胜负的五项基本因素是:道——政治,天——天时,地——地利,将——将帅,法——法制。包括了自然因素和社会因素,也包括了军事指挥者个人的素质和士兵的素质。孙武在《谋攻篇》中还指出:"知可以战与不可以战者胜;识众寡之用者胜;上下同欲者胜;以虞待不虞者胜;将能而君不御者胜。此五者知胜之道也。故曰知己知彼,百战

不殆;不知彼而知己,一胜一负;不知彼,不知己,每战必殆。"这里,知己知彼就是认识战争双方客观实际,并按照客观规律决定自己的行动。他把战争双方的客观实际分为五个方面,在各篇中阐述了各个方面的具体内容。

(一)"知可以战与不可以战者胜"。这一条表现了对战争的重视与慎重态度。战争是关系军民生死、国家存亡的大事。《作战》篇指出:进行一场战争,要动用大量的人力物力,如果不能取胜,就会使军队衰敝,经济枯竭,给其他国家造成可乘之机。所以,他在《火攻》篇又说:"非利不动,非得不用,非危不战。"战争不是好玩的,必须在确有把握的情况下才可以作战。

(二)"识众寡之用者胜"。这就是要掌握敌我双方兵力数量的对比,以此采取相应的作战方法。《谋攻》篇说:"故用兵之法,十则围之,五则攻之,倍则分之,敌则能战之,少则能逃之,不若则能避之。"

(三)"上下同欲者胜"。这里包括军队内部的上下级关系和君主与将帅之间的上下级关系,也包括对敌方上下关系的了解。将士同力,君臣一致,才能进行战争,才也可能取得战争的胜利;否则,必然失败。

(四)"以虞待不虞者胜"。就是说要考察敌我双方作战的准备情况,要在战争中取胜,不但要有物质准备,尤其要有周密的谋划。所谓神机妙算的作用。

(五)"将能而君不御者胜"。孙武很重视将的地位和作用,把"智、信、仁、勇、严"五个条件作为选将的标准,君主按照这样的标准任命了将帅以后,就要放手使用,不可牵制他们的行动。他有句名言,常为我们引用:"将在外,君命有所不受。"(《史记·孙子吴起列传》)

《孙武兵法》一书还渗透着军事辩证法思想,主要表现在三个方面:

(一)提出了战争与政治、经济的辩证关系。战争是取得政治、经济利益的手段;军事是实现政治、经济的目的的工具。

(二)论述了战争中的一系列矛盾及其相互依存和转化关系。他提出了战争中进攻与防御、速决与持久、兵力分散与集中的矛盾,还提出敌我、主客、众寡、强弱、攻守、进退、正奇、死生、虚实、动静、勇怯、治乱、胜败等对立范畴。认为这些矛盾和对立都是互相依存,并在一定条件下互相转化的。

(三)重视战争中发挥人的主观能动作用。如用"正"、"奇"表达战争态势的一般形式和特殊形式,认为军事指挥者根据战争实况,从"正"、"奇"两种基本战争态势出发,可以创造出多种多样的战术来,"无穷如天地,不竭如江河"(《势》)。因敌情变化而灵活地改变自己的作战方式,使敌人无法推测自己的作战意图和行动规律,这就是主观能动性。

《孙膑兵法》是战国中期著名的军事家孙膑所著的一部兵书,也是我国历史上很受人们推崇的军事著作,为了方便,我们放在这里来介绍。《孙膑兵法》在历史上失传,《隋书·经籍志》中即不见著录,因此宋代以后,特别是明清以来,人们对于孙膑是否有兵书传世的问题有着种种争论。1972年银雀山汉墓在出土了《孙子兵法》部分篇章的同时,也出土了失传千年之久的《孙膑兵法》,这样就解决了学术史上一个重大悬案。更重要的是,这一发现,为我们研究我国古代军事思想提供了宝贵的新资料。

孙膑,战国时齐人,是孙武的后世子孙,其生卒年月不可考,约与商鞅、孟子同时。他曾经与庞涓一起学习过兵法。后来,庞涓在魏国当了将军,"自以为能不及孙膑",秘密把孙膑招至魏国,借故施以膑刑(即去掉膝盖骨),并加以软禁。后来,孙膑在齐国使臣的帮助下,秘密逃回齐国。齐将田忌把他推荐给齐威王。威王问兵法,遂委以军师。孙膑任军师期间,辅助齐将田忌打了许多胜仗,其中最著名的就是公元前三五三年的齐魏桂陵(今山东菏泽东北)之战,孙膑用计谋大破魏军,活捉了庞涓,解除了魏军对赵都邯郸的围困。这就是历史上著名的"围魏救赵"之战。

据《汉书·艺文志》记载:《孙膑兵法》有八十九篇,图四卷。现整理出版的《孙膑兵法》(银雀山汉墓竹简整理小组,中国人民解放军战士出版社翻印,1975年)共三十篇,一万一千余字。由于出土的竹简严重残缺,难以看出原书的全貌,其中是否部分掺杂有其他失传兵书的章句,尚难断定。从现在已经整理出来的内容可以看出:它继承和发展了《孙武兵法》等早期兵书的军事思想,总结和吸收了战国前期丰富的战争实践经验,反映了战国中期诸侯争战的实际情况,有着鲜明的时代特征。

其基本思想如下:

(一)在对待战争的问题上,明确主张"战胜而强立"、"举兵绳之",提出了以战争解决问题的思想。他利用古代所谓"五帝"、"三王"以兵攻取的历史故事,说明战争是不可避免的。但是,他又认为应该对战争持慎重的态度。他指出:"战胜,则所以在亡国而继绝世也。战不胜,则所以削地而危社稷也。是故兵者不可不察。然夫乐兵者亡,而利胜者辱。兵非所乐也,而胜非所利也。"他强调指导战争的人必须知"道":"夫安万乘国,广万乘王,全万民之命者,唯知道。知道者,上知天之道,下知地之理,内得其民之心,外知敌之情,阵则知八阵之经,见则胜而战,弗见而诤(静),此王者之将也。"这些思想与孙武是非常接近的。

(二)认为寡可以胜众,弱可以胜强。孙膑在与齐威王、田忌的问对中,在数十处提到寡可以胜众,弱可以胜强的思想及其具体战法,如"让威",即避开敌人锋芒,不同敌人硬拼;严正辑众,即严明法令,团结士卒;营而离之,即迷惑和分散敌人;等等。

(三)强调进攻战略,"必攻不守"。在与田忌的一系列对话中,他从战略上而不是具体作战行动上提出"必攻不守,兵之急者也",即主张以进攻为主。

(四)认识到了发挥主观能动性的重要作用,强调创造有利的作战态势。古人说:"孙膑贵势"。孙膑十分注意利用和创造有利于自己而不利于敌人的作战态势。这是因为他看到了事物是可以向相反方面转化的,认为"势"是可以创造的。在指挥战争时,应"便势利地",因势利导,掌握战争主动权,并提出了许多具体的办法。

(五)强调在战争中灵活运用战法。他认为在战争中没有经常有利的形势可以利用,因此在作战中就要不断地分析敌情、地形,根据不同的敌情和地形采取不同的战法。

(六)自发的朴素的军事辩证法思想。他初步看到了事物的两重性和可变性,指出战争当中一系列相互对立的因素,如积与疏、盈与虚、径与行、疾与徐、众与寡、逸与劳等,不是绝对的、静止的,而是相对的、发展的,可以转化的。

七、孔子的思想渊源和学术理路

孔子创立儒家学派,远的思想根源是三代(尤其是西周)礼乐文化传统,近的思想动因就是他那个时代的"儒"(可称为儒者、儒士、师儒等)这一文化人或知识分子群体。

那么"儒"到底是怎样一些人呢?《庄子·天下》说儒者"其在于诗书礼乐者,邹鲁之士,搢绅先生多能明之,诗以道志,书以道事,礼以道行,乐以道和,易以道阴阳,春秋以道名分"。这说明当时的"儒"就是传承礼乐文化的一批人,他们以《诗》、《书》、《礼》、《乐》、《易》、《春秋》作为其基本的思想学术资源,这就是后来儒家的"六经"。值得提及的是,就孔子时代的大多数儒而言之,礼乐往往成了专业技术知识,治丧相礼成了谋生之具。这样,在礼崩乐坏的形势下,一方面这些儒者或为礼乐文化的传承者,另一方面由于他们多顺着礼乐知识化、技术化、功利化的路子下行,社会地位越来越低,成为后来所谓"小人儒",以至于最基本的谋生也成了问题。

孔子能够自觉地把儒士加以提升,即要在儒这一混杂的群体中提升出"君子儒"来,其目的是不要让其弟子堕入"小人儒"之中。这是对当时因礼乐崩坏、世风日下所影响的儒阶层整体素质下降的一种警诫和反拨。《礼记·儒行》所载孔子在对答鲁哀公问话中,对儒的行为方式和品格做了系统的说明,一口气列举了十六种儒的表现或品格,论述了所谓"儒者"的人格形态,包括自立、容貌、备豫、近人、特立、刚毅、忧思、宽裕、举贤、援能、任举、规为、交友、尊让等等。就是说,在孔子看来,儒者有不同形态和侧面,有的儒者以刚毅为特色,有的儒者以宽裕为特色等。总之,孔子正是观察到了当时儒虽然有知识、懂礼仪,但与社会有冲突,自身品德下堕,才要提升儒,区分君子小人,同时把礼乐文化观念化,揭示其精神内涵和人性本质,同时欲以礼乐来平治天下,这样就创立了儒家学派。这正如冯友兰所说:"后来的儒之中,有不止于教书相礼为事,而且欲以昔日之礼乐制度平治天下,又有予昔之礼乐制度以理论的根据者,此等人即后来之儒家。"(冯友兰:《原儒墨》,《三松堂学术文集》,北京大学出版社,1984年)

至于孔子,他出身于有礼乐文化传统的家庭,其先祖正考父曾辅宋戴、武、宣三世,精于礼乐。在这样的家庭环境下,他"少好礼","为儿嬉戏,常陈俎豆,设礼容"(《史记·孔子世家》),成年后又勤学好问,积累了丰富的礼乐知识。孔子祖先是以礼学传家的。据《孔子家语》记载:

孔子谓南宫敬叔曰:"吾闻老聃博古知今,通礼乐之原,明道德之归,则吾师也,今将往矣。"对曰:"谨受命。"遂言于鲁君曰:"臣受先臣之命,云孔子圣人之后也,灭于宋,其祖弗父何,始有国而授厉公,及正考父佐戴武宣,三命兹益恭。……"臧孙纥有言:"圣人之后,若不当世,则必有明君而达者焉,孔子少而好礼,其将在矣。"属臣曰:"汝必师之,今孔子将适周,观先王之遗制,考礼乐之所极,斯大业也,君盍以乘资之,臣请与□。"公曰:"诺。"与孔子车一乘,马二足,坚其侍御。敬叔与俱至周,问礼于老聃,访乐于苌弘,历郊社之所,考明堂之则,察庙朝之度。于是喟然曰:"吾乃今知周公之圣,与周之所以王也。"……自周反鲁,道弥尊矣。远方弟子之进,盖三千焉。

这里介绍了孔子"礼"的家传与修养,特别是他向老聃、苌弘学习礼乐的情况,使他在学问上有了突飞猛进的发展,有很多学生来学习。最重要的是,孔子长期生活在"周礼尽在"的鲁文化环境中,自幼深受礼乐文化传统的熏染,像春秋时代的其他儒一样,他曾从事相礼活动,以礼乐知识谋生,后来又"以诗书礼乐教"(《史记·孔子世家》),所以在当时是很有影响的。

孔子的学术理路是在整理过去文化典籍的基础上,把历史经验上升为思想观念,同时,也把文化典籍提升为经典。孔子所在时代,中华文明自黄帝算起,已经有了两千多年的历史,积累了丰富的文化遗产,并集中地体现为礼乐文化。《中庸》说孔子"祖述尧舜,宪章文武",是说孔子的基本思想是承传尧、舜、禹、文、武、周公的业绩而来,也即对上古历史进行反思和总结,把历史的经验加以理论化、体系化。孔子除了以特殊的家庭背景和自己的勤学好问,继承古代礼乐文化遗产,直接表达自己的人生见解,还通过对过去的文化典籍进行整理和研究,发掘其思想性内涵,来间接地发挥自己的思想观点。就前者而言,生活在礼崩乐坏的时代,面对礼乐越来越趋于形式化的局面,孔子一方面在行动上坚持遵守这些形式化的礼,另一方面,也是主要方面,从理论上极力提倡充实礼的精神实质,力图给思想化的礼注入新的内容。他把礼乐作为一种复合性文化实体进行解析,使之观念化、理性化、人性化。这样,他就超越了当时一般的"儒",成为儒家的创始人。

就后者而言,孔子一生奔波,汲汲而求,但没有成效。到了晚年知道之不行,遂潜心于整理古代文献并以之授徒。相传孔子把自己所能够见到经典差不多都进行了整理,他的学术旨趣是"述而不作",即对古典文献只是整理而不是创作,实际上是在整理过程中表达自己的思想观点,开了后来注经的学术传统。尽管这些典籍之被称为"经"是孔子之后的事,但经过整理发掘了这些典籍的思想蕴涵,使这些典籍的地位获得提升却是孔子的贡献。孔子与六经的关系如何,传统学术界有两派意见,一派认为,六经都是孔子的著作;另一派则认为,孔子是《春秋》的著者,《易》的注者,《礼》、《乐》的修订者,《诗》、《书》的编者。《庄子·天运篇》载孔子对老子说:"丘治《诗》、《书》、《礼》、《乐》、《易》、《春秋》六经,自以为久矣,孰知其故矣;以干者七十君,论先王之道而明周、召之迹,一君无所钩用。甚矣夫!人之难说也,道之难明也?"这里已经出现了"六经"的提法。老子说:"幸矣,子之不遇治世之君也!夫六经,先王之陈迹也,岂其所以迹哉!今子之所言,犹迹也。夫迹,履之所出,而迹岂履哉!"如果孔子与老子的这段对话可信的话,那么所谓儒家六经,就是先王之陈迹,是先王嘉言懿行之档案记录,故而这些记录使人只知其然,而不知其所以然。孔子之治六经,就是使人们明白其所以然,于是就通过新"诠释"发明前圣之大义,表述一己之思想。这不仅使孔子赢得了极高的名声,而且确实有助于中国古典文献的保存和流传。既为后世儒家提供了丰富的智慧资源,也为中华文明的文化发展与繁荣作出了划时代的贡献。关于孔子整理古代文献的意义,皮锡瑞在《经学历史》中有高度的赞扬:"读孔子所作之经,当知孔子作六经之旨。孔子有帝王之德而无帝王之位,晚年知道之不行,退而删定六经,以教万世。其微言大义实可为万世之准则。后之为人君者,必遵孔子之教,乃足以治一国;所谓'循之则治,违之则乱。'后之为士大夫者,亦必遵孔子之教,乃足以治一身;所谓'君子修之吉,小人悖之凶。'此万世之公言,非一人之私论也。孔子之教何在?即在所作六经之内。故孔子为万世师表,六经即万世教科书。"

八、孔子的思想体系

儒家的开创者是孔子,他是春秋末期的大思想家和教育家,他的思想学说有集大成的性质。孔子之所以成为两千多年以来中国乃至人类屈指可数的大思想家、学问家,最基本的就是他的思想学说是"集"了中国上古以来文化的"大成"。上古文化在西周是一个集大成的时代,但这是制度意义上的集大成,到了孔子可以说是思想学术意义上的集大成。关于这方面古来人们都有认识,孟子曰:"伯夷,圣之清者也;伊尹,圣之任者也;柳下惠,圣之和者也;孔子,圣之时者也。孔子之谓集大成。"(《孟子·万章下》)赵岐注:"孔子集先圣之大道,以成己之圣德者也。"

近代以来,从学术思想角度来讨论孔子思想体系的构成,由于种种原因,出现了很大的分歧,形成多种说法:如以仁为中心说,以礼为中心说,以中庸为中心说,以仁义为中心说,以仁义礼的统一为核心说等等。特别流行的是仁核心说和礼核心说。两说的共同特点是它们的绝对对立。仁核心说排斥礼,礼核心说排斥仁。我认为,这种"中心说"、"核心说"从大的方面讲都是习惯了孔子以后两千年大一统政治体制及其相应的大一统意识形态影响的结果,也是当代社会既定思维模式定向制约的结果,是迫切需要摆脱的;从小的方面讲,人们往往容易抓住一个概念、范畴当作一个思想家的思想核心,而忽视它的整体性,自然互相矛盾。

我认为孔子思想体系大致由两个层面构成:

(一)性与天道层面。

这方面历来就有误解,《论语·公冶长》云:"子贡曰:夫子之文章,可得而闻也。夫子之言性与天道,不可得而闻也。"所谓夫子言性与天道不可得闻,当是孔门后学颇喜讨论性与天道,子贡乃追思孔子生平言论,发觉夫子罕有言及,故发此议论。这样的说法是不尽符合事实的,孔子生前也曾提及性或天道。关于性,孔子曾经说过"性相近,习相远"(《论语·阳货》),在回答鲁哀公"君子何贵乎天道"之问时,孔子说:"贵其'不已'。如日月东西相从而不已也,是天道也;不闭其久,是天道也;无为而物成,是天道也;已成而明,是天道也。"(《礼记·哀公问》)天笼罩大地,哺育万物,是人类的生命之源。它昼夜交替,寒往暑来,具有不可逆转的力量。是为孔子的天道观。据《论语》的记载,孔子平日讲学,很少谈到天;而在遭遇变故,发出感叹的时候,却常引天自慰。例如在受匡人围困之时,他说道:"文王既没,文不在兹乎?天之将丧斯文也,后死者不得与于斯文也。天之未丧斯文也,匡人其如予何!"(《论语·子罕》)在颜渊死的时候,孔子叹道:"噫!天丧予,天丧予!"(《论语·先进》)这些话中所谓天似乎是有意志的主宰,是人事的最高的决定者,是有宗教意味的天。但孔子又说过:"天何言哉? 四时行焉,百物生焉。天何言哉?"(《论语·阳货》)这里所谓天似乎是指覆盖一切的天空而言,是自然之天。

孔子还讲到"天命",如说"五十而知天命"。《论语·子罕》载:"子罕言利,与命,与仁。"有学者断为"子罕言利与命与仁",并认为孔子少言"命"。恰当的解释应是"罕言利"而"与命",即承认"命"。说:"君子有三畏:畏天命,畏大人,畏圣人之言。"(《论语·季氏》)《论语·颜渊》中说:"死生有命,富贵在天"。人有主动性可以弘扬"道","人能弘道",但"道"的兴废却要受制于"天命","道之将行也与? 命也。道之将废也与? 命也。"(《论语·宪问》)所以,孔子看到了外在天命的客观必然性,认为我们能够做的,莫过于一心一意地尽力去做我们知道是我们应该做的事,而不计成败。这样做,就是"知命"。要做儒家所说的君子,"知命"是一个重要的必要条件,"不知命,无以为君子也。"(《论语·尧曰》)上博楚简《孔子诗论》引用孔子所说的"此命也夫。文王虽谷(卻)也,得乎? 此命也……寺(时)也,文王受命矣!"可以明显发现,孔子对"命"采取了肯定和相信的态度。"天命"在当时一般就是指上天的命令,有强烈的宗教意味。尽管如此,孔子却不废弃人事的努力。遵循天命,但又不是听天由命,相反,强调积极有为,乃至被隐士讥为"知其不可为而为之者"。孔子的仁道原则确认人有行仁的能力,人不仅仅是目的,被尊重的对象,而且是施人以爱的道德主体。人作为道德主体,其为仁的意愿及行为就是主体自身力量的体现。出于此,孔子说"为仁由己,而由乎人哉?"(《论语·颜渊》)"我欲仁,斯仁至矣。"(《论语·述而》)为仁是道德选择,人在这一点上完全应当作自己的主宰。践仁行礼,在孔子看来是"愿不愿"的问题,不存在"能不能"做的问题,所以他说:"有能一日用其力于仁矣乎? 我未见力不足者。"(《论语·里仁》)在为仁(道德行为)这点来说,人是具有充分的意志自由的(由己)。这样看起来,孔子实际上主张的是"知天命,尽人事"。如果我们做到这一点,在某种意义上,我们也就永不失败。因为,如果我们尽应尽的义务,那么,通过我们尽义务的这种行动,此项义务也就在道德上算是尽到了,这与我们行动的外在成败并不相干。这样做的结果,我们将永不患得患失,因而永远快乐。所以孔子说:"知者不惑,仁者不忧,勇者不惧。"(《论语·子罕》)又说:"君子坦荡荡,小人长戚戚。"(《论语·述而》)

不过,可能弟子们很少听说过孔子更多关于"天(天道)"的议论,这样就给其后学留下了很大的进一步发挥的空间,所以作为七十子之一的子思,最早在《中庸》中提出"天命之谓性,率性之谓道,修道之谓教"的著名的心性论命题。

当然,由于"尽性知命"的"性与天道"之学的高深和需要悟证,孔子确实没有进行"普及",而是与颜回这样有"中人以上"素质的学生进行过探讨,其他"中人以下"素质的学生自然就"不可得而闻也"。这说明,孔子"性与天道"之说是子贡得未曾闻,并不是孔子得未曾言。至于子贡得未曾闻也许有许多原因,其中比较重要的应该是怕他的素养不高的学生会误解这方面的思想,损害了思想本身,更有可能使学生误入歧途。在中国思想史上,由于在《论语》中子贡说"夫子之言性与天道,不可得而闻也"(《公冶长》)和曾子"夫子之道,忠恕而已矣"(《里仁》),再加上后儒把儒学变成治国之术(汉代)和心性学的发展(宋明理学),遗落了孔子思想体系的形上基础,造成了人们对孔子这一层面思想的误解。

(二)仁礼中庸层面。

这一层面是这样结构的:以"仁"为支柱的修己之学与以"礼"为支柱的治人之学,被以"中庸"为基本原理的"中和论"有机地结合成为一个完整的体系。其中"仁"侧重于"内圣"而指向"外王","礼"侧重于"外王"而归拢"内圣",修己是治人的前提和条件,治人是修己的目标和归宿;而修己和治人两大部分思想内容的构建又是以"中庸"为基本原理的,"和"是完成整体构建的方法论原则和标准。

关于以"仁"为支柱的修己之学包括诸如"正己"、"克己"、"自戒"、"不争"、"孝悌"、"爱人"、"忠恕"、尊五美、屏四恶,还有忠、信、智、勇、恭、宽、敏、直等,可以说组成了一个大的系统,构成了由个体出发的人生道德的一极,但这一极绝不是封闭的,纯粹的,而是开放的,与下面要讲的另一极——治人是相通相连的。

关于以"礼"为支柱的治人之学实际上就是孔子的治国思想。孔子继承了西周以来把礼作为治国之经纬的思想,认为礼是治国之本,形成了以礼乐教化治国安邦的总体思路。提出了"德化"、"礼治"的治国思想。孔子认为"治国以礼"既要注重形式,又要注重精神实质。礼的精神主要体现为"仁"、"恭"、"敬"、"让"、"情"等方面。如何实现以礼治国?孔子把"正名"作为起始,强调礼乐教化,德刑并用,宽猛相济。

关于以"中庸"为基本原理的"中和论"。"中"和"庸"的观念在孔子以前已经有了,而"中庸"合称,成为一个基本范畴则始于孔子。孔子对"中庸"原理的实际应用,是在极端中寻求平衡。求"中"之方,第一在于通过考察事物对立双方的连接点来确定,以求双方在更高层次上的平衡。第二,避免"过"与"不及"。第三,不可则止。第四,无可无不可。"和同之辨"是当时思想家们思考和争论的一个话题。孔子之前已有史伯和晏婴关于"和"、"同"、"平"等概念的讨论。孔子继承了他们的思想,把"和同之辨"推进了一步,就如何在处理社会政治关系、独立人格的养成等方面来展开这一论题,把"和而不同"已发展为一种普遍原则,其实质便是追求一种多样性的统一。

九、孔门后学

孔子的人格和思想吸引了许多人来求学,形成了很大的势力。顾颉刚在《春秋时代的孔子和汉代的孔子》中说:"孔子是一个有才干的人,有宗旨的人,有热诚的人,所以众望所归大家希望他成为一个圣人,好施行他的教化来救济天下。在孔子成名以前原已有过许多民众的中心人物,如宋国的子罕,郑国的子产,晋国的叔向,齐国的晏婴,卫国的蘧伯玉都是。但是他们一生做官,没有余力来教诲弟子。唯有孔子,因为他一生不曾得大志,他收的弟子很多,他的思想有人替他宣传,所以他的人格格外伟大。自孔子殁后,他的弟子再收弟子,蔚成一种极大的势力,号为儒家。"于此可知,孔门势力之强大,除了客观环境使然外,实与孔子的个人人格有着莫大的关系。这些及门弟子中,如若粗略分类,大概可以分为这样几种状况,一是在德行方面表现出众的,如颜渊、闵子骞、冉伯牛、仲弓;二是在政事方面颇为出众的,有冉有、季路;三是在言语方面成就出众的,如宰我、子贡;四是在文学方面可堪造就并有突出成绩的,有子游、子夏。至于其他一些颇负盛名的弟子,孔子的评价是:"柴也愚,参(曾参)也鲁,师(子张)之辟,由(子路)也喭。……回(颜回)也……屡空。赐(子贡)不受命而货殖焉,亿则屡中。"(《论语·先进》)看来都是个性各异,各有特征,学有所长,术有专攻,这便为儒家的后来发展与分化埋下了伏笔。

孔子去世后的实际情况司马迁做了简洁的描述,"自孔子卒后,七十子之徒,散游诸侯,大者为师傅卿相,小者友教士大夫,或隐而不见";真正能"遵夫子之业而润色之,以学显于当世"者,只有"威、宣之际"的"孟子、荀卿之列"而已。(《史记·儒林列传》)

刘师培《经学教科书》据秦汉时的文献分析孔门情况说:孔子弟子三千人,通六艺者七十二人。故曾子作《孝经》以记孔子论孝之言;子夏诸人复荟萃孔子绪言纂为《论语》,而六经之学亦各有专书,《易经》由孔子授商瞿,再传而为子弓,复三传而为田何;《书经》之学由孔子授漆雕开,然师说无传,惟孔氏世传其书,九传而至孔鲋;《诗经》之学由孔子授子夏,六传而至荀卿。《春秋》之学自左丘明作传,六传而至荀卿。《公羊》、《谷梁》二传成为子夏所传,一出子夏授公羊高,一出子夏授谷梁赤。至于孔门弟子的实际分化情况,《韩非子·显学篇》有一个大概的描述:"世之显学,儒墨也。儒之所至,孔丘也;墨之所至,墨翟也。自孔子之死也,有子张之儒,有子思之儒,有颜氏之儒,有孟氏之儒,有漆雕氏之儒,有仲良氏之儒,有孙氏之儒,有东正氏之儒。"现在一般认为,这里的儒学八派已不仅指孔子的及门弟子,而且应该包括韩非所处的时代即战国时期的儒学情况。分化原因虽然很多,但从思想上来看,则可能同孔子提出仁、礼关系问题密切相关。本来,礼的实践既包含了内在性一面,又包含了外在性一面,仁也是从属于礼的,是与礼仪、礼节相对应的情感、意志等等;但自从孔子对仁进行了创造性的发挥,赋予其道德实践的能力后,人的道德活动是侧重内在的仁,还是注重外在的礼,便成为孔门后学争论的焦点,正是在这一点上导致了他们的分化。其中曾子、子游属于孔门的内在派,子张、子夏属于孔门的外在派,还有商瞿、子弓,他们成为孔门后学较有代表性的三派。(梁涛:《西北大学学报》1999年第1期)姜广辉先生还根据郭店儒简对孔门后学进行了重新划分,以此来确定思孟学派的传承。他认为所谓的思孟学派是指子游、子思、孟子一系的"弘道派","在早期儒家之中,这一派人民性、主体性、抗议精神最强,是早期儒家的嫡系和中坚。"而曾子一系属于重孝道的"践履派","这一派重孝道的践履,其基点在家庭父子关系上。这一派所讲的孝道是广义的。"认为子思出于曾子一系,是朱熹等理学家出于建构道统论的需要,并无事实根据。此外还有子夏一系的"传经派"和子张一系的"表现派"。(姜广辉:《郭店楚简与道统攸系——儒学传统重新诠释论纲》,《中国哲学》第二十一辑,第13—40页,辽宁教育出版社,2000年)

现在,一般都按学术倾向可以分为"主内派"和"主外派"。"主内派"以孔子弟子曾子为开山,抓住"人之所以异于禽兽者几希",其思想倾向重仁、内省,明心见性,由孝治推衍为德治、教化,在先秦时期的代表人物是孟子,被认为是儒家的正统;"主外派"是孔子弟子子夏开创的,其思想倾向重礼、博学,从宇宙本体到社会功利,推天及人,重视现实政治参与,发展出法治,对法家的形成影响很大,在先秦时期的代表人物是荀子。

十、道家思想的先驱——杨朱及其思想

《论语》中记载了一些"隐者",如荷蓧丈人、接舆、长沮、桀溺等。这些人对弱肉强食、离乱痛苦的现实社会,表示强烈的不满,和孔子一样痛斥"天下无道"的社会,但他们又和孔子走了截然不同的道路,他们以躬耕为业,不谈君臣之事,对政治表示出十分的冷淡,独善其身,愿意以无名而终。这些隐者嘲笑孔子,认为孔子的救世努力都是徒劳的。隐者也是"欲洁其身"的个人主义者。道家可能就是出于这种人,但也不是普通的隐者,只图"避世",个人逍遥自在,道家实际上是这样的人,他们退隐了,还要在理论上为自己的退隐行为辩护,提出一些思想,赋予他们的行为以意义。杨朱大概就是他们中间最早的著名的代表人物。

杨朱的生卒年代未详,但是一定生活在墨子(公元前约479—前约381年)与孟子(公元前约371—前约289年)之间。因为墨子从未提到他,而在孟子的时代他已经具有与墨家同等的影响。孟子本人说过:"杨朱、墨翟之言盈天下。"(《孟子·滕文公下》)《列子》是道家著作,其中有一篇题为《杨朱》。传统上认为它反映的就是杨朱的思想,但是现代的学者对《列子》这部书的真实性表示怀疑,我们姑且把它作为杨朱思想的旁证。

《孟子》说:"杨子取为我,拔一毛而利天下,不为也。"(《尽心上》)《吕氏春秋》(公元前三世纪)说:"阳生贵己。"(《慎览·不二》)《韩非子》(公元前三世纪)说:"今有人于此,义不入危城,不处军旅,不以天下大利易其胫一毛,……轻物重生之士也。"(《显学》)《淮南子》(公元前二世纪)说:"全性保真,不以物累形,杨子之所立也。"(《氾论训》)在这些引文中,《吕氏春秋》说的阳生,近来学者们已经证明就是杨朱。《韩非子》说的"不以天下大利易其胫一毛"的人,也可能是杨朱或其门徒,因为在那个时代再没有别人有此主张。把这些资料合在一起,就可以得出杨朱的两个基本观念:"为我","轻物重生"。

杨朱"为我"的思想,首先可以在道家文献中找到例证。《庄子·逍遥游》有个故事说:"尧让天下于许由。……许由曰:子治天下,天下既已治也,而我犹代子,吾将为名乎?名者,实之宾也。吾将为宾乎?鹪鹩巢于深林,不过一枝;偃鼠饮河,不过满腹。归休乎君?子无所用天下为。"许由这个隐者,把天下给他,即使白白奉送,他也不要。当然他也就不以天下大利易其胫一毛。这是《韩非子》所说的杨朱思想的例证。

另外,《列子·杨朱篇》也可以作为旁证。据该篇记载,杨朱曰:"伯成子高不以一毫利物,合国而隐耕。大禹不以一身自利,一体偏枯。古之人损一毫利天下不与也,悉天下奉一人不取也。人人不损一毫,人人不利天下,天下治矣。"禽子问杨朱曰:"去子体之一毛以济一世,汝为之乎?"杨子曰:"世固非一毛之所济。"禽子曰:"假济,为之乎?"杨子弗应。禽子出语孟孙阳。孟孙阳曰:"子不达夫子之心。吾请言之。有侵若肌肤获万金者,若为之乎?"曰:"为之。"孟孙阳曰:"有断若一节得一国,子为之乎?"禽子默然有间。孟孙阳曰:"一毛微于肌肤,肌肤微于一节,省矣。然则积一毛以成肌肤,积肌肤以成一节。一毛固一体万分中之一物,奈何轻之乎?"禽子曰:"吾不能所以答子。然则以子之言问老聃、关尹,则子言当矣;以吾言问大禹、墨翟,则吾言当矣。"孟孙阳因故与其徒说他事。《列子·杨朱》篇还说:"古之人损一毫利天下,不与也;悉天下奉一身,不取也。人人不损一毫,人人不利天下,天下治矣。"对照先秦可信文献,这就是杨朱所谓"为我"、"全生"的理论,也就是孟子所指责的"无君"说。在这个意义上,杨朱思想与儒家思想是对立的。

在《老子》、《庄子》以及《吕氏春秋》中都能见到杨朱基本观念的反映。例如,《老子》中有这样的话:"贵以身为天下,若可寄天下;爱以身为天下,若可托天下。"(第十三章)这就是说,在为人处世中,贵重自己身体超过贵重天下的人,可以把天下给予他;爱他自己超过爱天下的人,可以将天下委托他。又如"名与身:孰亲?身与货:孰多?"(第四十四章)都表现出轻物重生的思想。《庄子·养生主》里说:"为善无近名,为恶无近刑,缘督以为经:可以保身,可以全生,可以养亲,可以尽年。"这也是沿着杨朱思想的路线走,先秦道家认为,这是保身全生免受人世伤害的最好的办法。一个人的行为若是很坏,受到社会惩罚,显然不是全生的方法。但是一个人的行为若是太好,获得美名,这也不是全生的方法。全生的方法就是《庄子·山木》篇中表达的处于"材"与"不材",即"为善"与"为恶"之间。这个故事说:"庄子行于山中,见大木枝叶盛茂,伐木者止其旁而不取也,问其故。曰:'无所可用'。庄子曰:'此木以不材得终其天年。夫子出于山,舍于故人之家。故人喜,命竖子杀雁而烹之。竖子请曰:'其一能鸣,其一不能鸣,请奚杀?'主人曰:'杀不能鸣者。'明日,弟子问于庄子曰:'昨日山中之木,以不材得终其天年;今主人之雁,以不材死,先生将何处?'庄子笑曰:'周将处乎材与不材之间。材与不材之间,似之,而非也,故未免乎累。若夫乘道德而浮游则不然。无誉无訾,一龙一蛇,与时俱化,而无肯专为;一上一下,以和为量,浮游乎万物之祖;物物而不物于物,则胡可得而累邪!'"这就是说不要为外物所累。《吕氏春秋》说:"今吾生之为我有,而利我亦大矣。论其贵贱,爵为天子不足以比焉。论其轻重,富有天下不可以易之。论其安危,一曙失之,终身不复得。此三者,有道者之所慎也。"(《孟春纪·重己》)这段话说明了为什么应当轻物重生。即使失了天下,也许有朝一日能够再得,但是一旦死了,就永远不能再活。

十一、老子及《老子》一书的思想

按照学术界一般的认识,诸子学派兴起的先后,在儒、墨之后,出现了兼采儒墨又批评儒墨的道家。春秋末期的老子是道家最早的思想代表。关于老子这个人,司马迁写《史记》的时候已经弄不清楚,他举出了三个人,约与孔子同时的有老聃和老莱子,另一个是战国时的周太史儋。到了近代,这个问题仍然引起许多争论,一般认为老子是老聃。据《史记·老庄申韩列传》记载,老聃,姓李名耳,春秋末期楚国苦县(今河南鹿邑东)人,具体生卒年不详。他曾做过周守藏史,是东周掌管图书的史官。他见闻博广,相传孔子曾向他请教过礼,晚年隐居。关于老子的时代,近代以来也有许多争论,一部分人认为老子生活在孔子之前,一部分人认为孔子在老子前,现在仍然没有结论。关于《老子》这本书,历来也有不同的看法,传统上传说老子"著书言道德之意"五千言,即今流传的《老子》一书,汉代以后被称为《道德经》。据宋代及今人的考证,《老子》可能是道家后学根据老聃的思想言论记述而成,成书约在战国初期。马王堆帛书和郭店楚简发掘出不同的《老子》传本,进一步证明《老子》这部书是从春秋到战国前期逐渐形成的,经过了不同时代的加工、改造,思想上自然也就有变化。马王堆帛书《老子》有甲、乙本,分别抄写于刘邦称帝前和称帝后,除德经在前道经在后与今本不同外,内容结构基本一致,能解决今本章节、字句的许多争议,是所见最早的全本《老子》。郭店《老子》属于选本,抄写于战国中期,是所见最早的本子,与今传本相比,没有关于"道"的理论,以及"小国寡民"理想社会的阐述,没有"绝仁弃义"、"绝圣弃智"等与儒家主要学说相抵牾的内容,偏重于实用,当为楚国官方的一种传习读本。总之,《老子》这部书中包含了春秋末期老子的一些思想是应该肯定的,但大部分内容可以反映战国时代道家的思想观念。

关于《老子》的思想,一般认为是以"道"为核心的,我认为老子的思想骨架是以道和德为两柱,以"圣人"来贯穿,而归本于天道。

尊道贵德是《老子》思想的主旨和精髓。《老子》中说:"道生之,德畜之,物形之,势成之。是以万物莫不尊道而贵德。"(《老子》51章)意思道生化万物,而德畜养万物。道是万物的总根源,德是道在万物中的体现,道与德是万物之本。道既无形无象,德作为体现在具体事物中的道,也没有形象可言。所以老子以尊道贵德为其学说的目标和归宿,道门中人士常道德联称。人只要有德,就能与道合一,得道成仙,成为后来道教教义的核心。

那么,什么是老子的"道"和"德"呢?

(一)"道生万物"。道的本义是人走的道路,可引申为事物运动变化所必须遵循的普遍规律、法则或万物的本体等。《老子》说:

人法地,地法天,天法道,道法自然。(25章)

执古之道,以御今之有。(14章)

这种人、地、天必须效法,亘古及今长存,可以支配当前具体事物的"道",显然是指宇宙的根本规律和法则。他自述提出"道"这个范畴时说:"有物混成,先天地生,寂兮寥兮,独立而不改,周行而不殆,可以为天下母,吾不知其名,字之曰道,强为之名曰大。"这就是说,老子认为有一个"先天地生","为天下母"的本体,他不知道这个本体的名称,就"字之曰道,强为之名大"。这里的"大"读"太",

太即至高至大的意思。老子还赋予道诸多特征,如自然、虚无、混成、独立、周行、朴素、柔弱、无为、清静、恬淡、大公等等。

最重要的是"道"是产生宇宙万物的根本,万物皆由"道"而生:"道生一,一生二,二生三,三生万物。"(42章)这里的"一"就是"道","道生一",即道自本自根,自生自成,再没有高于道的生道者了。"一生二"即道化为阴阳二气。"二生三"即阴阳二气相互作用而有"和"气,阴、阳、和为三。"三生万物"即阴、阳、和气进一步化生万物。在中国思想史上,老子第一个用"道"说明万物的发生和发展,这是对神创造万物的有神论的否定。

(二)德者得也。《老子》的"道"是超越宇宙万物的本原,但它又体现在万物之中。体现于万物之中的道,也就是老子的"德"。老子说"朴散则为器"(28章),"孔德之容,唯道是从。"(21章)"朴"就是道,"器"就是具体事物。道分散而为具体事物,其自身并不消灭,就存在于万物之中,是为"德"。大"德"的表现,总是与"道"保持一致的。所以,"道"和"德"的关系是这样的:就道本身看来,道是体,德是用,即道是德之本体,德是道的发用。就道与万物的关系来看,道是本,德是末。陈鼓应先生曾说:

形而上的"道",落实到物界,作用于人,便可称它为"德"。"道"和"德"的关系是二而一的,老子以体和用的发展说明"道"和"德"的关系;"德"是"道"的作用,也是"道"的显现。混一的"道",在创生的活动中,内化于万物,而成为各物的属性,这便是"德"。简言之,落向经验界的"道",就是"德"。(《老子注译及评价》)

《老子》一书中"德"的含义主要有三:一是道之德,即与道同体之德,是道的本性的显现;二是物之德,就是事物的本性,是物之所自得;三是人之德,人的本质属性,指素朴之德。

(三)道之用。《老子》深刻地领悟了"道"的本质,指出了以柔弱为核心的道的作用或功能。《老子》是讲"柔"的,但它的"柔"是"以柔克刚";《老子》是讲"退"的,但它的"退"是"以退为进",后发制人;《老子》是讲"无为"的,但它的"无为"是"无为而无不为"。在《老子》看来,道由于它的柔弱却能够战胜一切最坚强的东西。"天下之至柔,驰骋天下之至坚。无有入于无间。"(43章)是说天下最柔弱的东西,能够穿透天下最坚强的东西,犹如柔弱的水一样,"天下柔弱莫过于水,而攻坚;强莫之能先。其无以易之。故弱胜强,柔胜刚,天下莫能知,莫能行。"(78章)

《吕氏春秋·不二》称"老聃贵柔",这一说法是符合老子思想的,《老子》认为"弱者道之用"(40章),这用就是"柔弱胜刚强"(36章)。并进一步论证说:

"人生之柔弱,其死也坚强。万物草木之生也柔脆,其死也枯槁。故坚强者死之徒,柔弱者生之徒。是以兵强则灭,木强则折,强大处下,柔弱处上。"(76章)这就是说,无论人体还是草木,坚强了反而会走向死亡,只有柔弱才真正具有生命力。自然界和人类当中确实存在这样的现象,初生的婴儿,虽说柔弱,但他是最富有生命力的;初生树木花草,虽说幼嫩,但它们的生命力是最旺盛的。当然,这样的思想应用到人类就比较复杂了,在现实的冲突中,柔弱的力量是很难与强大的力量进行较量的,要做到柔弱胜刚强,就必须研究斗争的策略,讲究斗争的方法,是不能与强大的力量直接硬拼的。因此,《老子》提出了一套以柔弱胜刚强的策略,如:

——"不敢为天下先,故能成其先。"(67章)《庄子·天下篇》说:老子"人皆取先,己独取后"。即是说在政治斗争和军事斗争中要采取"后发制人"的策略,先观察形势,弄清情况,再在适当的时机出击,就有可能战胜对方。这也就是常说的"以退为进"、"以守为攻"等等。

——"将欲歙之,必故张之;将欲弱之,必故强之;将欲废之,必故兴之;将欲夺之,必固与之。是谓微明。"(36章)《老子》认为要做到"柔弱胜刚强",必须把握相反相成的道理,即不要与对方硬拼,而应该采取迂回曲折的斗争方法。要想收敛它,就要先扩张它;要想削弱它,就要先加强它;要想去掉它,就要先壮大它;要想夺取它,就先要施给它。他把这种相反相成的智慧称为"微明",是说这种智慧的微妙。这在今天看来就是一种促进事物转化的辩证法。

——"曲则全,枉则直,洼则盈,敝则新,少则得,多则惑。是以圣人抱一为天下式。"(22章)《老子》认为,在实际斗争中,要学会采取以曲求全,以屈求伸的策略,即是说通过曲、枉、洼,以达到全、直、盈,但也要注意敝、少、多向新、得、惑的转化,以始终立于不败之地。这里"一"就是指"道德"。圣人总是守柔弱之德作为天下的范式。

——"持而盈之,不如其已;揣而锐之,不可长保。金玉满堂,莫之能守;富贵而骄,自遗其咎。功遂身退,天之道也。"(9章)《老子》深知"物极必反"的道理,与《周易》的"亢龙有悔"道理相通,为了防止事物向坏的方面转化,它极力反对走极端,反对任何过分的行为。在《老子》看来,盈满了反而不如不盈满为好,锻得过分锐利反而不能长保,金玉满堂反而不能守住,富贵而骄傲反而会给自己留下灾难。因此,功成名就就应当隐退。

(四)得道之圣人。《老子》一书中有"圣人"一词出现约31次,内容涉及自然原则、人生哲理、治国之道、辩证法、认识论等方面。老子的圣人是得道之圣人,这与孔子的含义不同,即是以自然无为为基调的"圣人":"是以圣人处无为之事,行不言之教。万物作而弗始,生而弗有,为而弗恃,成功而弗居。"(第2章)孔子的圣人是社会(伦理)道德意义上的,老子的圣人则强调顺应自然,崇尚无为。老子的"圣人"在治国上也崇尚无为的:"是以圣人之治,虚其心,实其腹,弱其志,强其骨。常使民无知无欲,使夫智者不敢为也。为无为,则无不治。"(第3章)老子认为真正的圣人,不是终日思虑,忙忙碌碌的人,而是"无言"、"无行"的人,虽不言而有言功,虽不行而有行效,无为而无不为,无功而无不功,无治而无不治。这种"处无为之事"的圣人,在本质上就是"道"与"德"的表现。圣人上达天道,下具天德,沟通天地,无为而治而民自化。圣人"无为而治"的结果就是《老子》书中所描述的"小国寡民"的社会:

小国寡民,使有什佰之器而不用,使民重死而不远徙,虽有舟舆无所乘之,虽有甲兵无所陈之。使民复结绳而用之。甘其食,美其服,安其居,乐其俗。邻国相望,鸡犬之声相闻,民至老死,不相往来。(80章)

老子所追慕向往的社会,是远古的原始社会,这是一个舍弃文明而守其朴素的乌托邦理想。老子的幻想,在一定程度上反映了在春秋战国时代战争频繁,生活动荡不安,统治阶级对人民的剥削残酷的情况下,人民迫切要求安静休息和减轻剥削的愿望。但是,小国寡民的理想,是违反社会历史发展的规律的。

十二、墨子与墨家学派

墨家是儒家学派的反对派,其开创者是墨翟。相传原为宋国人,后长期住在鲁国,是一个手工业者,有一套手工业技术。曾学习儒术,因不满其繁琐的"礼"而另立新说,成为儒家的主要反对派,并创立了墨家学派。《淮南子·要略》云:"墨子学儒者之业,受孔子之术,以为其礼烦扰而不说,厚葬靡财而贫民,服伤生而害事,故背周道而用夏政。"墨家学派是一个带有宗教色彩的有严密组织和纪律的团体,其领袖称为"巨子",其成员称为"墨者",多半来自从事生产劳作的社会下层,生活刻苦俭朴,他们被分派到各国参加政治活动,宣传和实践墨翟的政治主张和思想路线。他们严守"墨者之法":其成员在政治上有了位置,不能推行墨家的主张,就要自行辞职;如果违背了墨家的主张,就要采取措施加以斥退;成员有了收入,必须把其中的一部分提供给墨者团体使用。《淮南子·泰族训》说:"墨子服役者百八十人,皆可使赴火蹈刃,死不旋踵。"墨翟还是个科学家,墨家也是一个科学集团。他们在数学、物理学、医学、逻辑学等方面都有杰出的贡献,在我国古代科学技术史上占有重要地位。墨家学派在战国初年曾经影响很大,孟子曾说:"杨朱、墨翟之言盈天下;天下之言不归杨,则归墨。"(《孟子·滕文公》)儒墨两家的思想观点针锋相对,在当时并称"显学",史称墨家"列道而议,分徒而讼",对开战国一代学术争鸣之风起了主要的推动作用。

现存《墨子》一书,是其弟子和再传弟子对墨子言行记录的汇集、整理和发挥,这是研究墨子和墨家学派思想的直接材料。全书大致可以分为四部分:第一部分是记载墨翟本人的活动的。《耕柱》、《贵义》、《公孟》、《鲁问》、《公输》五篇属于这一部分。第二部分是墨翟所创始的思想记录,有《天志》、《明鬼》等三十一篇,基本上属于前期墨家的思想。第三部分主要是关于认识论、逻辑学和自然科学的思想。《经》(上、下)、《经说》(上、下)和《大取》、《小取》六篇属于这部分,基本上属于后期墨家的思想。第四部分是记载墨家所研究的防御战术以及守城的兵器与工具,有《备城门》等十一篇。

《墨子》的基本思想是提出了十大主张,即"兼爱"、"非攻"、"尚贤"、"尚同"、"天志"、"明鬼"、"非乐"、"非命"、"节用"、"节葬"。在这十个项目之中,有一个贯穿的中心思想,就是"利"的观念。墨子以"利"作为衡量一切事物的价值标准,把"兴天下之利,除天下之害"(《兼爱下》)作为奋斗争取的目标。"天下之利"的具体内容就是"富"与"庶",前者是物质财富的生产,后者是劳动力的生产。墨子认为,要根据不同国家的实际情况来运用这十大主张,有针对性地选择其中最合适的方案。如"国家昏乱"就选用"尚贤"、"尚同";"国家贫"就选用"节用"、"节葬",等等。这里简单就其基本内容进行介绍:

"兼爱":墨子在《墨子》《兼爱》和《天志》篇中,反复提出"兼相爱"、"交相利",这是其基本主张。他认为,当时国与国之间的战争,人与人之间的争夺,造成了许多祸害,都是由于缺乏"兼爱"精神。墨子有时把他的"兼爱"又称为"仁",但这与孔子的"仁"(仁者爱人)有很大不同。孔子主张的"爱人"是依照宗法制的"亲亲"原则,对亲疏不同的人有先后轻重之分。墨子则主张"爱无差等","爱无厚薄",这就抽去了宗法等级制内容,因为庶人也是可以被举为天子的,等级制的界限已被打破了。所以,墨家的"兼爱"是对儒家"仁"的发展,更是对儒家"仁"的否定。在"义"与"利"关系上,墨子吸收并发展了子思学派"义"、"利"合一的思想,摆脱了孔子"君子喻于义,小人喻于利",只讲"义"不讲"利"的片面性。"兼爱"有利于自己,不"兼爱"则有害于自身,墨子将伦理道德和功利主义紧密地结合在一起。

"非攻":"非攻"就是反对攻伐战争,它是"兼爱"原则在国与国关系上的运用。墨子揭露了战争的危害,认为攻伐战争是最大的不义。他也区分了进攻战争和防御战争。他积极主张防御,还发明了多种守城器械,以进行防御战争。当时兼并战争剧烈,农、工、商、士等庶人阶层和下层贵族都希望社会安定,墨家代表了他们要求停止战争的愿望。

"尚贤":墨子主张贤人政治。他认为"尚贤者政之本也。"(《尚贤上》)"有力者疾以助人,有财者勉以分人,有道者劝以教人"(《墨子·尚贤下》)就是要选择"贤良之士",由这样的人来治理国家,国家就能富裕,人口就能蕃庶,社会就能安定,所以"尚贤事(使)能"是治国的根本措施。他还提出"众贤"、"进贤"、"使能"作为实行贤人政治的三个基本环节。

"尚同":墨子还把"尚贤"的主张扩大到主张天子也要由贤人担任,这就是"尚同"。墨子认为,在未有国家、"未有刑政之时",人们思想不统一,"人是其义,以非人之义,故交相非也",互相攻讦,"天下之乱若禽兽然"。天下大乱是由于无"政长"。因此,施行选举制度,按照贤能等第,设立天子、三公、诸侯、正长,使百姓"上之所是,必皆是之;上之所非,必皆非之","上同而下不比"。"天子唯能一同天下之义,是以天下治也。"(《尚同上》)天下的百姓都"上同于天子",而天子又"上同于天"。"不上同其上者",就要加以惩罚。这种"尚同"理想,实际上是一种建立在民主选举基础之上的中央集权制政治模式,其思想意义远远超过了学术价值,可惜它仅仅作为一种理想而存在。

"天志"、"非命":墨子继承了三代的宗教宇宙观,明确承认上帝、鬼神的存在和主宰作用。但是,墨子与传统的宗教思想的不同之处在于其有不同的思想动因:传统宗教思想着重论证君权神授和君权的神圣不可侵犯,而墨子则着重论证自己的"兼爱"主张。他指出:实行"兼相爱,交相利"就是顺天意,因而必得报赏;相反,"别相爱,交相贼"就是违反天意,因而必然遭到惩罚。这样,墨子的"天志"实际上是一种宗教异端思想,他没有从中引出"天命论",相反提出了"非命"观点,否定天命,主张事在人为,为善得赏,为恶受罚。他还提出"力"来反对"命",认为寿夭、贫富、安危、治乱是由"力"决定的,并强调个人的主观努力,即所谓的"强"。墨子"非命",否定天命而把命运交给人们自己掌握,这具有进步意义,但是又似乎与他的"天志"主张发生了矛盾。

"节用"、"节葬":明显地代表了下层平民的思想。贵族统治者苛征暴敛,其生活奢侈浪费,加重了民众的负担,使得民不聊生。《节用上》曰:"今天下为政者,其所以寡人之道多,其使民劳,其籍敛厚,民财不足,冻饿死者,不可胜数也。"故墨子主张用财必须用了有利,"凡足以奉给民用则止,诸加费不加于民利者,圣王弗为","是故用财不费,民德不劳,其兴利多矣"。宗法贵族讲究"孝道",而体现"孝道"的重要方式就是奢侈浪费的"厚葬"。墨子反对宗法贵族提倡的"厚葬"、"久丧",认为这弄得"匹夫贱人死者,殆竭家室",不利于发家致富,"以此求富,此譬犹禁耕而求获也,富之说无可得焉"。为了庶人"富"家,统治者得"众"、得"治",墨子提出一套薄葬、短丧的办法,目的在于使人能"疾而从事,人为其所能"。

"非乐":礼仪可以简略,生产不可懈怠,强调节俭求富,这显然是下层平民的思想。墨子反对一切不必要的奢侈浪费,他甚至认为音乐和一切文娱、艺术等都是不必要的,是无用的东西。于是,由"节用"而引申出"非乐"来。当然,这主要是反对贵族"亏夺民衣食之财"的奢侈享乐,不过有许多表现社会文化的东西,也在其反对之列。

墨子还注意研究思想方法问题,提出了"取名予实"、"三表法"等观点。在名实关系问题上,孔子既由实"损益"名,又以名正实,墨子则提出了"取名予实"的主张。他说:"故我曰瞽不知黑白者,非以其名也,以其取也。"(《贵义》)"名"是概念,"取"是对概念所反映的客观现实的把握。这就是说,知与不知,不能只从知与不知的名词概念这一点来判断,更要从其在实践中能不能把握与概念相应的客观对象这一点上来判断。在"取名予实"的基础上,墨子提出了以经验检验认识的标准,这就是"三表法":"上本之于古者圣王之事",就是以过去圣王的经验为根据;"下察百姓耳目之实",就是要考察现在人们的感官经验;"发以为刑政,观其中国家百姓人民之利",就是把某种学说付诸实施,看它在社会效果上是否符合国家百姓人民的利益。第一表是前人的间接经验;第二表是现实众人的直接经验;第三表是在现实的直接经验中检验理论的实际效果。总之,经验是检验真理的标准。这里,墨子有把感性经验绝对化的倾向,容易陷入经验主义,反映了小生产者的局限性,这是我们在学习过程中需要引起注意的。

在逻辑思想方面,他提出"类"、"故"两个逻辑概念,并在实践中进行运用,对后期墨家有很大的影响。他要求将"辩"作为一种专门知识来学习,并把"无故从有故",即无理由者服从有理由者作为辩论原则。墨子的"辩"建立在知类(即知事物之类)、明故(即明了根据、理由)基础之上,属于逻辑类推或论证的范畴。由于墨子倡导,墨家形成了重逻辑的传统,而后期墨家更建立了第一个中国古代逻辑学体系。

第三章　战国百家争鸣

一、百家争鸣

战国时代(公元前475—前221)社会生产力得到迅速发展,古代的土地私有发展了,西周宗法等级制度遭到了破坏。随着社会经济、政治的变动,原来"学在官府"的教育局面被打破,出现了"天子失官,学在四夷"(《左传·昭公十七年》)的新格局。当时列国竞争的形势很严峻,使得各诸侯国的统治者深感招揽人才的迫切性。因此,各国的求贤养士之风盛行,士阶层特别活跃起来,他们有一部分人参与政治活动,有一部分人从事学术、教育活动,他们可以著书立说,奔走四方,宣传自己的主张。这样,思想界出现了空前的繁荣,形成了百家争鸣的局面。他们批判总结前人的思想成果,回答现实所提出的种种问题,从不同角度对宇宙时空、社会秩序和个人存在以及相互关系进行自由的学术探讨,交流争鸣,他们有崇高的地位、巨大的影响,思想自由,个性解放,理性张扬,提出了许多思想观点,使华夏民族的理论思维在这个时期突飞猛进地获得发展,成为中国思想文化史上最辉煌的一页,并一直影响到今天,以至于后来的每一思想观念,都可以从诸子百家中寻找出其思想渊源。当时的思想流派甚多,被后人称为"诸子百家"。西汉初,司马谈在《论六家要指》中依据诸子学说的主要倾向,把他们分为阴阳、儒、墨、名、法、道德六家(《史记·太史公自序》);东汉初,班固在《汉书·艺文志》中,根据刘向、刘歆父子的《七略》,把先秦诸子划分为儒、道、阴阳、法、名、墨、纵横、杂、农等九家。如果要加上小说,就是十家。这个分类的本身,并没有比司马谈的分类前进多少。司马谈和班固对先秦诸子的划分,一直为历代学者所接受,至今已经沿用了两千多年。

关于诸子的产生,刘歆试图系统地追溯各家历史的起源,提出了"诸子出于王官说":认为在周朝前期的社会制度解体以前,政教合一,官师不分。就是说,某个政府部门的官吏,也同时就是与这个部门有关的一门学术的传授者。这些官吏,和当时封建诸侯一样,也是世袭的。所以当时只有"官学",没有"私学"。这就是说,任何一门学术都没有人以私人身份讲授。只有官吏以某一政府部门成员的身份才能够讲授这门学术。到了春秋以后,王权下移,礼崩乐坏,政府各部门的官吏也丧失了职位,流落各地。他们这时候就转而以私人身份教授他们曾经所掌握的专门知识。于是他们就不再是"官",而是私学的"师"。各个学派正是由这种官、师分离中产生出来的。现代著名的哲学史家冯友兰对刘歆的观点进行了修正,提出:儒家者流盖出于文士,墨家者流盖出于武士,道家者流盖出于隐者,名家者流盖出于辩者,阴阳家者流盖出于方士,法家者流盖出于法术之士。(冯友兰:《中国哲学简史》,第33页,北京大学出版社,1996年)

学术界一般把"百家争鸣"分为三个阶段:

第一个阶段是春秋末期到战国中期前。这一阶段大致从春秋末年孔子创建儒家学派开始,到战国中期"孟氏之儒"兴起为止。在孔丘儒学产生之前,尚没有任何一个学派的存在。当时管仲、子产、邓析思想中有一些法家思想的萌芽,邓析的思想中也有一些名家思想的因素,相传春秋末年的老聃,他被认为是后来道家的创始人,但都没有形成学派。因此,在这一时期中根本就谈不上有什么学派之争。只是在孔丘之后,战国初年才产生了两个有影响的学派:一个是以墨翟为首的墨家学派,一个是以杨朱为代表的杨朱学派。

第二阶段是战国中期。这一时期学派并出,互相攻伐,进入了百家争鸣的高潮时期。这一时期社会历史特点是旧的制度已经崩溃,新的社会正在建立。究竟如何建设?各个阶级、集团以至个人都有不同的看法,都从理论上进行探讨,从学术思想上加以研究,并努力争取在实践中得以应用和实施。为了取得有利的思想地位,他们必然建立学派,展开争鸣。

第三阶段是战国末期。这一时期有两大问题摆在思想家、学者们面前:一是统一中国,二是加强君主专制的统治。为了回答这两大问题,为未来社会提供统一、完整的意识形态体系,各家各派走向融合或合流,一些学派消失了,一些学派被吸收了,一些学派变异了,一些学派更完善了自己的理论体系。总体上看是百家争鸣的结束,诸子走向合流,并谋求意识形态化,在秦汉社会转型过程中完成思想整合,重建新的意识形态。

二、思孟学派

思孟学派属于孔子以后儒家的"主内派"。《史记·孟轲荀卿列传》载:"孟轲,邹人也。受业于子思(孔伋)之门人",司马迁的说法应该是可信的。据学者考证,子思约生于公元前483年,卒于公元前402年,而孟子一般认为约生于周烈王4年,公元前372年左右,所以孟子一生实际并没有见到过子思。但孟子虽然不及见子思,却受业于子思弟子,仍然间接受到子思的影响,二者在思想上可能具有某种一致性,故在战国时代,人们就已经将子思与孟子合称并论,如《荀子·非十二子》就把子思和孟子联系起来进行批判:

> 略法先王而不知统,犹然而材剧志大,闻见杂博。案往旧造说,谓之五行,甚僻违而无类,幽隐而无说,闭约而无解。案饰其辞而祗敬之曰:此真君子之言

也。——子思唱之，孟轲和之，世俗之沟犹瞀儒，嚾嚾然不知其所非也，遂受而传之，以为仲尼、子游为兹厚于后世。是则子思、孟轲之罪也。

后来，世人就将他们所主张的思想，称之为"思孟学派"。

关于思孟学派的历史文献非常有限，1993 年 10 月湖北荆门郭店一号楚墓出土一批竹简，经整理有文字的共有 730 枚，其释文于 1998 年 5 月由文物出版社一经公布，立即引起海内外学术界的关注，掀起研究的热潮。郭店竹简的内容，主要是儒家和道家著作。经整理者编连后，属于儒家的著作有《缁衣》、《鲁穆公问子思》、《穷达以时》、《五行》、《唐虞之道》、《忠信之道》、《成之闻之》、《尊德义》、《性自命出》、《六德》、《语丛》一、二、三等十四篇。研究者认为，郭店儒简基本上属于思孟学派著作，是早期儒家心性学说的重要文献，补足了孔孟之间思想链条上的缺环。孔门后学在解释为什么人的性情会是仁的这样一个根本性问题上，大体上分为向内求索与向外探寻两种致思的路数。向内求索，抓住"人之所以异于禽兽者几希"，明心见性；向外探寻的，则从宇宙本体到社会功利，推天及人。向内求索的，由子思而孟子而《中庸》；向外探寻的，由《易传》而《大学》而荀子。郭店竹简在思想上代表了向内求索的方向，它也谈天，甚至很有可能是从天开始构筑自己体系的。但它着眼之点不是天道，而是天命；不是天以其外在于人的姿态为人立则，向人示范，而是天进入人心形成人性，直接给人以命令和命运。并由此展开为性与命、性与情、性与心三方面的问题。（庞朴：《孔孟之间——郭店楚简的思想史地位》，《中国社会科学》1998 年第 5 期）。其中《鲁穆公问子思》为子思与鲁穆公的对话；《穷达以时》杂有孔子语，可能是子思对孔子思想的阐述；《五行》、《唐虞之道》与《穷达以时》思想较为一致，很可能亦为子思言论或著作；《天降大常》、《尊德义》、《性自命出》和《六德》四篇应该是子思门人的著作。

《五行》标举仁、义、礼、智、圣五个范畴。五者内具于人为德禀，见于外则为德行。仅具仁、义、礼、智四行可达于善，善为人道之至，是一种始发于现世且成就于现世的德性；五行和备方为德，德通天道，是一种始发于现世而具有无限超越性的德性。譬之音乐，四行之善犹如仅以金声相始终；而五行之德则既涵金声之善，又具玉音之圣。不过，五行之和并非单向度地具有形上超越性，而是还具有现世作用。由五行和可以生乐，由乐成德，有德则可以兴邦家。

《唐虞之道》谓"圣以遇命，仁以逢时……神明均从，天地佑之"，均具天宰制命的思想；而所谓"德行一也，誉毁在旁"、"有天下弗能益，无天下弗能损"云云，则又在天命作用的范围内突出了道德主体的能动性和独立性，表现了天人之间某种张力的观念。

《尊德义》曰:"莫不有道焉,人道为近,是以君子人道之取先。□者出所以知己,知己所以知人,知人所以知命,知命而后知道,知道而后知行……有知己而不知命者,无知命而不知己者。"所强调的固然是人道,但由知己、知人、知命、知道这一外推或上推顺序以及以"命"涵"己"、知命然后知己的认识法则,可以体会出人道与"水之道"、"马之道"、"地之道"等等一样,均属天道之一体;而"知道而后知行"的"行"并非"道"之上的层次,而是由知命达道之后向着实践人道的返归。

《性自命出》首先从本原意义上揭櫫"性自命出,命自天降",从而肯定"四海之内其性一也"的普遍人性。在此基础上,又拈出心、志、气、情等范畴,指出"四海之内其性一也,其用心各异","心无奠志,待物而后作,待悦而后行,待习而后奠","喜怒哀悲之气,性也,及其见于外,则物取之也","凡人情为可悦也。苟以其情,虽过不恶;不以其情,虽难不贵","凡人伪为可恶也,伪斯吝矣,吝斯虑矣,虑斯莫与之结矣",由此表明感于外物而发动实现的具体人性是有差别的。以具体人性而言,虽然也存在"未教而民恒"的"性善者",但一般来说,则须通过"其始出皆生于人"的诗、书、礼、乐,由圣人比类而论会、观先后而违训、体义而节度、理情而出入的教导,方始"生德于中"。

子思,孔子之孙,名伋。相传受业于曾子,在儒家思想的发展演变中,上承孔子,而下启孟子,是一位不可忽视的关键人物。子思的著作,在汉代有《子思子》23 篇,后来失传。今本《礼记》中的《中庸》、《表记》、《坊记》相传是子思作品。子思继承发扬孔子思想,主要对"中庸"和"诚"进行了深入探讨。《中庸》一篇突出的思想特点就是在道德贯通的意义上明确标举了天、道、性、命诸范畴:"天命之谓性,率性之谓道,修道之谓教。"天对于人的规定性即谓"天命";天命具体于人生即谓"性",实乃"天地之性";秉循天地之性即谓"道",是即"天道"。天命、人性、天道构成一个动态的回环,"教"于其间的作用在于使主体的天地之性由自在达至自觉,所谓"自诚明谓之性,自明诚谓之教",大致也是这个意思。《中庸》还把"中庸"的概念发挥到世界观的高度:"中也者,天下之大本也;和也者,天下之达道也。致中和,天地位焉,万物育焉。"这可以看出,他认为"中庸"是天下最根本、最普遍的法则,实行中庸,达到中和,就可以使天地万物各得其所,繁荣兴旺。既然如此,中庸之道就是人们片刻也不能离开的。所以,"道也者,不可须臾离也,可离非道也。"这里的"道"就是"中庸之道"。中庸之道对中国思想文化影响极为深远,在长期的历史发展中,它已经成为中华民族的一种特定的思维方式。如何实现中庸之道呢?子思提出"率性"以行的方法。

子思还提出"诚"这一概念,以论证"天人合一"的率性。他说:"诚者,天之道也;思诚者,人之道也。""不勉而中,不思而得,从容中道"的"圣人"即为"诚者";而"诚之者"通过择善固执,博学、审问、慎思、明辨、笃行,自明而诚以至于"天下之至诚",便可以由尽其性而尽人之性、尽物之性乃至赞天地之化育而与天地参。这样,就以"诚"的概念使"天道"和"人道"相通,并把二者统一起来。

孟子把孔子"仁"的思想发展为系统的"仁政"学说,为后来封建社会儒家的政治思想奠定了理论基础。孟子的"仁政"学说,在经济方面主张"制民之恒产",就是让人们具有一定的财产,这实际上是井田制的内容之一。孟子说:

无恒产而有恒心者,唯士为能。若民,则无恒产,因无恒心。苟无恒心,放辟邪侈,无不为已。及陷于罪,然后从而刑之,是罔民也。焉有仁人在位罔民而可为也?是故明君制民之产,必使仰足以事父母,俯足以畜妻子,乐岁终身饱,凶年免于死亡;然后驱而之善,故民之从之也轻。(《孟子·梁惠王上》)

在中国古代社会中,士、农、工、商为"四民"。在"四民"之中,士是靠自己所掌握的知识做事谋生的,对于他们来说,没有产业也照样可以生存,没有产业也不会放弃自己的志向。农、工、商就不同了,他们要想做事谋生就必须有一定的产业,没有一定的产业就生存不下去。如果无法生产和生活,那就会做一些违法乱纪的事情。等他们犯了罪再去制裁他们,这无异于是对他们的陷害。所以说,明智的统治者首先要"制民之恒产",让他们能够养活自己的一家人。最起码也应该做到,年景好的时候能够衣食无忧,遇到荒年也不至于饿死。生活上有了保障,他们才能考虑向善的问题,才能接受道德伦理方面的教育。"制民之恒产"的具体方案是井田制,理想的方案是这样的:

五亩之宅,树之以桑,五十者可以衣帛矣。鸡豚狗彘之畜,无失其时,七十者可以食肉矣。百亩之田,勿夺其时,八口之家可以无饥矣。谨庠序之教,申之以孝悌之义,颁白者不负戴于道路矣。老者衣帛食肉,黎民不饥不寒,然而不王者,未之有也。(《孟子·梁惠王上》)

孟子主张,要分给每家五亩宅基地,在上面盖上房子,在四周栽上桑树采桑养蚕,再养一些鸡犬猪之类的家畜,这样一来,老人们就可以穿上丝织的衣服,经常有肉吃了。一个八口之家有一百亩土地,只要不打扰他们的正常生产,吃饱饭是不成问题的。然后再设立学校,对他们进行孝悌方面的教育,须发斑白的老人就不必亲自为生活而操劳了。这大概是孔子"富之"、"教之"思想的具体化。

与"井田制"的构想相关,他还主张"正经界"。"经界"是划分井田的地界,"正经界"就是要通过维持地界以保护井田的面积及其标准,实质上是维护世禄制度。孟子反对商鞅变法"开阡陌",破坏经界,认为"经界不平,井地不均,谷禄不平"(《孟子·滕文公上》)。

孟子的仁政说,在政治上主张王道政治。他对三代比孔子有更详尽的描绘,实际上是通过形象生动的描述透彻地表达其王道理想,是把历史性的"王道"转换成了价值性的王道理想,与当时的暴力政治"霸道"对立。孟子进行王霸之辨,认为它们是完全不同的两种政治,在"王道"与"霸道"、在"德治"与"力治"的关系上,两极的对立性被他十分鲜明地摆出来了。他说:"以力假仁者霸,霸必有大国;以德行仁者王,王不待大。汤以七十里,文王以百里。以力服人者,非心服也,力不赡也;以德服人者,中心悦而诚服也,如七十子之服孔子也。"(《孟子·公孙丑上》)又说:"霸者之民,欢虞如也;王者之民,皞皞如也。杀之而不怨,利之而不庸,民日迁善而不知为之者。夫君子所过者化,所存者神,上下与天地同流,岂曰小补之哉?"(《孟子·尽心上》)可以看出,孟子分辨王道、霸道是有其特定内涵的,这就是"德"与"力"。德是指德行、品德;力是指强力、实力。因此,王霸之辨实质上又是德力之辨。在强调王霸对立的前提下,孟子表达了"尊王贱霸"的鲜明立场,当齐宣王问齐桓、晋文称霸的事迹时,孟子很不客气地回答说:"仲尼之徒无道桓、文之事者,是以后世无传焉。臣未之闻也。无以,则王乎?"(《孟子·梁惠王上》)在孟子的意识里,从"三王"到"五霸",到他所目睹的诸侯和大夫,这既是"力"和"霸"无限膨胀的过程,也是历史严重退化的象征,《孟子·告子下》说:"五霸者,三王之罪人也;今之诸侯,五霸之罪人也;今之大夫,今之诸侯之罪人也。"历史完全是一个从德到力的退化过程。所以,他主张王道,反对霸道,着眼于争取民心,目的是"保民而王"(《孟子·梁惠王上》)。

孟子的仁政说发展了春秋以来的重民、重人的"民本"思想,提出"民为贵,社稷次之,君为轻"的观点,将民本思想发挥到了极致,成为其思想中民主性的精华,是中国思想史上闪耀着动人光彩的华章,已经作为中华民族优秀的传统文化遗产载入了人类思想智慧的史册。他总结春秋以来诸侯国治乱兴衰的历史经验和教训,认识到"得乎丘民而为天子"(《孟子·尽心下》),即取得老百姓的信任就可以做天子,也即"政得其民"的历史规律。因此,他反对"虐民"、"残民",提出统治者应该"爱民"、"利民",具体的就是在施政过程中要轻刑薄税,注意听民众的意见,用人得当,与民同乐等等。

孟子为了给其仁政说寻找哲学基础,提出了性善论。战国时期关于人性论问题的争论曾经出现过许多派别,概而言之,不外"性善"、"性恶"、"性无分善与恶"、"性有善有恶"、"人性有善有不善"几种观点。郭店儒简当中又有"性自命出"和"情性论"的思想观点。孟子在"性自命出"思想的基础上明确提出了

"性善论",他认为人性之所以是善的,是因为每个人都有先天的善端:"恻隐之心,人皆有之;羞恶之心,人皆有之;辞让之心,人皆有之;是非之心,人皆有之。"(《孟子·告子上》)又云:"恻隐之心,仁之端也;羞恶之心,义之端也;辞让之心,礼之端也;是非之心,智之端也。"(《孟子·公孙丑上》)正因为人皆有先天的善性,因此,"人皆有不忍人之心,先王有不忍人之心,斯有不忍人之政矣。"(同上)有"不忍人之心"的君主才能行"仁政",行"仁政"就足以保有四海,平治天下。

孟子在伦理思想上的重要贡献就是把伦理范畴与性善说联系起来,作了比较深刻的探讨,论证了道德的人性基础。他认为"人之有是四端也,犹其有四体也。……凡有四端于我者,知皆扩而充之矣。若火之始然,泉之始达。苟能充之,足以保四海;苟不充之,不足以事父母。"(《孟子·公孙丑上》)这就是说,一切人的本性中都有此"四端",若充分扩充,就变成四种"常德",即儒家极其强调的仁、义、礼、智。这些德,若不受外部环境的阻碍,就会从内部自然发展(即扩充),发扬光大,有如火苗燃烧成燎天大火,滴滴泉水会聚成长江大河。所以应当发展"四端",因为只有通过发展"四端"、人才真正成为"人"。孟子说:"人之所以异于禽兽者几希,庶民去之,君子存之。"(《孟子·离娄下》)

在孔子天人观念的基础上,孟子直接发挥了子思"天人合一"的思想,提出"尽其心者,知其性也;知其性则知其天矣。存其心,养其性,所以事天也。"(《孟子·尽心上》)意思是说,只要尽量地扩充人生来就具有的善心,就能认识人的仁义礼智道德本性,而一旦认识了人自己的本性,就是认识了天的本性,所以,人即天,天即人,天人合而为一。可以看出,孟子的"天人合一"是以人为基础的。他进而指出:"万物皆备于我矣,反身而诚,乐莫大焉。强恕而行,求仁莫近焉。"(同上)这里的"万物"泛指万事万物,主要是指仁义道德。仁义道德已为我心中所具有,经过内心反省,使它更加真诚至善,便会感到莫大的快乐。求仁的捷径,便是行恕之道。

孟子的修养论有非常丰富的内容。他提出保持、发展善心、善性的主要方法是所谓"寡欲"和"求其放心"。他看到在经济社会里,人们为了追逐物质利益和满足自己的欲望,逐渐丢失了善心,要保持善心就必须"寡欲":"养心莫善于寡欲。其为人也寡欲,虽有不存焉者,寡矣;其为人也多欲,虽有存焉者,寡矣。"(《孟子·尽心下》)寡欲说在当时既不同于墨家的禁欲主义,也不同于杨朱的纵欲主义,是在人性修养上走的中道,是儒家对待欲望问题的典型观点。

孟子认为,善端虽是人生来所固有,但在人心中并不是很牢固,在外界不良环境的影响下,还有可能丧失。《告子上》称此为"陷溺其心"、"失其本心"或

"放其良心",简称为"放心"。所谓"放心",指忘掉或失掉了本性中固有的善心。孟子认为,道德修养,不但要"存心",更要"求其放心"。他指出,"放心"并不可悲,可悲的是"放其心而不知求",应该像把放失的鸡犬再找回来一样,把放失的良心再求回来,恢复心中的善性,这种方法就是"求放心",他还说:"学问之道无他,求其放心而已矣。"这里所谓"学问之道",不是指一般的知识学习,而是求仁为善、学做圣贤之道。

基于性善说,在人生问题上他提出修身立命的主张,"夭寿不贰,修身以俟之,所以立命也。"(同上)不必过于关注和计较寿命之长短,只需致力于一己之修身立命。孟子还提出"正命"与"非正命"的观点,"尽其道而死者,正命也;桎梏而死者,非正命也。"(《孟子·尽心上》)主张为自己的道德理念和信念而死,而不应因逆道非道而死。这和孔子所说:"朝闻道,夕死可矣"大体是一个意思。孟子还提出善养"浩然之气"的修养方法。他认为浩然之气是一种最伟大、最刚强的精神状态,但它必须与义和道相配才能存在,人一旦做于心有愧的事,这种气就会消散。所以,善养浩然之气就是要保持道德的纯洁。为了保持纯洁的道德,在社会污浊、不能得行其道的情况下,就应该"独善其身""得志,泽加于民;不得志,修身见于世。穷则独善其身,达则兼利天下。"(同上)孟子特别推崇大丈夫人格,《孟子·滕文公下》载:

景春曰:"公孙衍、张仪岂不诚大丈夫哉?一怒而诸侯惧,安居而天下熄。"

孟子曰:"是焉得为大丈夫乎?子未学礼乎?丈夫之冠也,父命之;女子之嫁也,母命之,往送之门,戒之曰:'往之女家,必敬必戒,无违夫子!'以顺为正者,妾妇之道也。居天下之广居,立天下之正位,行天下之大道。得志与民由之,不得志独行其道。富贵不能淫,贫贱不能移,威武不能屈。此之谓大丈夫。"大丈夫人格主要是以男子汉的阳刚之气为基础形成的。它以浩然之气为内在涵养,能够保持自己的气节和独立人格,坚持自己的主张,无所畏惧,不屈不挠,坚忍不拔,矢志不移,为了道义——道德理想、人生理想、社会正义,可以舍弃自己的生命,即所谓"舍生取义"。孟子云:"鱼,我所欲也;熊掌,亦我所欲也,二者不可得兼,舍鱼而取熊掌者也。生,亦我所欲也;义,亦我所欲也,二者不可得兼,舍生而取义者也。"(《孟子·告子上》)在道义和生命不能兼顾的情况下,就选择道义而舍弃生命。这是儒家的一种生命价值观的生动体现。大丈夫人格的完成还必须经受长期而艰苦的磨炼:"天将降大任于斯人也,必先苦其心志,劳其筋骨,饿其体肤,空乏其身,行拂乱其所为,所以动心忍性,增益其所不能。"(《孟子·告子下》)人要在逆境中经过艰苦磨炼,才能增加才能,担当起天降的大任。

三、《易传》

《易传》即《周易》大传，传统上认为是孔子所做。《史记·孔子世家》："孔子晚而喜《易》，序彖、系、象、说卦、文言。读《易》，韦编三绝。曰：'假我数年，若是，我于《易》则彬彬矣。'"《史记·仲尼弟子列传》说，孔子传《易》于弟子鲁人商瞿。《论语·述而》："子曰：'加我数年，五十以学《易》，可以无大过矣。'"《汉书·艺文志》的记载是："文王……作上下篇，孔氏为之《彖》、《象》、《系辞》、《文言》、《序卦》之属十篇。"《易纬·乾凿度》："孔子占《易》，得《旅》，息志停读，五十究《易》作《十翼》。"汉人王充也说："孔子作《彖》、《象》、《系辞》。"(《论衡·谢短篇》) 后来，这种说法便为隋唐学者所接受。世传孔子作《易十翼》，即《易传》。近代以来受"疑古思潮"的影响，研究者多认为既非出自一人之手，也不是同时写成的，大体上是从战国后期到秦汉之际的一些儒家后学的作品。现在又有相当一些研究者论证孔子就是其作者。一般认为成书于战国秦汉，共有10部分：《彖传》上下，《象传》上下，《文言传》，《系辞传》上下，《说卦传》，《序卦传》，《杂卦传》。古称"十翼"，意指十种对"经"具有附翼辅助作用的文献。事实上，它们是七篇文献。这些文献旧说乃是孔子所作，但比较可靠的理解是，它们应是孔子后学的作品，其中记录了孔子本人的许多关于《周易》的理解阐释（所以其中多有"子曰"字样）。

《易传》借助于对古《易》的解释，建立了一个独特的哲学思想体系。它把古代的卜筮之书加以哲理化，吸收商周以来思想发展的成果，特别是阴阳家的思想，在更高的思维水平上对《易经》的旧形式、旧范畴进行利用和改造，创立了新的思想体系，包含了对天道、人道、地道的普遍规律的认识。《易传》的思想内容非常丰富，这里仅举数例：

（一）另一种宇宙生成模式。我们在讲《老子》时提到"道生一，一生二，二生三，三生万物。"(42章) 这种宇宙生成模式，《易传》提供了另一种宇宙生成模式，即《系辞》中说的："易有两极，是生两仪，两仪生四象，四象生八卦，八卦定吉凶，吉凶生大业。"就是说，宇宙的初始是所谓"太极"。"太极"产生天地、阴阳，则称为"两仪"。阴阳可分为太阴、少阴、太阳、少阳，合称之为"四象"。这个图式再展开就是"八卦"，即"天、地、风、雷、水、火、山、泽"八种物质实体。这就在中国思想史上第一次把"太极"作为代表宇宙的本源的范畴来使用，对后来的思想家，特别是宋儒构建儒家的宇宙论奠定了基础。但由于对这一范畴的具体内涵没有作出清晰的规定，也为后来思想家们留下了关于"太极"是"气之极至"还是"理之极至"的争论课题。

（二）人类的诞生与文明历史观。在中国思想史上，《易传》第一次以理性的态度来解答人类诞生的问题。"天地絪缊,万物化醇。男女构精,万物化生。"(《系辞下》)在这里,女娲造人,吞卵而生那样的神话传说不见了,代之以与宇宙万物繁衍法则一致的男女构精而生殖后代的理性解说。《易传》把人类社会的发生、发展纳入宇宙大系统的生成图式之中:"有天地然后有万物,有万物然后有男女,有男女然后有夫妇,有夫妇然后有父子,有父子然后有君臣,有君臣然后有上下,有上下然后礼仪有所措。"(《序卦传》)《易传》还以朴素的进化观,创造性地运用"上古"、"后世"这样充满历史感的概念,生动地勾勒出人类文明发展的轮廓:"上古穴居而野处,后世圣人易之以宫室,上栋下宇,以待风雨","上古结绳而治,后世圣人易之以书契;百官以治,万民以察。"(《系辞下》)《易传》还总结了自传说中的伏羲以来的文明进化史,《系辞下》说伏羲"作八卦"以后,又"作结绳而为罔罟,以佃以渔,盖取诸离"。八卦与文明的创造是并行的。伏羲之后又提到神农炎帝、轩辕黄帝以及尧、舜、禹:

包牺氏没,神农氏作,斲木为耜,揉木为耒,耒耨之利,以教天下,盖取诸益。日中为市,致天下之民,聚天下之货,交易而退,各得其所,盖取诸噬嗑。神农氏没,黄帝、尧、舜氏作,通其变,使民不倦,神而化之,使民宜之。……黄帝、尧、舜垂衣裳而天下治,盖取诸乾坤。刳木为舟,剡木为楫,舟楫之利,以济不通,致远以利天下,盖取诸涣。服牛乘马,引重致远,以利天下,盖取诸随。重门击柝,以待暴客,盖取诸豫。断木为杵,掘地为臼,臼杵之利,万民以济,盖取诸小过。弦木为弧,剡木为矢,弧矢之利,以威天下,盖取诸睽。

不过,《易传》的历史观是以圣人为轴心的,圣人、作易、文明可以说是三位一体的,所以可以说是一种英雄史观。

(三)三才观与人的地位。《易传》提出了天地人三才之道,《系辞下》说的:"《易》之为书,广大悉备,有天道焉,有人道焉,有地道焉,兼之而两立,故云。六者,非它也,三才之道也。"《易纬乾凿度》说:"孔子曰:《易》有六位三才,天、地、人道之分际也。三才之道,天、地、人也。"孔颖达疏:"此节明三才之义,六爻相杂之理也。'六者,非他,三才之道也',言六爻所效法者,非更别有他义,唯三才之道也。"(阮元:《十三经注疏》上册,第70页,中华书局,1979年)意思是说易卦所以规定六画而是基于对三才之道的观察,一卦之中一(初)二爻为地,三四爻属人,五六(上)爻属天,一卦之中包括了天道地道。使天地人三材之道各占两爻而包容于卦画之中,这就叫做"兼三材而为之"。这样,就象征了人立天地之间,能够沟通天地,参而和之。

《系辞》虽提出了"三才",却没有说明"三才之道"的具体内容,《说卦传》回答了这个问题。《说卦传》说:"立天之道曰阴与阳,立地之道曰柔与刚,立人之道曰仁与义,兼三材而两之,故易六画而成卦。"这里"性"即万物的本性,"命"即事物发生、消亡的规定,"理"即天地万物的规律,"顺性命之理"就是指《易》的卦爻系统及其规则都是为了顺应人及万物的本性与规律。这就是说,《周易》通过六画成卦,还表达了阴阳、刚柔、仁义的道理。这里的天道、地道指自然法则,人道指的是社会法则,特别是伦理法则。《易传》把自然界、人类社会和伦理看成是一个有机联系的整体,这是《易传》天人合一观的特征。在三才中,人与天、地相比,并不低贱,《文言传》说:"夫大人者,与天地合其德,与日月合其明,与四时合其序,与鬼神合其吉凶。"这里的"大人"就是圣人,借此明确地表达了圣人与天地同体的思想。天地人一体,而人可以与天、地并列,正是春秋战国时代理性觉醒的标志。这一思想对汉儒(如董仲舒)和宋儒(如张载、二程)都产生了深刻的影响。"天人合德",可以与孟子"仁民而爱物"的思想印证,可以引申出张载"民吾同胞,物吾与也"的普遍伦理思想。这些对于今天人类寻求普遍伦理,以解决人类生存环境的危机都有不可忽视的现代价值。

(四)《易传》的辩证法思想。《易传》肯定了运动、变化的普遍性、过程的连续性及运动变化的永恒性。《系辞》说:"在天成象,在地成形,变化见矣。""阖户谓之坤,辟户谓之乾,一阖一辟谓之变,往来不穷谓之通。""穷则变,变则通,通则久。"认为无论是在天上呈现的各种天象,还是在地上已经成形的万物,都在不停地运动、变化着;宇宙的大门,一开一闭,闭是坤,开是乾;闭了又开,开了又闭,阴变为阳,阳变为阴,阴阳相抵叫做"变",阴阳往来叫做"通"。《易传》中的"变"是说明宇宙和世界运动、变化的普遍性,"通"是说明运动、变化的连续性,"久"是说明运动、变化的永恒性。《易传》还从事物的内部去寻找其运动、变化的原因,把这个原因归结为事物内部两种对立力量的交互作用,即"一阴一阳之谓道","刚柔相推而生变化","刚柔相推,变在其中矣"。(同上)《象传》曰:"天行健,君子以自强不息。""地势坤,君子以厚德载物。"以天、地分别代表两种性质、两种功能、两种品德,即主动地、能动地及刚健不屈地努力向上,行动不止和能在必要的时候顺随形势,像大地一样,以宽广的胸怀包容许多物类。君子就应该效法这两种性质、两种功能、两种品德,既能积极向上,追求不息,奋斗不止,又能根据时事变化,包容不同方面的人,容纳不同的意见。所以,自强不息是自立之道,厚德载物是立人之道,自立是立人的前提,立人是自立的引申。

那么,事物运动、变化的结果及归宿是什么?《易传》提出"穷则变"、"极则反"的变化原则,认为一切事物在其变化过程中,由于量的积累,达到一定的限度,就会向相反的方向转化。《序卦》举了许多例子说明这一点,如"'泰'者,通也。物不可以终通,故受之以'否'。物不可以终否,故受之以'同人'"。这是用"泰"、"否"两卦说明事物不可能始终通,也不可能始终否,总会向相反的方面转化。当然,这个转化是有条件的,这就是要经过"积":"善不积不足以成名,恶不积不足以灭身。"(《系辞》下)"积善之家,必有余庆;积不善之家,必有余殃。"(《文言·坤》)

四、荀子的思想

荀子,即荀况,号卿。约生于公元前313年,死于公元前238年。战国时赵国(在今安泽一带)人。他是战国末期儒家学派中的大师,是大思想家、教育家,他总结批判了先秦诸子的学术思想,思想具有综合特色。荀子以儒为本,综合各家之长,建立自己的儒学思想体系。据说李斯、韩非都是他的学生。荀况一生到过很多地方。曾在齐国游学,在稷下(今山东临淄北)学宫同各个学派的学者进行学术交流和讨论,并二次担任学宫祭酒(行礼时的首席)。后来又到过秦国、赵国。晚年在楚国任兰陵(今山东苍山县兰陵镇)令,著书立说,直到逝世。现存的《荀子》三十二篇,大部分是荀子自己的著作,涉及哲学、逻辑、政治、道德许多方面的内容。

在原始儒家那里,荀子的思想倾向与孟子形成鲜明的对比,代表了儒家不同的发展路向。冯友兰先生曾经这样比较二者:"儒家之中,荀子思想,是孟子思想的对立面。有人说孟子代表儒家的左翼,荀子代表儒家的右翼。这个说法,尽管很有道理,但是概括得过分简单化了。孟子有左也有右:左就左在强调个人自由;右就右在重视超道德的价值,因而接近宗教。荀子有右也有左:右就右在强调社会控制;左就左在发挥了自然主义,因而直接反对任何宗教观念。"(《中国哲学简史》,第124页,北京大学出版社,1996年。)孟荀近乎对立的思想倾向正表现了先秦儒家在发展过程中的内在张力,而这正是后来汉儒与宋儒思想分野,甚至宋儒内部程朱与陆王以及陈亮、叶适思想分歧的缘由,是儒家思想发展的内在动力之一。

在哲学思想上,荀子抛弃墨家"天志"、"明鬼"之说,吸收道家天道自然说,提出了"自然之天",认为天看起来好像复杂而神奇,其实是无意志、无目的的,但它遵循着一定的客观规律而运行变化,"天行有常,不为尧存,不为桀亡"。(《荀子·天论》)天不能任意降人以吉凶祸福。他指出天道不能干预人事,强调"治论非天也"(同上),人类社会的治乱只能从社会自身去寻找:"受时与治世同,而殃祸与治世异,不可以怨天,其道然也。故明于天人之分,则可谓至人矣。"(同上)这就进一步提出了"天人相分"的思想。天与人之所以相分,是因为天和人各有不同的职能:"天有其时,地有其财,人有其治。"(同上)"明于天人之分"目的是要人们不要迷信"天",应该积极发挥人的主观能动性,去控制、改造、征服自然,使之为人类服务,所以他又进一步提出:"大天而思之,孰与物畜而制之;从天而颂之,孰与制天命而用之。"(同上)

在政治思想上,他站在儒家立场上吸取法家思想,提出礼法结合、德刑结合、王霸并用。他既反对儒家片面地强调礼治,夸大道德的作用而轻视法的职能,也反对法家一味追求法治而忽视道德的作用,从而使礼乐和法结合起来,形成了礼法并重——隆礼重法的独特礼法观。荀子在《成相》篇中就礼法并用,德刑结合的思想作了简练的概括:"治之经,礼与刑,君子以修百姓宁。明德慎罚,国家既治四海平。"在王霸问题上,孟子认为王霸的不同是种类的不同,是互相对立的;荀子认为王霸是一类东西,仅只是走得彻底不彻底而已。王和霸的不同是彻底上的不同,不是种类的不同。(冯友兰:《中国哲学史新编》第二册,第679－683页,人民出版社,1984年)孟子侧重从超越性的政治理念层面看问题,所以把王霸对立,尊王贱霸;荀子侧重从现实政策操作方案层面讨论问题,所以不像孟子把王霸对立起来。荀子认为,如果那些实力强大的诸侯能够推行王道,这当然是他所希望的;如果他们不能实行王道,而按照他所提出的原则实行霸道,也可以促进国家的统一事业。这样,在他那里,"王霸"、"德力"等相对性观念,就不像在孟子那里,表现出比较尖锐的对立和冲突。他尊王不贱霸,认为霸不如王但亦有一定价值。他说:"人君者,隆礼尊贤而王,重法爱民而霸。"(《荀子·强国》)这里对霸道有"重法爱民"的高度评价,是荀子王霸兼用思想的典型表述。他还说:"故君人者,立隆政本朝而当,所使要百事者诚仁人也,则身佚而国治,功大而名美,上可以王,下可以霸。"(《荀子·王霸》)这里把王道、霸道作为治国安民的上下之策,是王霸兼用的又一表述。这还说明荀子尽管给霸道以适当的肯定,但他并没有把霸道与王道并列起来,王道为上,霸道为下,二者的主次关系是清楚的。他还说:"管仲为政者也,未及修礼也。故修礼者王,为政者强。"(《荀子·王制》)"齐桓、晋文、楚庄、吴阖闾、越勾践是皆和齐之兵也,可谓入其域矣,然而未有本统也,故可以霸而不可以王;是强弱之效也。"(《荀子·议兵》)从这些议论来看,王道毕竟还是荀子的最高理想,他从没有把二者等同起来,在现实主义的前提下仍然坚持着儒家的王道理想。孟荀对待王霸的态度和观点上的差异,成为孟子竭力反对法家,荀子适当兼容法家的不同学术思想取向的根由,也开启了后世儒家内部王霸争辩的序幕。

在认识论上,荀子认为人有认识客观事物的能力,客观事物也有可以被认识的性质,提出了"天官薄类"与"心有征知"两个既相区别又相联系的不同认识阶段。"天官薄类"的"天官"是指人的感觉器官,"薄"是指人的感官与认识对象相接触。人只有依靠感官的作用,与认识对象进行接触,才能获得对象属性的认识。"心有征知"中的"征知",指对感觉经验进行分析、辨别、验证,形成概念,进行判断。在这个阶段起作用的是思维器官的"心","心者,形之君也,而神明之主也"。(《荀子·解蔽》)强调"解蔽"在认识过程中的作用,是荀子认识论方面的突出贡献。他认为欲、恶、始、终、远、近、古、今等诸多方面都会蒙蔽人的认识,使人"蔽于一曲而暗大理"。(同上)他还进一步提出解蔽的办法——虚壹而静,就是要人们在认识过程中排斥干扰,精神专一,充分发挥思维的能动性。

在人性论方面,孟子主张"性善",而荀子却主张"性恶",明确提出"性恶"论。在荀子的人性学说中,"性"、"伪"是两个最重要的概念。"性"是什么,荀子说:"凡性者,天之就也……不可学、不可事而在人者谓之性。"(《荀子·性恶》)这里给"性"下了一个定义:就是自然的、与生俱来的,不能学习亦不能效仿的那些东西才是"性"。那么,哪些东西才是不可学并且不可事的呢?接下来荀子便列举了例子来说明"性"的内涵,他说:"今人之性,目可以见,耳可以听。夫可以见之明不离目,可以听之聪不离耳。"(同上)这样我们就明白了,荀子所指的"性"是"生之谓性","食色性也"等自然生理属性。从人的自然属性这个角度出发,人性就是恶的?(1)、人本身的生理需要即人的日常生活决定了人是恶的,荀子认为:人生来就有这些自然生理属性,如果顺着这些要求发展下去必定会产生如战争、相互残害、淫乱等种种"恶"的行为,因而导致社会秩序的破坏而造成暴乱。因此他认为人性是恶的。事实上荀子的这种观点是不合理的,每个人都有生理需要,生理需要就本身而言并无善恶之分。(2)、从仁、义、礼、智等礼仪教化的起源看,人性是恶的。在荀子看来,木有曲性,金有钝性,因而人也有"恶"的本性,之所以会有礼仪、法度的产生,便是由于人性是恶的,由于木得矫正才能直,钝金得磨砺才能利,为了矫正世人的种种恶性,圣王便制定出礼仪、法度以正人心,荀子以礼仪、法度的起源再一次论证了"人性本恶"。(3)、从"其善伪也"这个角度出发,人的本性是恶的。荀子认为,"善"是后天学习而成的,是人们向圣王君子学习、仿效的结果,而不是人的本性,如果"善"是人的本性,那为什么还要向圣人学习,这是没必要的。这样,荀子就从人的自然属性向社会属性转化的角度上去剖析人性,他得出了"人之性恶,其善者伪也"(《荀子·性恶》)的结论。

在"性恶"论的基础上,荀子进一步提出了"化性而起伪"的人性改造论,在荀子看来,人性是恶的,如果顺从人各种情欲的恣意生长,其危害是无止境的,因此,必须对人性进行改造,通过不断向圣王君子高尚道德的学习,用礼仪法度来规范人们的行动,从而变化人性,去掉"恶性",使大家从善,这便是"化性起伪"。与其性恶论密切相关,荀子在社会思想上提出"明分使群"的社会思想,"(人类)离居不相待则贫,群而无分则争。穷者患也,争者祸也。救患除祸,则莫若明分使群矣。"(《荀子·富国》)人类必须依靠群体的合作,才能利用自然、改造自然,满足每个人各方面的需要。但结成群体又带来了新的矛盾,这就是人与人之间的争夺,出现种种祸害。怎样使人类功能结成社会群体,而又避免互相之间的争夺呢?必须有"分",即划分不同的等级,规定不同等级的权利和义务。这就是"明分使群"。那么又怎么"分"呢?荀子提出"制礼义以分之"(《荀子·礼论》)的思想,这样就从人类历史发展说明了礼义制度产生的根源。

五、庄子的思想

老子以后,道家大体上分为两大派别:一派以庄子为代表,深入探讨道家玄理,强调"养生"、"旷达"、"逍遥",思想比较消极无为;一派以稷下黄老学派为代表,重视关注社会现实,探讨治术,强调思想文化的综合,思想比较积极进取。

庄子(公元前约369—前约286年),姓庄,名周,是战国中期著名哲学家。他的生平,我们知之甚少。只知道他是很小的蒙国(位于今山东省、河南省交界)人,在那里过着隐士生活,他的思想和著作当时就很出名。《史记·老子韩非列传》说他"尝为蒙漆园吏,与梁惠王、齐宣王同时,其学无所不窥,然其要本于老子之言。故其著书十余万言,大抵率寓言也。……其言洸洋(汪洋),自恣适己,自王公大人不能器之。""楚威王闻庄周贤,使使厚币迎之,许以为相。庄周笑谓楚使者曰:……子亟去,无污我。我宁游戏污渎之中自快,无为有国者所羁,终身不仕,以快吾志焉。"今传《庄子》一书,是战国时期庄子学派的著作汇集,分内篇、外篇和杂篇,各篇在内容上互有出入。学术界认为,内篇基本上自成体系,与战国中期以前的其他古书颇为一致,可作为研究庄子思想的基本资料,而外、杂篇则是庄子后学的著述。

庄子继承发展老子"道法自然"的观点,以"道"为世界的本体,"夫道有情有信,无为无形,可传而不可受,可得而不可见。自本自根。未有天地,自古以固存。神鬼神帝,生天生地。"(《大宗师》)说明道是真实的、有信验的,然而没有作为、没有形迹的存在,它可以心传而不可以口授、目见。道自本自根。道产生出一切的事物,包括鬼神天地。它弥漫于宇宙而无所不在,贯通于古今而无时不有。

为使道落实在人生方面,他提倡率情任性的自然人生。所谓自然,是指天然而成,自在自为,不受外来干预的状态。庄子有时把自然又称作"天",用来和代表人为的"人"相对立。《庄子·秋水》中说:"何谓人?何谓天?"答曰:"牛马四足,是谓天,穿牛鼻,落(络)马首是谓人。"他认为,牛马生而四足,是天然而成的,而给牛鼻穿上孔,给马戴上笼头,就是违反自然的人为的行为。庄子进而把这种观点贯彻到社会生活方面,他认为人类最理想的生活状态就是符合自然的状态。庄子心目中的理想社会,人民淳朴自然,无知无识,人类与动物平等地生活在一起,互不妨害。在这样的社会里,没有国家制度,没有君臣等级,没有邪恶与争斗,当然也就不区分君子和小人。庄子赞美这样的社会,并非真的要人类回到文明尚未出现的蒙昧时代,而是提倡一种顺应人的本性的自然无为的生活。在这一点上,庄子和大力提倡仁义道德的儒家截然不同。他认为,仁义礼乐是对人的自然本性的束缚和戕害,它如同骈拇枝指、附赘悬疣,完全是多余的。他主张,人应当超越于社会规范之外,率情任性地去生活,"法天贵真,不拘于俗"(《庄子·渔父》)。

庄子还奉行全性保真的贵生主义。珍惜个体生命,避免伤生害性是庄子人生哲学的一个基本出发点。为此,他主张屏除嗜欲,做到恬淡虚静,以保养精神,同时还有采取"以无用为用"的生活态度。《庄子·人间世》中说:"山木自寇也,膏火自煎也。桂可食,故伐之;漆可用,故割之。人皆知有用之用,而莫知无用之用也。"这种"无用之用",就是由于无客观使用价值而带来的自我保护的作用。对人来说,"以无用为用"就是去除各种功利追求,既不求对他人有益,也不求个人的功名富贵,一切以全身远害为宗旨。《庄子·逍遥游》中写尧想把天子的位置让给许由,许由不受,说:"偃鼠饮河,不过满腹;鹪鹩巢于深林,不过一枝。归休乎君,予无所用天下为。"庄子正是奉行这样一种人生准则,他只求在世上占据一个仅能容身的位置,没有更多的贪欲,也不想奉献于人。他不应楚王的礼聘,正是这种思想的体现。当然,庄子采取这样的态度,也是出于无奈。《列御寇》中有这样一个故事:有人面见宋王,得到十乘车子的赏赐,在庄子面前炫耀。庄子说:"河边有一家靠编织芦苇生活的穷人,他家的儿子潜入水底,拾到价值千金的珍珠。父亲对儿子说:'赶快用石块砸碎它!千金之珠,必在九重深渊骊龙的颔下,你能得到它,一定是骊龙睡着了,一旦它醒来,你还能留下什么呢?'如今宋国之深,不止九重之渊;宋王之暴,甚于骊龙;你能得车,一定是碰上他睡觉的时候,一旦他醒来,你就粉身碎骨了!"面对残暴的当权者和布满危险的现实环境,庄子只好采取以无用为用的办法来全身远害了。

庄子善于从道的超越观点看待世界,认为世界上事物的差别都是相对的,此也是彼,彼也是此,没有确定的界限。他从两个方面进行论证:一是从事物的矛盾性作论证,认为因为事物本来都有它的"然"的方面,有它的"可"的方面。同一事物,既可以从这个方面说它可,也可以从另一个方面说它不可。小草棍可以是大的,屋柱可以说不大,丑女人可以说是美的,西施可以说不美,一切事物从道的观点来看没有差别;二是从事物发展转化的角度进行论证,认为任何事物都有发展转化,发展转化的结果必然生成另一事物,而另一事物的生成,就是原来事物的毁灭。所以,从全体来看,就没有生成和毁灭,都复归为一个整体。从道的超越观点看待世界,在《庄子》里有许多比喻,如他把有限的观点比作井底之蛙的观点。井底之蛙只看见一小块天,就以为天只有那么大,实际上天是无穷大的。(《秋水》)正因为如此,庄子主张齐物我、齐死生(万物方生方死)、同人我、消是非、无成毁、空醒梦,幻想达到一种"天地与我并生,万物与我为一","道通为一",逍遥自得的精神境界。

庄子的"逍遥"思想是建立在"齐物"思想的基础上,内容是讨论如何获得"自由"的问题。何谓逍遥?逍遥即是一种境界,一种无所待的境界——乘天地之正,而御六气之辩,以游无穷的一种境界。一种不凭借外物就能进入自由自在状态的境界。这种境界的实质就是摆脱各种局限,超越各种具体条件和现实关系,最终达到在精神上与至高无上的大道合一,从而体会到无所拘系的自由感。庄子主张通过"坐忘"、"心斋"等方式,在内心保持虚静的基础上逐渐忘礼乐、忘仁义、忘天下、忘万物,直至堕肢体,黜聪明,忘怀自身的存在,最终达到一种与大道冥合,与宇宙同在的境界。依庄子的看法,要达到超然物外,无所不适的逍遥境界,就必须抛弃功名利禄,并抛弃自己的肉体。他说,有一种人是"知效一官,行比一乡,德合一君,而(能)征一国者"(《庄子·逍遥游》),他们可以获得一官半职,受到乡里的称誉,迎合君主的需要,完全被名利、功业束缚着,谈不上"逍遥"。又有一种人,"举世誉之而不加劝,举世非之而不加沮",把名誉置之度外,比前一种人自由一些,但不能抛弃建立功业的想法,也不能"逍遥"。还有一种人,不要声誉,不要功业,就比前两种人的自由大得多了,却还不能抛弃自己的肉体,自由也还是不充分的。只有把名誉、功业和肉体一并抛弃的人,才能无思无虑、无情无欲、无知无识,与万物浑然一体,得到最完满的自由和幸福,达到"逍遥"天国。

六、黄老道学

战国中后期形成了"黄老学派",以黄帝和老子并称来说明道家源于黄帝,但这只是一种假托,就道家思想的奠基来看,道家的开山著作只能是《老子》一书。"黄老学派"的形成很复杂,概括地说是这样:发生于南方的老子之学,北传入齐,与齐文化相结合,在战国中期以前逐渐形成了黄老之学,并在稷下学宫的自由争鸣和交融中发展、壮大,在战国中后期以至西汉初年广泛流行,并参与汉初政治。

黄老学派从《老子》出发,全力研究人类社会的成败、得失、祸福,熔铸道、法,兼采儒、墨、名家、阴阳家的一些成分,形成自己的政治、哲学、军事思想体系,成为儒道渗透、道法结合的一个新的道家学派。它对老子所说的宇宙本原的"道"作了唯物主义的解释,认为"道"也是一种物质的"气",是一种"精气",奠定了我国古代唯物主义气一元论的哲学传统。在政治观点上,它一方面继承了老子无为而治的思想,认为无为就是要顺应自然;另一方面又吸收了儒家的礼义思想、法家的法治学说和名家的刑名之术,带有明显的综合各家的倾向。后来,司马谈在其《论六家之要指》中这样进行评述:"道家使人精神专一,动合无形,赡足万物。其为术也,因阴阳之大顺,采儒、墨之善,撮名、法之要,与时迁移,应物变化,立俗施事,无所不宜,指约而易操,事少而功多。"这里虽然并没有明确用文字表示出"黄老之学",但是西汉时期一般所谓"道家",均具体指"黄老道家"而言。司马谈在这里说道家"采儒墨之善,撮名法之要",就把黄老道家早期道家从思想上区别开来,标志道家之学发展到一个新的历史阶段。在同一篇文章中,司马谈还抓住了黄老之学最核心的概念"无为",进行论证。他说:"道家无为,又曰无不为,其实易行,其辞难知。其术以虚无为本,以因循为用。无成势,无常形,故能究万物之情。不为物先,不为物后,故能为万物主。"这是对黄老道家思想最高的理论概括。

黄老学派的真正代表作是1973年长沙马王堆三号汉墓出土四种古佚书——《经法》、《十大经》、《称》、《道原》,其思想内容和文字结构都首尾一贯,自成体系,一般认为这就是《汉书·艺文志》所列的早已亡佚了两千年的《黄帝四经》。《黄帝四经》以道家思想为中心,融入"名法之要",又兼采阴阳、儒、墨,并综合了当时一些自然科学成果。从其基本思想来看应该是稷下黄老学派的著作,应为田齐的黄老学派所作。它的产生标志着由老子开创的道家,已走向了为现实政治服务的道路。《黄帝四经》仍然以"道"为宇宙本体,论述道的根本性质是"虚同为一,恒一而止","人皆用之,莫见其刑(形)。"(《道原》)《黄帝四经》吸收了法家的思想,强调法治的重要性,《经法·道法》说:"道生法,法者,引得失以绳,而明曲直者也。故执道者生法而弗敢犯也,法立而弗敢废也。"这里,道是法之上的范畴,更为根本,这就为实行无为而治的政治奠定了理论基础。法则是落实道,达到无为而治的手段。在这个意义上,法也得到了极大重视。《经法·君正》指出"法度者,正之至也;而以法度治者,不可乱也"。在这个基础上,它突出刑德观念,发扬了西周"明德慎罚"的传统,主张恩威并施,以巩固政权。无论其天道观、其辩证法、其刑名法术思想,可以说都是阴阳刑德思想的展开。黄老道学对法家也有很大的影响,许多法家人物都本于黄老而主刑名。

《黄帝四经》具有积极进取的精神,主要表现在:(1)从《老子》贵柔守雌思想出发强调要达到争取民心而"有天下"的积极目的,《经法》说:"以强下弱,何国不克,以贵下贱,何人不得。"这里强调以强力战胜别的国家,占有别国人民。(2)从《老子》事物无不包含对立面的思想出发,强调了对立面相争的意义。《十六经》说:"敌者生争,不堪不定","作争者凶,不争亦毋(无)成功"。(3)从《老子》矛盾转化的思想出发,着重研究了转化的条件,克服了宿命论和不可知论。《老子》说:"将欲弱之,必固强之。"《四经》在运用这一观点解释黄帝如何战胜蚩尤时,认为让对方多行不义,自投于罪恶之中,自己一方还要兢兢业业,逐步从弱转为强,才能达到战胜对方的目的,单纯从反面努力是不够的。

尹文,战国时辩士,和宋钘齐名,同游稷下,善名辩,《汉书·艺文志》著录《尹文子》一篇,列于名家。一说《管子》中《白心》篇为其著作。现存《尹文子》上下两篇,或疑系后人伪托。1973 年在河北定县汉墓中发现的《文子》文中对礼治与法治的内容、作用和关系等,进行了深入探讨,说明历史上流传的《尹文子》是有所本的,现在有越来越多的学者倾向于承认其就是反映战国中期齐国人尹文思想的一部著作,从其思想内容看,明确地反映了黄老道家的思想。该书以"大道"为哲学基础,融合百家之学。它从其本体论出发,认为道有兼容性的特点,正是在这前提下,他以为名、法、儒、墨都离不开道。《尹文子》把形名理论同法治实践相结合,但强调的却是儒家的等级名分。《尹文子》中经常名法并提:"政者,名法是也。以名法治国,万物所不能乱。"

黄老学派的著作还有世传古籍《鹖冠子》。鹖冠子,相传战国时楚人。姓名不详。隐居深山,用鹖羽为冠,因以为号。据传他"初本黄老,而末流迪于刑名"(北宋陆佃《鹖冠子序》)。《汉书·艺文志》著录《鹖冠子》一篇。今本《鹖冠子》为三卷十九篇(北宋陆佃注),或疑系后人依托。此外,马王堆帛书中《伊尹论九主》也可能是黄老学派的著作。马王堆出土的帛书《老子》甲本卷后还有三篇古佚书,没有篇名,第二篇抄录《伊尹论九主》的一段,约一千五六百字,讲到九种君主,特别肯定"法君"。

七、《管子》

《管子》一书是先秦时期重要的典籍之一,托名是春秋时齐相管仲著。管仲(?—前645年),春秋初期齐国政治家。名夷吾,字徵仲。颍上(颍水之滨)人。早年曾经商,后由鲍叔牙推荐,被齐桓公任为卿。在任四十年,帮助齐桓公富国强兵,以"尊王攘夷"相号召,使齐桓公成为春秋时首位霸主。现存《管子》一书是汉代刘向编定,共86篇,今存76篇。汉以前官修史书均认为系管仲所撰,实系战国时齐人采拾管仲言行,融合道、名、法、儒等家思想而成。其内容庞杂,记载了管仲的事迹,包括政治、法制、军事、哲学等思想以及天文、历数、舆地、经济和农业等知识。这里仅举其中思想的大端如下:

(一)"水者万物之本源"。《水地》篇从哲学高度论述了水在宇宙中的作用,"水者何也?万物之本源也,诸生之宗室也。……无不满无不居也,集于天地,而藏于万物,产于金石,集于诸生。"这是强调水的重要性,认为万物都起源于水,统一于水。水无所不在,天地万物都因水而成,从非生物到生物乃至人,都离不开水。这种夸大水的作用的意识,是水在日常生活和农业生产中发挥重要作用的哲学反映。郭店楚简中有一篇佚书,整理者称之为《太一生水》。该文提出了一种前所未见的宇宙生成理论,引起了学术界的广泛关注,可以和《水地》篇相互对照。《太一生水》则以"太一"为宇宙生成的本源和动力,系统地阐述了宇宙生成的时空架构,具有浓厚的阴阳家学说的色彩,与《老子》的宇宙生成论"道生一,一生二,二生三,三生万物"大不相同。

(二)精气说。《管子》中《心术》上下、《白心》、《内业》四篇吸收了《老子》关于道的思想,以"精气"解释道。所谓"精气",《内业》篇说:"精也者,气之精也",即指细微的气,也就是细微的物质。它具有硬度、密度、广度和重量等特性。"道"或"精气"是无形无声的,"虚则不屈,无形则无所位迕(逆)。无所迕,故遍流万物而不变。"(《心术上》)这里的"精气"虽然是无形的,但它与《老子》的道又是根本不同的,它已经具备了许多物质特征。此外,它还具有无限性的特点。《心术上》说:"其大无外,其小无内",说明精气是大到无所不包,小到再不可分割。《管子》四篇继承了《老子》关于道是宇宙本原的思想,认为宇宙万物都是由精气产生的,"凡物之精,此(比)则为生。下生五谷,上为列星;流于天地之间,谓之鬼神;藏于胸中,谓之圣人;是故民(名)气。"(《内业》)甚至人也是精气所生成:"凡人之生也,天出其精,地出其形,合此以为人。"(同上)《管子》四篇还进一步用精气来解释意识的起源和人们的精神活动,认为"道"或"精气"居住在人的形体中,就产生人的精神、智慧。"气,道(通)乃生,生乃思,思乃知,知乃止矣。"(同上)是说精气与形体沟通就产生了人,然后有思想,有知识,有知识可以说是达到了顶点。

(三)《管子》四篇批判了《老子》的"静观"思想,提出了"静因之道"的认识论原则。《心术上》说:"心之在体,君之位也,九窍之有职,官之分也。"强调"心"在人体中的特殊地位和职能。对"心"进行修养,就是要遵循"静因之道"的原则,"是故有道之君,其处也若无知,其应物也若偶之,静因之道也。"并进一步解释说:"因也者,无益无损也。以其形,因为之名,此因之术也。……因也者,舍己而以物为法者也"。(《心术》)所谓"静",就是心静,心静才能头脑清明,才能有智慧,并进而在认识事物时做到"因"。所谓"因",就是在认识客观对象时,完全抛弃主观上的东西,保持虚静的心理状态,绝对尊重客观事实,既不要增加什么,也不要减少什么。这所谓静因之道,用现在的话来说,即是客观的态度、客观的方法。《心术下》云:"无以物乱官,毋以官乱心,此之谓内德。"这强调心的安静,不要受外物与感官的扰乱。

(四)礼法结合的社会政治思想。《管子》在对待礼法关系上不像三晋法家那样把礼治与法治对立起来,而是强调礼法融合。有关这方面的内容在《管子》全书中很多,其基本思路与黄老之学相似,是以道统摄礼法,以道论作为哲学基础把礼治法治统一起来。《心术上》说:"虚而无形谓之道,化育万物谓之德,君臣父子、人间之理义,登降揖让、贵贱有等,亲疏之体谓之礼,简物小大一道,杀戮禁诛谓之法。"这里表述了"道、德、义、礼、法"之间的关系。关于法的来源,《心术上》说:"事督(察)乎法,法出乎权,权出乎道。"权指权势权柄,道指无为。意思是说,法来源于君主的权势,而权势又来源于君主的无为。

八、名辩思潮的形成

春秋战国时期,由于激烈的社会变革,使旧有的概念不能反映新事物的内容,而新出现的概念还需要社会的公认。这种名不副实的现象在当时十分普遍,急需解决;另外,各派为了论证自己的学说和驳斥别的学派,也都对"名"、"实"关系提出各自的见解。春秋末期的孔子,就试图通过"正名"的途径来匡正已经发生变化的社会现实,使之符合旧的观念。墨家则与之相反,主张"取实与名",即按照新出现的事物的实质而赋予新名,抛弃不符合事实的旧概念。另外,成文法公布以后,社会上出现了类似律师行业的一类人,他们根据法律条文进行辩护。春秋时期的邓析就是这类人的代表。

春秋末期以来的名辩思潮发展到战国中期,又出现了专门研究这些问题的学派——名家。"名家"在战国时称"辩者"或"刑名家","名家"是汉代学者对他们的称呼,为后世所沿用。《庄子·秋水》篇,提到公孙龙,他说他自己"合同异,离坚白,然不然,可不可。困百家之知,穷众口之辩"。这些话对于整个名家都是完全适用的。名家的人提出一些怪论,乐于与人辩论,别人否定的他们偏要肯定,别人肯定的他们偏要否定,他们以此闻名。例如司马谈就在他的《论六家要指》中说:"名家苛察缴绕,使人不得反其意。"(《史记·太史公自序》)这就是说,他们着重名词概念的辨析,对我国古代逻辑学和思想方法的发展作出了重大贡献,同时他们在自然科学上也提出了许多有价值的问题。但是,他们也往往流于玩弄概念,陷入诡辩。荀子说邓析(公元前 501 年卒)、惠施"好治怪说,玩琦辞"(《荀子·非十二子》),《吕氏春秋》也说邓析、公孙龙是"言意相离"、"言心相离"之辈(《慎览·离谓·淫辞》),他们似乎都以其诡辩而闻名于世。《庄子·天下》篇列举了当时著名的诡辩命题之后,提到惠施、桓团、公孙龙的名字,所以这些人似乎就是名家最重要的领袖人物。

九、惠施与公孙龙

惠施与公孙龙是战国中期名家学派的代表人物,名学的理论体系就是在他们这里形成。惠施(鼎盛期公元前350—前260年)是宋国(在今河南省)人,曾任魏惠王的相,以其学问大而闻名。惠施的著作不幸失传了,他主张"合同异",《庄子·天下》篇保存有他的"十事",即十个辩论题目:

(1)至大无外,谓之大一;至小无内,谓之小一。

(2)无厚不可积也,其大千里。

(3)天与地卑,山与泽平。

(4)日方中方睨,物方生方死。

(5)大同而与小同异,此之谓小同异;万物毕同毕异,此之谓大同异。

(6)南方无穷而有穷。

(7)今日适越而昔来。

(8)连环可解也。

(9)我知天下之中央,燕之北,越之南是也。

(10)泛爱万物,天地一体也。

这十个命题现在保存在《庄子·天下》篇中。关于这十个命题没有更详细的记载,很难给予确切的解释。但从中可以看出惠施的主要思想倾向:

宇宙的无限性。(1)"至大无外",是说它外面再没有东西了,就是最大的;"至小无内",是说它内面再没有东西了,就是最小的。这是从宏观和微观两个方面来表述宇宙无限性的思想。(6)"南方无穷"是当时的人常说的话。在当时,南方没有开发,几乎无人了解。当时的中国人觉得,南方不像东方以海为限,也不像北方、西方以荒漠流沙为限。惠施这句话,很可能仅只是表现他过人的地理知识,就是说,南方最终也是以海为限。这是从方向上辩证地论证这个问题。(9)当时的各国,燕在最北,越在最南。当时的中国人以为中国就是天下,即世界。所以常识的说法应当是,天下之中央在燕之南、越之北。这是宇宙无限性的一个地理学例证。

宇宙的统一性和多样性。(5)说明宇宙中任何事物之间都有共性、统一性,所以万物"毕同";宇宙中任何事物之间又都有个性、多样性,所以万物"毕异"。这两方面就是"大异同",惠施用"大异同"表述宇宙万物"毕同毕异"的思想,也就是宇宙的统一性与多样性相联系的思想。

关于相对与绝对的关系。(2)是说大、小之为大、小,只是相对地。没有厚度的东西,不可能成为厚的东西。在这个意义上,它可以叫做小。可是,几何学中理想的"面",虽然无厚,却同时可以很长很宽。在这个意义上,它可以叫做大。(3)是说,高低之为高低,只是相对地。(4)是说,实际世界中一切事物都是可变的,都是在变的。(7)是说,"今"与"昔"是相对的名词。今日的昨日,是昨日的今日;今日的今日,是明日的昨日。今昔的相对性就在这里。(8)连环是不可解的,但是当它毁坏的时候,自然就解了。从另一个观点看,毁坏也可以是建设。这几个命题说明惠施从时间、空间等角度强调事物的相对性。

关于人对客观世界的态度。惠施认为,从"大一"的高度看,宇宙万物(包括人类)是一个整体,所以说"天地一体"。因为"天地一体",所以他主张"泛爱万物",这就与儒家的"爱人",墨家的"兼爱"相近。

名家另一个主要领袖是公孙龙(鼎盛期公元前284—前259年),当时以诡辩而广泛闻名。据说,他有一次骑马过关,关吏说:"马不准过。"公孙龙回答说:"我骑的是白马,白马非马。"说着就连马一起过去了。公孙龙在学术上反对惠施一派"合同异"的观点,成为"离坚白"派的代表人物。公孙龙的著作,据《汉书·艺文志》记载有14篇,后来大都佚失。现存《公孙龙子》一书,除《迹府》一篇为后人编辑的有关公孙龙的事迹外,其余的《白马论》、《指物论》、《通变论》、《坚白论》、《名实论》基本可信是公孙龙的作品。公孙龙的主要辩题是"离坚白"、"白马非马",其哲学思想和逻辑理论主要在《指物论》、《名实论》之中。在《坚白论》中,他阐述了自己"离坚白"的观点:

视不得其所坚而得其所白者,无坚也;拊不得其所白而得其所坚者,无白也。

得其白,得其坚,见与不见离。见与不见离,一一不相盈,故离;离也者,藏也。

公孙龙认为"白"是目眼的感觉,"坚"是手的感觉,目和手不是一个感觉器官,因此坚和白是相离的。坚性和白色也就不可同时而知。得到了白色而离开了坚性,在于"见与不见",得到了坚性而离开了白色,在于"拊与不拊"。所以,坚、白、石三者"一一不相盈",它们是互离而自藏,不相统一的。这样,公孙龙就完全排斥了感觉经验的复合,得出事物的各种属性都是彼此分离、彼此孤立存在的结论。这种只强调"离"而否认"合",割裂了事物内在统一性,是一种主观随意性的诡辩。

《白马论》的主要命题是"白马非马"。公孙龙通过三点论证,力求证明这个命题。第一点是:"马者,所以命形也;白者,所以命色也。命色者非命形也。故曰:白马非马。"若用西方逻辑学术语,我们可以说,这一点是强调,"马"、"白"、"白马"的内涵的不同。"马"的内涵是一种动物,"白"的内涵是一种颜色,"白马"的内涵是一种动物加一种颜色。三者内涵各不相同,所以白马非马。

十、后期墨家

墨子死后,"墨离为三","有相里氏之墨,有相夫氏之墨,有邓陵氏之墨"。(《韩非子·显学》)大体来说,墨家学派的后期可分为两个支流,一支注重思维规律的研究,向前发展了墨子认识论和逻辑思想,成为战国名辩思潮的重镇,他们着重研究辩论中的逻辑和认识问题,是先秦诸子中自然科学知识最丰富的一个学派。另一支则推行墨子的宗教思想,转化为秦汉社会的墨侠。另外,在秦国的墨者,有些人专门研究守城的军事技术,《墨子》书中《备城门》以下各篇,就是他们的作品。后期墨家主要研究"辩学",其学说保存在今传本《墨子》中的《经》(上、下)、《经说》(上、下)和《大取》《小取》六篇作品中,《经上》、《经下》主要是逻辑、道德、数学和自然科学的定义,《经说上》、《经说下》主要是对前两篇中定义的解释,《大取》、《小取》讨论了若干逻辑问题。其内容包括了相当于今天逻辑学、哲学、伦理学、经济学,还有自然科学如光学、力学、物理学、几何学等学科。所有这六篇有一个总的目的,就是通过逻辑方式,树立墨家的观点,反驳名家的辩论。这六篇合在一起,通常叫做"墨经。现代学者有把这六篇著作独立出来,称为《墨辩》,今人谭戒甫作《墨辩发微》可备参考。

后期墨家提出了比较系统的认识论,认为人有认识能力,它是"所以知也,而不必知"(《经说上》)。就是说,人都有所以知的能力,但是仅有这种能力,还未必就有知识。这是因为,要有知识,则认识能力还必须与认识对象接触。"知也者,以其知过物而能貌之"(同上),就是说,认识能力接触了认识对象,能够得到它的形象,才成为知识。

后期墨家还对于知识进行了分类。按知识的来源,把知识分为三类:一类是来自认识者亲身经验;一类是来自权威的传授(即得自传闻或文献);一类是来自推论的知识(即得自演绎,以已知推未知)。又按认识的各种对象,把知识分为四类:名的知识,实的知识,相合的知识,行为的知识。将名分为三类:达名,类名,私名。"名:'物',达也,有实必待之名也。命之'马',类也;若实也者,必以是名也。命之'臧',私也;是名也,止于是实也。"(《经说上》)就是说,"物"是达名(通名),一切"实"必用此名。"马"是类名,此类的一切"实"必用此名。"臧"(人名)是私名,此名只限用于此"实"。相合的知识,就是知道哪个名与哪个实相合。有了这类知识,就知道"名实耦"(同上),就是说,名与实是彼此配对的。

《小取》篇的大部分,是用于讨论"辩"。它说:"夫辩者,将以明是非之分,审治乱之纪,明同异之处,察名实之理,处利害,决嫌疑焉。摹略万物之然,论求群言之比。以名举实,以辞抒意,以说出故,以类取,以类予。"这段话的前半段是说辩的目的和功用,后半段是说辩的方法。《小取》篇还说,辩有七种方法:"或也者,不尽也。假者,今不然也。效者,为之法也。所效者,所以为之法也。故中效,则是也;不中效,则非也;此效也。辟也者,举他物而以明之也。侔也者,比辞而俱行也。援也者,曰:子然,我奚独不可以然也?推也者,以其所不取之同于其所取者予之也。'是犹谓'也者,同也;'吾岂谓'也者,异也。""或"表示特殊命题。"尽"表示全称命题。"假"表示假言命题,假设一种现在还没有发生的情况。"效"就是取法。所效的,就是取以为法的。若原因与效相合,就是真的原因;若原因与效不合,就不是真的原因。这是效的方法。"辟(譬)"的方法是用一事物解释另一事物。"侔"的方法是系统而详尽地对比两个系列的问题。"援"的方法是说:"你可以这样,为什么我独独不可以这样?""推"的方法是将相同的东西,像归于已知者那样,归于未知者。

后期墨家发展了墨子功利主义思想的传统,主张人类一切行为的目的在于取利避害。《大取》篇说:"断指以存腕,利之中取大,害之中取小也。害之中取小,非取害也,取利也。……遇盗人而断指以免身。免身,利也。其遇盗人,害也。……利之中取大,非不得已也。害之中取小,不得已也。于所未有而取焉,是利之中取大也。于所既有而弃焉,是害之中取小也。"所以人类一切行为的规则是:"利之中取大;害之中取小。"墨子和后期墨家都认为"义,利也"。利是义的本质。但是,什么是利的本质?墨子没有提出这个问题,可是后期墨家提出了,并已做出了解答。《经上》篇说:"利,所得而喜也。害,所得而恶也。"这样,后期墨家就为墨家的功利哲学作出了享乐主义的解释。

十一、前期法家

法家渊源可以上溯到春秋时的管仲、子产、邓析。管仲相齐,其行政措施是礼法兼治,赏罚兼用,甚至倾向于"严"。子产为政虽以"德"相标榜,但其实倾向于"猛",他的最大功业是"铸刑书",其历史意义在于制定和公布了新式的法律,这一做法为后世法家所继承。邓析可以说是名家和法家的共同始祖,他的基本主张是"事断于法",还私造"竹刑"并私家传授法律知识,这正是后世法家"以法治国"、"以吏为师"的滥觞。法家实际上的鼻祖是战国初期的李悝。

前期法家指战国初期、中期的法家,主要代表人物是李悝与吴起、商鞅、慎到、申不害等,他们多是当时领导各国变法改革的政治家,更为关心推行"法治"

的实践问题,故他们的思想具有强烈的实践色彩。前期法家的主要思想是:批判传统的"礼治",论证变法的重要性和正义性,探讨新兴地主阶级夺取诸侯国政权的途径;勾勒出一幅"以法治国"的政治蓝图。前期法家人物所处的时代,新旧社会力量的矛盾与斗争更为激烈,他们以鲜血和生命在当时历史的舞台上演出了一幕幕悲壮的戏剧。

李悝有说又叫李克,一般认为为同一人,有的认为是二人,历来有分歧。这里采用一人说。《艺文志·儒家》有《李克》七篇,班固自注云:"子夏弟子,为魏文侯相。"又有《法家》李子三十七篇,班氏自注:"名悝,相魏文侯,富国强兵。"说明他曾主持魏国变法。《史记·孟荀列传》:"魏有李悝,尽地力之教。"《汉书·食货志》说:"李悝为魏文侯作尽地力之教。"说明他在经济上推行"尽地力之教"、"善平籴"(籴,音敌,买粮为籴);他在政治上实行法治,废除维护贵族特权的世卿世禄制度,奖励有功之人,使魏国成为战国初期强国之一;在法律方面,他把当时各国的新刑书加以整理、编辑,编著了《法经》。该书早已失传,《晋书·刑法志》保存了本书的篇目:《盗法》、《贼法》、《囚法》、《捕法》、《杂》、《具法》等。《法经》完全摒弃了西周以来的刑法体系,成为我国历史上第一部比较系统的封建成文法典。《法经》不但是中国封建成文法典的滥觞,也是中国封建刑法学体系的基础,可以说具有承前启后的划时代的意义。

吴起,战国时军事家。卫国左氏(今山东曹县北)人。善用兵,初任鲁将,继任魏将,屡建战功,魏文侯命其为西河守,协助李悝进行变法。文侯死后,遭陷害,逃奔至楚,后为楚悼王的相,主持楚之变法,打击宗室贵族,大刀阔斧地进行改革,在富国强兵方面取得了一定的成就,促进楚国富强,曾北胜魏国,南收扬越,进取苍梧(今广西西北)。其主张有:(1)"明法审令",即明确法令,令出必行,信赏必罚;(2)"捐不急之官,废公族疏远者",即裁减冗员,整顿机构,强令贵族去边远荒凉之地垦荒;(3)"要在强兵",巩固国防,以利征战。(以上引文均见《史记·吴起列传》)楚悼王死,被旧贵族杀害。《汉书·艺文志》著录《吴起》四十八篇,已佚。今本《吴子》六篇,系后人所托。

商鞅是战国中期法家学说的主要奠基者和实践家。他是卫人,自幼熟悉王霸之道,对管仲、子产的刑名之学深契之。初为魏相公叔痤家臣,后入秦,游说秦孝公变法。孝公六年(一说三年)任左庶长,旋升大良造。孝公十二年由雍(今陕西凤翔南)迁都咸阳(今陕西咸阳东北),进一步变法。后十年(前340年),因战功封商(今陕西商县东南)十五邑,称商君。秦孝公死,被贵族诬害,车裂而死。商鞅在秦国的变法是一场自上而下的政治改革运动,涉及许多方面,而集中到一点,就是通过法治建设,实现富国强兵,实现秦孝公期望的"霸道"。商鞅变法的指导原则是一切取决于法律,用法律武器剥夺贵族特权,在法律面前,人人平等;用法律武器维护君权,实行君主专制;用法律武器推行耕战措施,要求"务耕织,修守战之备"(《史记·秦始皇本纪》);用法律武器治民,主张"以战去战,虽战可也;以杀去杀,虽杀可也;以刑去刑,虽重刑可也。"(《商君书·画策》)。《汉书·艺文志》著录《商君》二十九篇,今存二十四篇;又有《公孙鞅》二十七篇,今佚。

慎到,战国中期法家的代表人物,据文献载曾在稷下学宫讲学,负有盛名,是由道入法的转关性人物,这一点已为学界公认。清《四库全书总目提要》称慎子:"道德之为刑名,此其转关,所以申韩多称之也。"具体说就是把道家的理论向法理一方面加以发展,并真正步入法家阵营,所以"申韩多称之"。慎到由"弃知去己"观点,提出"大君任法而弗躬,则事断于法矣"(《慎子·君子》)的法家政治主张,强调"势"的重要:"尧为匹夫,不能治三人,而桀为天子能乱天下,吾以此知势位之足恃,而贤智之不足慕也"。(《韩非子·难势》)指出权势者应"抱法处势","无为而治天下"。其著作现存《慎子》七篇,已不全。

申不害,战国初期思想家、政治家,法家代表人物之一。战国郑国(今郑州荥阳)人,曾任韩昭侯相国,执政15年。内修政教,外应诸侯,加强集权统治,使韩国国治兵强,成为战国七雄之一。申不害在韩国实行变法,推行的以"术"为主,以法为辅的改革。司马迁说:"申子之学,本于黄老而主刑名。"(《史记·老庄申韩列传》)除了与其他法家人物一样讲法治外,申不害更强调君主的统治之"术",即统治术,包括驾驭臣下,控制百姓,特别是对付贵族的方法、策略。申子的"术"后来成为法家思想体系中的重要组成部分。"术"的提出,对于后世建立官吏的任免考课制度,有一定意义,但是申不害主张君主要暗中运用"术",不使臣下知道,这实际上成了一种阴谋权术。《汉书·艺文志》著录《申子》六篇,现仅存辑录《大体》一篇。

十二、法家思想的集大成者——韩非

韩非是战国末年韩国贵族,据《史记·韩非列传》记载,韩非见韩国的国势在东方各国中日渐削弱,就多次上书韩王,建议变法图强,修明法治,求才任贤。可是,没有被采用,于是就发愤著书,其中《孤愤》《五蠹》等篇传到秦国,被秦始皇看到了,阅读后非常叹服,不由自主地感慨到:"寡人得见此人与之游,死不恨矣!"李斯建议:"急攻韩,求韩非。"秦王政十四年(公元前233年),韩非使秦,"秦王说之,未信用",后被李斯、姚贾害死。司马迁说:"少喜刑名法术之学,而其归本于黄老。"又说:"非为人口吃,不能道说,而善著书。与李斯俱事荀卿,斯自以为不如非。"这说明韩非熟悉黄老道学,曾以荀子为师,受到了儒家的影响。

今存《韩非子》一书55篇,基本上保存了韩非的思想学说。

韩非实际上是集法家思想之大成者,他继承了商鞅的"法"的思想,申不害的"术"的手段,慎到的"势"的谋略,形成自己的一套完整的政治理论体系。所谓"法",就是指法律、法令。所谓"术",就是指统治的权术。所谓"势",就是指权力、势力。这三者是互相依存,缺一不可的,其中"法"是公开的,是约束公众的;"术"是统治者个人掌握的,要深藏不露;"势"是"法"和"术"的基础,是最重要的,只有握有实权,有了巨大的权势,才可以推行法治,使用权术。

韩非从维护封建主义中央集权制出发,指出申不害只讲术不重视法的弊病很大,他说:

申不害不擅其法,不一其宪令,则奸多。……故托万乘之劲韩,七十年而不至于霸王者,虽用术于上,法不勤饰官之患也。(《定法》)

他对商鞅只讲法而不讲术也不满意,说:

故战胜则大臣尊,益地则私封立,主无术以知奸也。商君虽十饰其法,人臣反用其资。故乘强秦之资,数十年而不至于帝王者,法不勤饰于官,主无术于上之患也。(同上)

因此,他的结论是:"君无术则弊于上,臣无法则乱于下,此不可一无,皆帝王之具也。"(同上)这就是说,如果没有统一的法令就不能治民防奸;如果只有法而君主不掌握驾驭臣下的术,大臣们就会发展个人势力,这对于维护以君主为中心的专制集权都是有害的。所以,韩非主张法术并用。

韩非还认为,法与术的运用,都必须以政权为前提,故又十分重势,即权力和地位。他继承了慎到的重势的学说,认为:

无庆赏之功,刑罚之威,释势委法,尧舜户说而人辩之,不能治三家,夫势之足用亦明矣。……抱法处势则治,背法去势则乱。(《难势》)

由以上可见,韩非子分析了前期法家关于"法"、"术"、"势"的理论,以专制主义中央集权的政治理论为中心,把法、术、势结合起来,并加以发展,熔于一炉,建立起完整的法家思想体系,代表了先秦法家政治思想发展的最终成果。这一思想体系的重心是以法为本,兼摄术、势,这就是说,法治理论才是韩非思想的核心。

韩非法治思想的理论基础是性恶论,认为好利是人的本性,人与人之间除了赤裸裸的利害关系再无其他可言,要想通过礼义教化使人弃恶从善、改变其自私自利、损人利己的本性是办不到的,反对儒家先礼后刑、先教后诛的主张,重视赏和罚的作用,强调信赏必罚,厚赏重罚,"立可为之赏"(法律规定的奖赏应该是人们经过努力可以得到的),"设可避之罚"(法律规定的刑罚应该是人们经过努力能够避免的)。他特别强调法治与刑罚在治国过程中的作用,"夫圣人之治国,不恃人之为吾善也,而用其不得为非也。恃人之为吾善也,境内不什数;用人不得为非,一国可使齐。为治者用众而舍寡,故不务德而务法。"(《韩非子·显学》)礼义教化是没有必要的,刑事惩罚应该放到首要地位。

韩非还是重刑主义的鼓吹者。所谓重刑主义,就是轻罪重罚。他对商鞅的重刑思想及其实践倍加赞扬:"公孙鞅之法也,重轻罪。重罪者人之所难犯也,而小过者人之所易去也,使人去其所易无离其所难,此治之道。夫小过不生,大罪不至,是人无罪而乱不生也。"(《韩非子·内储说上》)为了推行重刑主义,韩非还对"重刑伤民说"予以批驳。他说:"今不知治者,皆曰重刑伤民,轻刑可以止奸,何必于重哉?此不察于治者也。夫以重止者,未必以轻止也;以轻止者,必以重止矣。是以上设重刑者而奸尽止,奸尽止则此奚伤于民也?"(《韩非子·六反》)这就留下了十分消极的后果,重刑成为历代帝王统治、镇压人民的思想工具。

韩非的历史观有两点值得注意。一是承认历史是一个不断进化的过程,而不是永恒不变的。他把以往历史划分为上古、中古、当今,说:"上古竞于道德,中古逐于智谋,当今逐于力气。"(《韩非子·五蠹》)明显地继承了商鞅的观点,而与孟子"五百年必有王者兴"的历史循环论对立。另一点是主张厚今薄古。他强调今世不同于古代,所要完成的事业不同,所采取的办法也应该有所不同。"圣人不期修(循)古,不法常可,论世之事,因为之备"。(同上)这也是继承了商鞅,把历史进化观点作为推行变法改革的依据。特别值得一提的是,韩非在探讨历史进化原因时从人口与财货的比例关系来进行解释,认为古代"人民少而财有余"所以"民不争",当今"人民众而财货寡"引起"民争",他通过指出人口增长速度过快而引起的社会问题,在中国历史上堪称是第一人。

韩非在哲学上的贡献是继承荀子"天人相分"的思想,吸取了老子"道法自然"的观念,对《老子》的"道"范畴进行了改造,提出"理"的范畴。他说:"道者,万物之所然也,万理之所稽也。"(《韩非子·解老》)"万物之所然也"是说道为宇宙万物的本原,"万理之所稽"是说各种规律为道的体现。与"道"对应的说"理","理者,成物之文也。……万物各异理,而道尽稽万物之理";"凡理者,方圆、短长、粗靡、坚脆之分也。"(同上)理是万事万物的特殊规律,正是由于万事万物各有不同之理,彼此之间才能区分而不致混杂。那么,道与理之间是一种什么关系呢?韩非认为,道作为普遍规律,是不能离开特殊的理而存在的,道存在于理之中,同样,理也不能离开道而独立存在,它是道的体现,二者不能分离。很显然,他是认为道与理之间存在着一种普遍与特殊的关系。

第四章 秦汉的思想学术（上）

一、秦代专制思想

秦自商鞅变法以后，基本上以法家思想治国。但法家思想的推行并不是一帆风顺的，至少前后经历过两次法家与儒家的大辩论、大论战。一次是变法之初甘龙、杜挚与商鞅的辩论，甘龙说："知者不变法而治。"杜挚说："法古无过，循礼无邪。"（《商君书·更法》）主张法古循礼，商鞅站在法治的立场上进行了批驳："前世不同教，何古之法？帝王不相复，何礼之循？伏羲、神农教而不诛，黄帝、尧、舜诛而不怒（孥），及至文、武，各当时而立法，因事而制礼。礼法以时而定，制令各顺其宜，兵甲器备各便其用。"（同上）即认为时代已经变化，礼法也应因时而变。辩论的结果，秦孝公赞同商鞅，以支持商鞅变法主张的胜利而结束。另一次是十年之后变法取得初步成效时，宗室贵族赵良与商鞅的辩论，他指责商鞅变法以及所采取的一系列措施是："不以百姓为事，而大筑冀阙，非所以为功也。刑黥太子之师傅，残伤民以骏（峻）刑，是积怨蓄祸也。……《诗》曰：'得人者兴，失人者崩。'此数事者，非所以得人者也。"

公元前221年，秦灭尽六国，建立了统一的封建国家。秦王朝以郡县制代替了封邦建国的分封制，实行车同轨、书同文，实现了政治、经济的统一。在思想文化问题上，秦始皇仍然以法家思想，特别是韩非的思想为其统治的基本依据，按照韩非"法、术、势"的要求，"以法为教，以吏为师"，实行了一整套巩固封建中央集权制的措施进行专制统治，诸如实行"帝"号，自称"始皇帝"，认为自己"德兼三皇，功过五帝"。在中央实行三公九卿制，在地方实行郡县乡亭四级行政组织。县级以上的官吏由皇帝亲自任免，直接向皇帝负责。至此，始皇帝的威势得到了充分的保证，中央集权发展到了一个高峰。

后来，由于儒法在是否恢复西周分封制的问题上又产生了激烈的争论，博士淳于越认为应该恢复古代的分封制，说"事不师古而能长久者，非所闻也"。李斯认为这种是古非今的论调会惑乱人心，不利于政令的贯彻执行，应该加以制止。于是就建议秦始皇下令焚书，除博士藏书和秦国的史书，以及历法、术数、医学、种树等科技书之外，所有的《诗》、《书》、百家语和史书一律烧毁。为了保证法家思想的执行，秦始皇批准了李斯的建议，下令焚书。第二年，秦始皇、李斯借方士卢生、侯生求取长生不老仙药不成，反而批评秦始皇"刚愎自用"、"贪于权势"而逃跑在外这一事件的机会,派御史追查咸阳的方士儒生,结果被株连的有四百多人,被秦始皇坑杀于咸阳城郊。这就是历史上有名的"焚书坑儒"。这样就对思想文化进行了一次空前的摧残,使法家思想独于一尊,导致其统治只存活了十几年,就在农民起义的浪潮中迅速坍塌。

"焚书坑儒"是中国历史上的重大事件,两千多年来,历代统治者和士人都从不同的角度进行评价和总结经验教训。评价这件事又直接联系到评价秦始皇。最早明确评价秦始皇的,在当时人之后就算是贾谊的《过秦论》了。他说:"秦王怀贪鄙之心,行自奋之智,不信功臣,不亲士民,废王道而立私爱,焚文书而酷刑法,先诈力而后仁义,以暴虐为天下治。"董仲舒说:秦始皇"重禁文学,不得挟书。弃捐礼谊而恶闻之,其心欲尽灭先王之道"。(《汉书·董仲舒传》)对秦始皇"焚书坑儒"要历史地、具体地分析。秦始皇统一六国,结束了几百年的社会战乱,完成了统一大业,是有贡献并应该肯定的。但是,他在建立秦王朝以后,焚毁文化典籍,坑杀儒生,堵塞言路,贪于权势,以刑为威,这不但在当时是非常残酷的,就是在后来的中国历史上,也开了一个文化专制主义的头,为历代帝王所仿效。

二、邹衍的思想及其在秦国的应用

在秦王朝,尽管法家思想占主导地位,但对其他的思想并非一概排斥,可以说是综合吸收,为其所用。主要吸收采纳阴阳、儒、墨等家的思想。据司马迁《史记》,邹衍是齐国(今山东省中部)人,在孟子之后不久。他著书十余万言,都已经失传了。可是司马迁对于邹衍的学说作了颇详细的说明,他的研究方法是"必先验小物,推而大之,至于无垠"。他的兴趣似乎集中在地理和历史,其中主要的是提出了"五德终始说",把五行的属性称为"五德",用来附会到王朝兴替和社会历史的变动上,宣扬一种神秘的历史循环论。它以五德相胜关系说明王朝更替,先后顺序为:土德→木德→金德→火德→水德,水德之后又是土德,开始另一个周期,循环无穷。每一个王朝代表一德,当一个王朝衰落后,必然被代表另一德的王朝取代。《吕氏春秋·应同》篇还有一段关于邹衍五德终始说对中国上古历史讨论的说明:

> 凡帝王者之将兴也,天必先见祥乎下民。黄帝之时,天先见大螾大蝼,黄帝曰"土气胜",土气胜,故其色尚黄,其事则土。及禹之时,天先见草木秋冬不杀,禹曰"木气胜",木气胜,故其色尚青,其事则木。及汤之时,天先见金刃生于水,汤曰"金气胜",金气胜,故其色尚白,其事则金。及文王之时,天先见火,赤乌衔丹书集于周社,文王曰"火气胜",火气胜,故其色尚赤,其事则火。代火者必将水,天且先见水气胜,水气胜,故其色尚黑,其事则水。水气至而不知,数备,将

徒于土。

可以看出朝代的顺序,也是和五行的自然顺序一致的。具体的分配是:黄帝——土德,禹(夏)——木德,汤(商)——金,文王(周)——火,"代火者必将水"。以土德王的黄帝,为以木德王的夏朝所克。以木德王的夏朝,为以金德王的商朝所克。以金德王的商朝,为以火德王的周朝所克。以火德王的周朝,将为以水德王的朝代所克。以水德王的朝代,又将为以土德王的朝代所克。如此完成了这个循环。这些议论都迎合了秦王朝的政治需要,于是秦始皇就采用了"五德终始说",《史记·封禅书》说:"自齐威、宣之时,驺子之徒论著终始五德之运,及秦帝,而齐人奏之,故始皇采用之",并采取了以下主要措施:

(1)冬季属水,因而规定以十月作为一年的第一个月;

(2)水德尚黑,因而秦始皇就以黑为正色,把衣服、节旗等都改用黑色;

(3)水德是和"五数"中的"六"相应合的,因而秦始皇以六为标准数,各种器物都用六来记数。

(4)水在北方,其性质是严酷死亡,因而秦始皇处理一切事情都要取决于严刑峻法,应该"刚毅"而"刻削",不能讲"仁德和义"。

这就进一步把法家政治学说与阴阳家学派的五德终始说结合起来,为君主专制政体服务。不管邹衍的本来意义如何,但其结果实际上导致了秦王朝后来的严刑峻法,进而促成了秦王朝的早亡。

汉代皇帝也相信这一套理论,但是汉朝究竟以何德而王,一直有争论。有人说,汉朝取代秦朝,因此是以土德王。但是也有人说,秦朝太残暴,太短促,不能算是合法的朝代,所以汉朝实际上是替代周朝。双方都有祥瑞支持,这些祥瑞都可以加以不同的解释。最后汉武帝决定正式宣布汉以土德王。即使如此,后来仍有意见分歧。汉代以后,人们不大注意这个问题了。但是一直到辛亥革命取消帝制为止,皇帝的正式头衔仍然是"奉天承运皇帝"。所谓"承运",就是承五德转移之运。

三、《吕氏春秋》的思想整合尝试

吕不韦是中国历史上有远见、有谋略的政治家、思想家。他在任秦相时集门客三千,编写了《吕氏春秋》一书,对先秦各家学说并蓄兼收,该书自汉代始被称为"杂家"(《汉书·艺文志》),当代有学者称其为新道家,它以儒家学说为主,以阴阳五行为框架,然后综合其他各家如墨、名、法、道、五行家之说,构成了一个带有整合各家学说倾向的思想体系,欲以作为秦统一后的政治纲领,为秦提供了一个理想的治国方案和一套完整的治国理论。可惜由于秦始皇与吕不韦的政治斗争,这一有价值的思想体系对秦国的政治没有产生实质性的影响。

《吕氏春秋》思想体系的建立是以大一统思想和中央集权理论为归宿的。吕不韦所处的时代,经过春秋战国长期的兼并战争,统一已是大势所趋。《吕氏春秋》说:"天下大乱,无有安国;一国尽乱,无有安家;一家尽乱,无有安身,此之谓也,故小之定也必恃大,大之定也必恃小"(《谕大》),指出了实现国家统一的重要性。中央集权是为大一统服务的,通过兼并战争建立起来的统一国家,必须立即建立中央集权的制度,才能巩固已经取得的成果。要不然则仍然会出现战祸连绵的局面。要实现中央集权,必须正名分。正名是百官之名,审分是百官之职。如果名不正,"则人主忧劳勤苦,而官职烦乱悖逆矣,国之亡也","凡人主必审分,然后治可以至,奸伪邪辟之途可以息"。名不正则言不顺,僭上越等,必然造成"万邪并起,权威分移"的局面。(《审分》)

《吕氏春秋》继承综合了三代以来的民本思想,《务本》指出:"安危荣辱之本在于主,主之本在于宗庙,宗庙之本在于民。"人心所向是事业成败的关键,而要得民心,就要实行德治。《爱类》云:"先王先顺民心,故功名成,夫以德得民心以立功名者,上世多有之矣,失民心而立功名者,未之曾有也。""行德爱人则民亲其上,民亲其上则乐为其君死矣。"(《爱士》)应该注意的是《吕氏春秋》的爱民,并不是为民服务,而是对现实的正反两方面经验的总结,是基于维护统治阶级的长治久安的根本目的。

《吕氏春秋》还吸收了道家无为而治的思想,并加以发挥,使之更臻完备,作为统一后秦的大政方针。八览中的《审分》、《君守》、《任数》、《勿躬》、《知度》等篇是专门讲君主无知无为,清静无为的。"得道者必静。静者无知,知乃无知,可以言君道也。""天无形而万物以成,至精无象而万物以化,大圣无事而千官尽能,此乃谓不教之教,无言以诏。""善为君者无识,其次无事"(《君守》)如何达到无为而治的目的呢?《吕氏春秋》提出了加强群臣监督考察的"八观"、"六验"之术:"通则观其所礼,贵则观其所进,富则观其所养,听则观其不受,止则观其所好,习则观其所言,穷则观其所行,贱则观其所不为。喜之以验其守,乐之以验其僻,怒之以验其节,惧之以验其恃,哀之以验其人,苦之以验其志。"(《论人》)值得注意的是《吕氏春秋》的无为与道家的无为思想是形同而实异的。老子的无为是要回到"小国寡民"的社会,而《吕氏春秋》的无为实际上是"无为而无不为",要君主以无为达到有为的目的,以"无智"、"无能"、"无为"达到"众智"、"众能"、"众为"、"垂拱而天下治"。

《吕氏春秋》吸收农家的思想,提倡以农为本,重农抑商。该书对农业生产十分重视,《十二纪》的篇首是按照月令的次序来叙述的,论述了农作物的春生、夏长、秋收、冬藏的过程,天子则按照季节的变化不失时机地发布命令,进行农业生产活动。《上农》、《任地》、《辨土》、《审时》详细地论述了农业生产、土地利用、技术应用、农时和水利灌溉等等。但在对待工商业方面,《吕氏春秋》基本上还是主张重本抑末,重农抑商。

《吕氏春秋》对儒法的思想整合大致从两个思路上展开:

(一)对法家极端倾向进行修正,提出较温和、开明的主张,为采纳儒家学说扫清了道路,并尽可能地使二者整合。如他提出建立统一而开明的君主专制制度。在统一天下这一点上,《吕氏春秋》与儒法没有歧义,但在统一方法上,《吕氏春秋》不主张法家的"以力服人",而结合孟子的"诛征"说形成了新的"义兵说"。认为世乱的原因在于"暴君",他们"上不顺天,下不惠民,征敛无期,求索无厌,罪杀不辜,庆赏不当"。(《怀宠》)他们是"天之所诛也,人之所雠也,不当为君。今兵之来也,将以诛不当为君者也,以除民之雠而顺天之道也"。(同上)这种"诛暴君而振苦民"(《原道》)的军队就是"义兵","兵苟义,攻伐亦可,救守亦可。兵不义,攻伐不可,救守不可。"(《禁塞》)其"义兵"之"义"一是"诛暴君",一是"利黔首",所以它主张"克其国,不及其民。独诛所诛而已"(《怀宠》)。"义兵"是"天下良药"(《荡兵》),因此得到人民的拥护:"民之说也,若孝子之见慈亲也,若饥者之见美食也;民之号呼而走之,若强弩之射于深溪也,若积大水而失其壅堤也。"(同上)这说明《吕氏春秋》承认统一要靠武力,但强调这种武力要有正义性。

《吕氏春秋》对"义"十分强调,以"义"作为"法"内在的标准,来沟通儒法。《慎行》篇明确提出"君主计行虑义",在结论中又说:

> 凡乱人之动也,其始相助,后必相恶。为义者则不然,始而相与,久而相信,卒而相亲,后世以为法程。

(二)对儒家思想的大量引进,但也不是照搬,而是同样有改造的。如《吕氏春秋》多处谈到"德治"的重要性:"德也者,万民之宰也"(《精通》);"善为君者,蛮夷反舌,殊俗异习皆服之,德厚也"(《功名》);"为天下及国,莫如以德,莫如行义,以德以义,不赏而民劝,不罚而邪止"(《上德》)。这些分明是儒家德治思想的直述。但《吕氏春秋》的实行德政是有功利目的,这就是笼络人心,使人民自觉服从君主。德治能够得民心:"夫以德得民心、立大功名者,上世多有之;失民心而立功名者,未之有也。"(《顺民》)这样,老百姓就会都来亲近你:"行德爱人,则民亲其上。民亲其上则皆乐为其君死"(《爱士》);"圣人南面而立,以爱利民为心,号令未出,而天下皆廷颈举踵"(《精神》)还可以使"贤士归之,万民誉之,丈夫女子,振振殷殷,无不戴说。"(《慎人》)

《吕氏春秋》采纳并发挥了儒家的"仁者爱人"的思想,但讲的是统治者要

爱民、利民,这与儒家又有一定的距离:

> 仁于他物,不仁于人,不得为仁;不仁于他物,独仁于人,犹若为仁。仁也者,仁乎其类者也。故仁人之于民也,可以便之,无不行也。神农之教曰:"士有当年而不耕者,则天下或受其饥矣;女有当年而不绩者,则天下或受其寒矣。"故身亲耕,妻亲绩,所以见致民利也。贤人之不远海内之路,而时往来乎王公之朝,非以要利也,以民为务故也。人主有能以民为务者,则天下归之矣。(《吕氏春秋·爱类》)

在作者看来,君主治国要以民为务,必须爱民、利民,这样才能使天下人都来归往。

《吕氏春秋》讲忠孝:"先王之教莫荣于孝,莫显于忠"(《劝学》),"成身莫大于学。身成则为人子弗使而孝矣,为人臣弗令而忠矣。"(《尊师》)但它的强调忠孝是从人君统治的角度着眼的:"人主孝,则名章荣,下服听,天下誉。人臣孝,则事君忠,处官廉,临难死。士民孝,则耕耘疾,守战国,不罢北。……"(《孝行》)"忠孝,人君人亲之所甚欲也。"(《劝学》)李泽厚据此比较了《吕氏春秋》里的儒家思想与原始儒学,揭示了前者所"要求服务于皇家统治的政治目的,渗透法家精神",这就揭示了《吕氏春秋》对儒家进行整合时的有目的加工、改造,并注意与法家精神结合。

四、汉初诸子复兴思潮

继秦而兴的汉王朝,基本上继承了秦的政治、经济制度,继续推进着建立封建"大一统"政治体制的事业。汉代初年,政治气氛日渐宽松,使先秦以来的几家主要学说基本上都得以自由恢复和发展,出现了诸子复兴思潮,"自曹参荐盖公言黄老,而贾生、晁错明申、商,公孙弘以儒显。"(《史记·太史公自序》)他们有的欲以其学说干禄,有的希冀在兴邦治国中大显身手,都想使自己的理论得到政治家的赏识,纳入治国安民之道。当时,除名家、墨家没有代表人物外,各家都还有程度不同的势力,其中尤以黄老道家、儒家和法家为盛。但从整个社会思潮来看,神秘化的阴阳五行说的影响也相当大。

汉初统治者提倡黄老思想,这是《史记》、《汉书》有明文记载的。《史记·儒林传》载:"孝文帝本好刑名之言,乃至孝景不任儒者,而窦太后又好黄老之术。"《汉书·外戚传》也说:"窦太后好黄帝老子言。景帝及诸窦不得不读《老子》,尊其术。"《隋书·经籍志》在追述道家学说发展过程时概说:"自黄帝以下,圣哲之士,所言道者,传之其人,世无师说。汉时,曹参荐盖公能言黄老,文帝宗之。自是相传,道学众矣。"汉初一批当权的重臣,主要都是奉行黄老之术的,例如萧何、张良、陆贾等等。据《史记·乐毅传》记载了黄老思想传承的过程:"乐臣公善修黄帝、老子之言,显闻于齐,称贤师。乐臣公学黄帝、老子,其本师号曰河上丈人,不知其所出。河上丈人教安期生,安期生教毛翕公,毛翕公教乐瑕公,乐瑕公教乐臣公,乐臣公教盖公,盖公教于齐高密、胶西,为曹相国师。"黄老道家在汉初不但取得了理论上的重大发展,而且走上了政治实践,成为汉初治国安邦的指导思想。

墨家作为学派在汉初早已衰微下去,但若从思想史发展的实际过程来看,墨家的思想成分并没有随着墨家学派的消失而烟消云散,而是被当时或后来的其他思想派别所吸收,间接地为汉代政治文化的整合作出了贡献。如尚同、尚贤和平民主义色彩的思想观点被汉儒吸纳,并作为构造大一统封建帝国政治文化模式的思想资源,这突出地反映在成书于汉儒之手的《礼记·礼运》中的"大同"、"小康"之说及带有乌托邦色彩的社会构想上,其中还贯穿了任人唯贤这一中国上古政治文化的优良传统。

阴阳五行学说与齐鲁文化和儒家思想有很深的渊源关系,经秦始皇倡导,并与燕齐方仙术数之学汇而为一,在汉初几十年影响很大,其主流溶入汉代儒学之中,为汉代政治文化模式的构建提供了外在骨架,其末流成为谶纬迷信。

法家思想经过秦王朝的极端化,在汉初名声不佳,许多学者或有识之士在反思批判秦二世而亡的经验教训时,都希望抛弃法家路线。但由于汉初宽松的政治环境,黄老学说的兼容并包,法家学说不但没有禁止,反而在汉初几十年在政治操作层面随着汉承秦制得以继续运用,在思想界得以广泛流行。另外,法家学说自身的学术思想价值成为法家学说的一脉不绝的内在原因,也是它参与汉代政治文化整合的学术基础。即便从纯粹的学术传承角度看,西汉前期七十年法家学说的发展也是有迹可寻的。据史料,汉景帝时官至御史大夫的韩安国"尝受《韩子》杂说,邹田生说"(《汉书·韩安国传》)。《管子》《商君书》都成于汉人之手。晁错也"学申商刑名于轵张恢生所,与洛阳宋孟及刘带同师。"(《汉书·晁错传》)景帝时,晁错用事,颇为文帝所重,号称"智囊",权倾九卿,法令多所变更,因此惹起汉庭与诸侯间的不安,错因而被斩。由此足见法家对政局的影响。

儒学的复兴有一个艰难的过程。刘邦出身卑微,粗鲁无学,对儒学没有什么好感。但经过郦食其、陆贾、叔孙通在政治实践中的努力,经过陆贾、贾谊与韩婴在理论上的继承综合,儒学不断地走向复兴,到董仲舒在思想体系上成熟,在政治实践上取得了独尊的地位。儒学的复兴是有深厚的学术文化基础的,《五经》师承传授在社会上根基深厚,实际上是超过法家、道家的。

即使如纵横家,也有主父偃先学"长短纵横术,晚乃学《易》、《春秋》、百家

言"。(《汉书·主父偃》)

五、陆贾、贾谊与韩婴的思想整合

陆贾、贾谊、韩婴汉初三位儒家代表人物，他们都与先秦儒家大不一样，都在相当程度上吸取了别家的思想观点，在思想上都具有以儒为本，兼容道（黄老）、法的特点，反映出汉初思想整合的基本趋势。

陆贾（约前240—前170年），汉初思想家，政治家，楚人。早年随刘邦平定天下，口才极佳，常出使诸侯，刘邦即帝位后，他受命出使南越，说服尉佗接受汉朝赐予的南越王印，称臣奉汉约，被任为太中大夫。陆贾经历了战国末年和秦汉之际两次政治变动，凭借其丰富的政治阅历，直接总结秦亡的教训，提出以"仁义"治天下的主张。他著《新语》十二篇，发挥"行仁义，法先圣"的儒家政治主张，举出尧舜之治，周公之政等历史经验，说明一切先圣明王都是以仁义治天下取得赫赫政绩，又举出吴王夫差、智伯、秦代的历史教训，声明完全依靠暴力必然导致灭亡。认为："仁者道之纪，义者圣之学。学之者明，失之者昏，背之者亡。"(《新语·道基》)主张以仁义为本，主要通过教诲，辅之以赏罚，建立君臣、上下、尊卑、长幼、大小、强弱、贤愚、廉鄙协和的社会秩序，使不同等级不同类型的人们和谐相处。与先秦儒家不同的是陆贾强调"无为"，"夫道莫大于无为"(《新语·无为》)，在很大程度上把"仁义"解释为"无为"，显然是受了道家的影响，与当时流行的黄老之学是一致的。

陆贾还从天人关系和古今关系方面论证了仁义为本的政治思想。在天人关系方面，他继承《易传》的观点，把自然界和人类社会看成一个有机联系的系统，天是生万物者，地是养万物者，人是成万物者。人类以自己的作用与天地配合，使天地生养的万物得以完成，这就排除了天意对人事的决定权，而突出了人类社会特有的自觉能动性。而仁义是贯穿于自然界和人类社会的基本原则，这就给自然界加上了道德属性，又把自然法则说成社会法则的依据，还进一步认为政治可以影响自然，为后来董仲舒的天人感应做了铺垫。关于古今关系，陆贾认为"古今同纲纪"，这万世不易的"纲纪"就是仁义。但他认为在坚持仁义的原则下，治国的具体办法应当"因世而权行"(《新语·明诚》)，"权行"就是依据古今时世不同而变通，以求与今世实际相符合。

陆贾是汉初对儒法思想进行整合的一个重要思想家，他站在儒家立场上，以儒为主，兼容法家，提出的主张是文武并用，德刑相济，而以德为主。他在向刘邦解释"马上"得天下不可以"马上"治之的道理时，提出了效法商汤、周武的"逆取"、"顺守"，"文武并用"的建议。陆贾讲"文武并用"，这就是不能像秦那样专任刑罚，而要注意讲求"德治"，实行"仁义"："治以道德为上，行以仁义为本"(《新语·本行》),同时还要重视法治的作用,认为国君应"进退循法,动作合度"(《新语·思务》),"举措动作不可失法则"(《新语·无为》),在法律方面要做到"执一统物",即"执一政以绳百姓,持一概以等万民"(《新语·怀虑》)。还强调"立法不明还自伤",要立法严明。这些观点,与先秦法家的传统观点并无二致。不过,在陆贾的思想中,德与刑不是同等的,他强调德不厌重,刑不厌轻,"故设刑者不厌轻,为德者不厌重,行罚者不患薄,布赏者不患厚,所以亲近而致远也"。(《新语·至德》)

贾谊,洛阳人,汉初政治家、思想家。少有才学,思想敏锐,意气风发,但在朝廷上陷于群小的嫉恨之中,渐受排斥,后贬为长沙王梁王太傅。郁郁不得志中抱恨早亡,年仅33岁。贾谊论著经后人整理,汇成《新书》十卷。其中《过秦论》、《治安策》、《论积贮疏》等乃千古名篇,影响极大。《汉书·艺文志》将其列于杂家,说明他思想兼容并包的倾向。他与杂家的不同之处在于不是单纯地在思想上杂糅,而是针对现实,反思历史,着眼于解决所面临的重大社会政治问题。

贾谊也是从反思秦王朝速亡的教训来提出其以仁义守天下的政治主张的,他认为秦之速亡,就在于取得政权以后仍然以法治诈力为统治的指导思想和方法,而没有改弦更张。"秦以区区之地,致万乘之势,序八州而朝同列,百有余年矣。然后以六合为家,崤函为宫,一夫作难而七庙堕,身死人手,为天下笑者,何也?仁心不施,而攻守之势异也。"(《新书·过秦论》)秦曾经那么不可一世,但很快在农民起义的烈火中土崩瓦解,其原因就是不施仁心,行仁政。他对社会现实有深沉的感受,在批判和反思秦王朝"有为"之过的同时,也对现实抱着批判态度,批评"无为苟简"的黄老政治,这说明他思想比陆贾深化了一步。

贾谊还从"民本"的角度论证"仁义"的必要性。他说,政治经验告诉人们,君离不开民,安危取决于民,存亡取决于民,成败取决于民,力量来自于民。因此,民是国家政治的根本,"闻之于政也,民无不为本也。君以国以为本,君主为本,吏以为本。故国以民为安危,君以民威侮,吏以民为贵贱。此之谓民无不为本也。"(《新书·大政上》)

贾谊激烈批评了"无为"思想,与陆贾的主张不同。他认为秦之所以灭亡,主要的原因不仅在于苛政,而且在于"失礼",即没有推行礼制。因此要采取的治国方针就不是"无为",而是"有为"——建立和推行礼制。贾谊还指出当时存在着一系列社会问题和政治问题需要用积极有为的办法解决,如匈奴的侵扰,同姓诸王的跋扈,社会贫富的分化等,都需要采取"有为"的办法才能解决。

贾谊对儒法思想进行整合最突出的是沿着荀子的路子,主张礼法并用,德主刑辅,并在理论上比荀子把握得更准确。详析贾谊思想,其基本仍不出儒学范围。在对儒学的继承中,贾谊很重视礼在治国中的重要地位,认为国家之治须以礼义为先。但他绝不否认法的作用,而是认为礼法必须结合。贾谊这里所谓的"法",显然是指刑法。所以,以礼为先,礼法结合,其实提倡的就是儒家一贯坚持的"德主刑辅"思想。他说:"夫礼者,禁于将然之前;而法者,禁于已然之后。是故法之所用易见,而礼之所为生难知也。"(《汉书·贾谊传》)认为礼与法作用的时间不同,功用也不同,礼重于教化,促人向善,防患于未然。法重在惩治,令人畏缩,罪人于已然。礼与法相辅相成,各有各的功用,二者缺一不可,在治国过程中只有二者结合,其政才能"坚如金石"。

陆贾和贾谊注重现实,偏重政论,从总结秦王朝灭亡的教训和汉初面临的各种社会矛盾入手,而韩婴则偏重于学术,主要是借对儒家经典的诠释而表达自己的观点,可以从学术角度来了解他对儒学在汉代的新发展。他的著作流传至今的是《韩诗外传》。

像陆贾、贾谊和汉初其他学者一样,韩婴也是从反思秦的败亡入手的,对秦的苛政暴刑持批判态度,总结秦速亡的根本原因是仁义不施,这没什么新意。唯在他的思想中也有礼法结合、王霸兼用的思想,值得注意。

他提出要吸取秦不讲礼义,天下大乱导致败亡的教训,强调礼义对治理国家的至关重要意义。"礼义不加乎国家则功名不白。故人之命在天,国之命在礼。"(同上书卷1)认为"礼义"是国家安危存亡之所系。在强调礼义治国的同时,韩婴也重视法家的法治思想。他说:"修礼以齐朝,正法以齐官"(同上书卷3),认为"法则度量正乎官,忠信爱利刑乎下",这样,百姓"爱之如父母,畏之如神明"(同上),才能达到治国安民的目的。《韩诗外传》卷3引孔子的话:"昔者,先王使民以礼,譬之如御也,刑者,鞭策也,今犹无辔衔而鞭策以御也,欲马之进,则策其后,欲马之退,则策其前,御者以劳,而马亦多伤矣。今犹此也,上忧劳而民多罹刑。"这里,把礼比作辔衔,刑比作鞭策。认为二者像御马一样,同是治国必须采取的手段,应结合使用,不可偏废。又,《册府元龟》中引《韩诗外传》佚文:问"何以治国?"孔子曰"以德以法。"这主张即非孔子,亦当为韩婴的观点。

六、黄老道家与儒法

汉初思想家总结了秦迅速灭亡的经验,统治者也注意吸取秦亡的教训,一度采取了"清静无为,与民休息"的政策。与这样的政策相照应,统治阶层和一些学者重视黄老之学,以之为统治思想。黄老之学形成于战国,应用于汉初,有学者称之为新道家,一般称为"黄老道家"。其思想基础是道家,思想主体是法家,又兼采儒、墨、名等家的思想观念,在中国政治思想史上有特殊的贡献。

在汉初思想整合过程中,黄老道家与儒的关系司马迁曾有一个概括:"世之学老子者,则绌儒学,儒学亦绌老子。道不同,不相为谋。"(《史记·老子韩非列传》)儒道互绌大致有三种倾向:汉初几位皇后、太后、宰相主张以道绌儒,陆贾等人主张儒道兼综,贾谊等主张以儒绌道。刘邦之后吕后、文帝、惠帝、窦太后、景帝,宰相萧何、曹参、陈平等,都崇奉黄老之学,主张"清静无为",并不同程度地排斥儒家。但建汉以后,儒学思潮也在逐渐抬头,博士公申培、辕固生影响到一批朝臣,赵绾、王臧等推崇儒学,贬斥道家。

儒道两家"道不同,不相为谋",不免发生冲突。辕固生曾因"受命"、"放杀"问题与道家黄生争论于景帝前,辕又因评价《老子》书,直接冲撞窦太后,被罚入圈刺猪,差点丢掉性命。武帝即位,好任用儒生,赵绾、王臧依周礼奏请"立明堂事",触怒太皇太后窦氏,尽下官,皆自杀。这些冲突,说明儒道互绌的剧烈性。这主要是在政治层面。在思想层面则是另外一个样子,前面已经说到的陆贾、贾谊、韩婴都在不同程度上有以儒为主,兼容道家的倾向,反映了思想家对思想有意识进行整合的倾向。

至于道法关系,黄老道家本身就是以道法为基本思想兼容别家的,在历史上与法家原本就有密切的关系,法家的许多代表人物最初都不同程度接受过黄老之学,如慎到早年曾学"黄老道德之术",申不害是"本于黄老而主刑名",韩非也"喜刑名法术之学,而其本归于黄老"(《史记·老子韩非列传》)。从汉初黄老思想本身来说,有清静无为的一面,也有在政治方面积极、有为、进取的一面;有宽容、兼收并蓄的一面,也有严酷的另一面。这两方面都是重要的,缺少一方面,就不是汉初的黄老思想,但更重要的无疑是要注意它的法治精神的一面。所以,在这个意义上,汉初黄老道家与法家在思想方面是水乳交融的。

不过,从汉代的宏观政治状况来看,黄老政治主要是一种政策,而实际上在政治,尤其是法律制度上,基本上是"汉承秦制"。关于"汉承秦制"、"汉袭秦法"之类的说法在《史记》、《汉书》中屡见不鲜。所谓"汉承秦制"主要是指汉代基本上沿袭了秦代的许多制度。秦朝以法家思想为指导,在中国历史上第一次建立了中央集权的、专制主义的、统治到社会基层、严格约束到每一个家庭和每一个人的政治统治。这就是后人经常所说的"秦制"。而汉朝,基本沿袭了这一整套制度,汉初七十年法律、制度多依秦旧制,例如萧何定律,而夷三族、妖言令、挟书律等都存在。因此,"汉承秦制",主要就是指的这种政治——法律制度上的继承。

七、董仲舒的思想整合

汉初经过六十多年的经济恢复和发展，到汉武帝时，国力已相当强盛，为他在政治上、军事上的作为提供了雄厚的物质基础。但与此同时，国内外的各种矛盾也日益尖锐复杂起来，再加上汉武帝的进取有为、好大喜功的性格，就使得黄老思想满足不了社会政治发展的需要，不再适合统治者的口味，这就为儒学走上政治舞台提供了机遇。董仲舒在前人的基础上抓住了这一历史机遇，经过思想整合，构建了汉代新儒学的思想体系。

董仲舒，广川（今河北枣强）人。少治《春秋》，后成为公羊学派大师。汉景帝时任博士，武帝继位，举贤良文学，董仲舒对以"天人三策"，提出了建立大一统的封建专制政权的意识形态的建议，对汉代采取"罢黜百家，独尊儒术"思想文化政策起了关键性的作用。董仲舒从反思秦政入手，认为汉兴以来，由于统治者在主观指导思想上采用黄老思想，以因循为务，在实际操作上沿用秦政，造成在政治、法律制度方面几乎承袭了秦的所有弊病，"汉得天下以来，常欲善治而至今不可善治者，失之于当更化而不更化也"。（《汉书·食货志》）所以必须"更化"，即改制。董仲舒提出的"更化"是在陆贾、贾谊反思秦政、批判现实的基础上，进一步反思周秦，批判黄老政治和"汉承秦制"所造成的后果，乃至批评汉武帝仍然任狱吏、重刑罚的政策，重申上古王道理想，提出用新儒学的德治和礼教取代黄老政治。这一思想与汉武帝不谋而合，于是就得到汉武帝的重视。

在提出"更化"的主张以后，董仲舒对秦汉政治思想的整合就由此沿三个方面展开：

一是在"更化"的历史要求下重申上古以来的王道政治，并结合春秋战国王霸之辩的理论成果，完成王霸结合的总体治国模式。他是通过阐述《春秋》公羊学的"微言大义"来建立其王道理论，然后再结合霸道的，终极模式——王霸结合，以王道为主，统摄霸道。

二是在"更化"的口号下，强调西周以来的德治思想，并结合西周政治文化模式以及儒法在春秋战国时期德刑、礼法之争辩的理论成果，完成德刑兼用，德主刑辅的主体治国方案。董仲舒认为《春秋》王道有其精神实质，这就是仁义之道，或叫德治精神。他在《王道》中描绘了理想的王道政治图景，具体地阐述了王道的内涵，其中包括爱民、教民、富民、修文德来远和尊祖祭祀等多方面内容。但在强调道德教化的同时，他并没有否定刑罚的作用，只是将刑罚置于次要和从属的地位，不可专而任之。"刑之不可任以成世也，犹阴不可任以成岁也"，否则谓之"逆天，非王道也"（《春秋繁露·阳尊阴卑》）。不过，他认为必须以德教为主，刑罚为辅。只是实行的次序上，首先必须实行德教，其次才是刑罚，即所谓"前德而后刑"或"先教而后诛":"天以阴为权,以阳为经;阳出而南,阴出而北;经用于盛,权用于末;以此见天之显经隐权,前德而后刑也"(同上)。

三是以《春秋》为基本思想材料,在政治实践上提出引礼入法(制)、礼法并用,以礼主法的思路,使儒学从理论形态迈向实践领域,为秦汉政治思想整合迈出了最关键的一步。董仲舒的《春秋》决狱就是汉儒引礼入法,以礼对法律施加影响的高峰,对汉代儒学的法律化,法律的儒学化。《春秋》贯彻着"尊尊""亲亲"的礼制精神,包含遏止礼崩乐坏,维护"君君、臣臣、父父、子子"的宗法等级秩序的微言大义。在文字上,《春秋》言简意晦,很便于随意引申附会,因而受到董仲舒等的大力推崇,认为可以用《春秋》的经义解释法律和指导司法实践,以符合强化封建统治的需要。

为了论证他的政治思想,董仲舒提出了以"天人合一"为哲学理论,"天人感应"为神学形式的天人关系理论。在董氏这里,天的含义既有神学意义上的,这就是一般常引用的诸如"天者,百神之大君也。"(《春秋繁露·郊义》)"天者,群物之祖也,故遍覆包涵而无所殊,建日月风雨以和之,经阴阳寒暑而以成之。"(《汉书·董仲舒传》)又有哲学意义上的,如他说:"天地之气,合而为一,分为阴阳,判为四时,列为五行。"(《春秋繁露·五行相生》)"天地阴阳木火土金水九,与人而十者,天之数毕也。"(《春秋繁露·天地阴阳》)在这个基础上,他一方面总结和发展了传统的"天人感应"学说,更为系统地论述了"天人感应"的相关问题。他的基本思想是:天人之间存在着一种神秘的联系,天主宰人事,人的行为也能感动天。自然界的灾异和祥瑞表示着对人的谴责和嘉奖,人的行为(主要指帝王的行为、措施和宗教仪式)能够使天改变原来的安排。恢复宗教性的神灵之天是其"天人感应"思想的主旨,他继承商周以来传统的天命论,说"唯天子受命于天,天下受命于天子"(《春秋繁露·为人者天》),重新论证"君权神授"说。他揭示出"天人感应"的基本原理是"同类相应"。这一思想古已有之,董氏进行了新的论证,认为"物之以类动者也,其动以声而无形"(《春秋繁露·同类相动》),乐器是通过无形的声音产生共鸣,天与人是通过无形的气产生感应的。但是,这些"天人感应"的神学思想是建立在当时的自然科学和哲学发展的基础上的,只是一种粗浅的神学形式,并不是其思想的本质。

董仲舒思想的本质内核是提出"天人合一"的命题:"天亦有喜怒之气,哀乐之心,与人相副。以类合之,天人一也。"(《春秋繁露·阴阳义》)又指出:"事各顺于名,名各顺于天。天人之际,合而为一。"(《春秋繁露·深察名号》)对这个命题的论证,是建立在当时自然科学的基础之上的。董仲舒对自然现象进行了长期的观察和思考,善于运用各种自然科学的成果来探讨哲学问题,如他说"天地之间,有阴阳之气,常渐人者,若水常渐鱼也……"(《春秋繁露·天地阴阳》)用阴阳之气浸人如同水浸鱼来说明人是如何通过气与天合一的。他列举了当时还无法解决的十大科学难题来说明有许多自然现象是"非人所意也",人必须对它们抱着敬畏的态度。为了论证这个命题,董仲舒把"天"与"人"之间从外在形貌到内在性情都进行了一番奇特的比较,经过一种"逻辑推衍"就得出结论说两者是完全一致的。他认为人是天的副本或缩影,人的形体和性情都来源于天,与天相类似。在形体方面,天有四时,人有四肢,天有五行,人有五脏,天圆地方人头圆足方等,在性情方面天有四季之气,而四季之气表现着天喜怒哀乐。春气喜,夏气乐,秋气严,冬气哀。人得春气因而博爱容众,得夏气因而盛养乐生,得秋气因而能立严成功,得冬气因而哀死悲痛等。

  董仲舒讲"天人合一"、"天人感应"的目的也是双重的:一方面说皇帝代表天意,要人们服从皇帝,这就是所谓"君权神授";另一方面要皇帝尊天保民,不要胡作非为,这就是所谓"神道设教"。这两方面的意义,在其以下两句话中得到充分的体现:"屈民而伸君,屈君而神天。"(《春秋繁露·玉杯》)

  董仲舒政治思想是依据他的人性论,并与其伦理思想密切配合的。董仲舒认为人心也包含两个成分:性、情。他有时取广义,有时取狭义。就狭义说,性与情分开而且相对;就广义说,性包括情。在广义上,董仲舒有时候以性为"质","性者,质也。"(《深察名号》)人的这种质,包括性(狭义)和情。由性而有仁,由情而有贪。狭义的性,相当于天的阳;情相当于天的阴。(《深察名号》)董仲舒还把人性分成三等:"圣人之性"、"斗筲之性"和"中民之性"。认为"圣人之性"是先天至善的,不必教化;"斗筲之性"是先天恶的,不可教化;所以两者都不是研究的主要对象。大多数人属于所谓"中民之性":既不是至善,也不是至恶,而是"有善质,而未能善"(《春秋繁露·深察名号》)"有善质"因而可以通过教化使之向善;"未能善"因而必须进行教育才能使之向善。他还比喻"性"与"善"的关系为禾与米,米出禾中,但禾并不是米,必须经过加工才能成米;同样的道理,民"性"要臻于"善"也有待于教化。董仲舒因此强调人为和教化的作用,只有教化才使人与天、地同等。在这方面,他接近荀子,但又和荀子不同。不同之处在于:他不认为人的质已经是恶的。善是性的继续,不是性的逆转。董仲舒以为教化是性的继续,这一点他又接近孟子。他写道:"或曰:性有善端,心有善质,尚安非善?应之曰:非也。茧有丝而茧非丝也,卵有雏而卵非雏也,比类率然,有何疑焉?"(《深察名号》)这一问题的提出,又代表了孟子的观点。可见,他是在整合孟荀。

  在"天人感应"学说的基础上把阴阳五行伦理化是其伦理思想的特点。他说"阳气仁而阴气戾","恶之属尽为阴,善之属尽为阳"(《春秋繁露·王道通三》),断定阴阳之间的关系是"阳尊阴卑"、"阳贵阴贱",由此提出"王道之三纲,可求于天"(《春秋繁露·基义》)的命题,认为君臣是天地关系,夫妇是阴阳关系,父子是四季关系,而天地和四季关系实际上也是阴阳关系,所以他又说:"君臣、父子、夫妇之义,皆取诸阴阳之道。君为阳,臣为阴;父为阳,子为阴;夫为阳,妻为阴。"(同上)这样就把阴阳二气伦理化为永恒不变的"三纲"。"三纲"的中心要求是把孝和忠绝对化。因此,董仲舒还用五行相生关系论证孝和忠是"天之经,地之义"(《春秋繁露·五行对》),认为子为父尽孝,臣为君尽忠皆取法于土,五行中以土为贵。

第五章 秦汉的思想学术（下）

八、"罢黜百家，独尊儒术"与汉家制度

学术界几乎形成定论的是汉武帝采纳赵绾、田蚡、董仲舒的建议，在文化政策上实行了"罢黜百家，独尊儒术"的文化专制主义，使儒学取得了"定于一尊"的显赫地位，成为汉代文化思潮的主流，政治、思想、文化领域于是都成为儒家经典的一统天下，再也没有其他各家思想的活动了。近年来，有学者对这些观点提出了质疑。我的初步看法是：应该把文化政策与文化发展的实际状况分别开来进行探讨。从汉代思想文化发展的大势看，汉初统治者为了寻求长治久安之策，确实是经过了长期的探索，先运用黄老道家清静无为的政策，同时又在实际上汉承秦制，在制度法律方面有连贯性，到汉武帝才经过艰难的斗争重用儒家。在统一的王朝之中，这无疑是主导性的，对汉代文化的方向有决定意义的。但是，与此同时，各家各派也都在调整自己的学术理路，以求在适应变化了的政治需要的同时争取把自己的思想纳入政治实践。汉儒在与黄老和法家的竞争过程中，一方面使先秦理想化的儒学变成了仁义之术，以适应政治实际；另一方面，也吸取了道家、法家、名家、墨家的许多思想成果，特别是越过春秋战国，上朔到三代，通过诠释古代文化典籍使自己的思想获得了丰富的文化滋养，所以汉代儒学就逐渐地取得了别的学派没有的优势，引起汉武帝的逐渐重视，许多思想也被汉武帝逐渐采纳。但是，应该看到，在汉代，所谓"罢黜"、"独尊"也确实没有后人所想象的那么绝对。事实上，汉代思想文化一直是大一统政治下多元融合的，"百家"并没有被完全"罢黜"，不活动了；儒学被官方重视，却也没有达到绝对的"独尊"。如果真是那样的专制，那么的黑暗，大汉文明的赫赫声势就有点不可理解了。

史载元帝刘奭"柔仁好儒"，见宣帝所用多文法吏，以刑名绳下，便提出建议"宜用儒生"。宣帝闻之遂斥之曰："汉家自有制度，本以霸王道杂之，奈何纯任德教，用周政乎？"（《汉书·元帝纪》）宣帝上述一番话，是对秦汉政治文化整合的最精辟的总结和概括。如何理解"霸王道杂之"？自这个论断提出以来，学者多有诠释。我认为，这里最主要说了两大意思：一是王霸结合，即代表儒法结合，由此延伸是礼法并用、德刑兼备。其中王霸结合是整体的概括，礼法并用、德刑兼备是其不同侧面的展开和延伸。它们之间的关系是：王与霸、礼与法、德

与刑是双双对应的,相反相成,结构为一体,而王霸是涵盖礼法、德刑的。言王霸可以指礼法,也可以指德刑,当然可以指代自己;言礼法或德刑,在特定情况下,也可指代王霸。这种结合可以表达为政治指导思想与法律制度的结合,道德伦理与法律的结合,理论与实践的结合,政治家与思想家的结合等等。二是在王霸结合为主的前提下或确立王霸结合这个多面体之后再对道、墨、名、阴阳等凡是符合巩固、完善封建大一统帝国政治秩序和长治久安的所有学术思想"杂"而采之,兼而用之。这一政治文化模式,虽然只是从政治文化的角度而言的,却也说明了汉代思想文化一统多元的特征,可以加深我们对这个问题的理解。

从汉武帝时开始确立的"霸王道杂之"的"汉家制度"可以说是一种行之有效的治国方式,而且始终为后世所称颂和遵循。自汉以后,中国古代各王朝的统治者都不同程度地借鉴"汉家制度"的经验教训,以强化其统治。

九、谶纬思潮

两汉之际的社会动荡不安,谶纬思潮就是在这个时候产生的。"谶"也叫谶语、谶记或符命,是一种预言吉凶的隐语,往往来为朝代的兴亡和所谓真命天子出世等进行牵强附会的预言。"谶"的起源很早,在秦朝便有记载,如《史记·秦始皇本纪》即有"亡秦者,胡也","今年祖龙死"等谶语,两汉之际普遍流行起来,经王莽、刘秀极力提倡,成为一种暂时占统治地位的思潮,学者争谈之。为了提高谶言的权威性,世人利用孔子圣人和儒家的经书,来附会谶言。如有的谶记载:"孔子将死,遗谶书曰:'不知何一男子,自谓秦始皇,上我之堂,踞我之床,颠倒我衣裳,至沙丘而亡。'"(王充《论衡·实知篇》引)附会于《春秋经》的有《春秋谶》,附会于《诗经》的有《诗谶》等等。

"纬"是针对经而言的,经原指织布的纵线,纬指织布的横线。儒家典籍乃先秦流传下来的历史文献,汉代始称为经,历历在目,难以作伪,只有另编新书,称为"纬书",是用宗教性的语言来解释六经和神化孔子,借用神秘的力量来影响现实和预示未来的吉凶祸福。"六经"都有纬书,《易纬》、《诗纬》、《书纬》、《礼纬》、《乐纬》、《春秋纬》,又各有几种至几十种。《孝经》也有《孝经纬》数种。如《春秋纬》的《演孔图》说,孔母在梦中与黑帝交而孕,孔子成了黑帝的儿子,故称"玄圣"。

由于"谶"、"纬"于汉代合流并形成"谶纬"思潮以后,纬书及其他一些宣扬符命的"图谶"往往被连文合称为"谶纬",于是后世人们便多不加分析地将"谶"与"纬"相提并论,甚至有人认为两者异名实同。实际上,"谶"与"纬"虽有联系,但更有区别。两者无论在属性、内容上,还是在产生、流传的时间上都有区别,亦即两者是在内涵和外延上都不完全相同的两个概念。从外延上看,两者产生、流传的时代不同。"纬"是汉代将儒家经典独尊为经以后才产生的,而在此之前"谶"早已产生了。魏晋南北朝以后,"纬"被禁绝,但"谶"(谶言)还在继续产生和流传。显然,这些在"纬"出现之前产生的"谶"(谶言)和"纬"被禁绝之后出现的"谶"(谶言)都不得称为"纬"。此外,在"纬"盛行的两汉时期也产生流传过一些与"纬"无关的"谶"(谶言),亦即纬书之外的"谶"(谶言),这些与"纬"无关的"谶"(谶言)也不能称为"纬"。从内涵上看,首先,两者与儒家经义的关系不同。"纬"是解释经义的,必须依经而行,或依托儒家尊奉的古圣先贤而编作;而"谶"(谶言)却不必依傍儒家经典。其次,二者的内容不同。"纬"的内容十分庞杂,举凡天官星历、灾异符命、典章制度、神仙方术、风土人情、文字训诂等等无所不包。而"谶"的内容比较单一,只不过是假托神意,以语言文字或其他形式对社会人事的未来进程所作出的先兆式预示(特指"纬"书或"谶纬"思潮的"谶"则另当别论)。(丁鼎、薛立芳:《试论"谶"与"纬"的区别——兼与钟肇鹏先生商榷》,《上海师范大学学报》(哲社版)2004年第2期)

  谶纬的内容有的解经,有的述史,有的论天文、历数、地理,更多的则是宣扬神灵怪异,其总的思想属于阴阳五行体系。这些内容,除包含一部分有用的自然科学知识和古史传说以外,绝大部分都是荒诞不经的迷信妄语,极便于人们引用来穿凿附会,作任意的解释。

  谶纬于西汉末年兴起后,至东汉便盛极一时,对当时的学术思想和政治观念都产生了重大而深远的影响,以致形成了一股强大的社会思潮。早期的谶纬文献有依附《河图》、《洛书》立名者,后来多依附六经与《孝经》立名。名目繁多,有经谶、纬、传记、章句、图书等。但到东汉以后,人们开始分别《河图》、《洛书》与《七经纬》。至《隋志》,遂严分谶纬文献为《河图》、《洛书》类、《七经纬》类、《论语谶》与《杂谶》类,以《河图》、《洛书》为六经的先天形式,《七经纬》是孔子推衍的圣人之道,《论语谶》、《杂谶》记载孔子等圣贤对天道的阐述。谶纬思潮对两汉时期的政治观念和学术思想都产生了重要而深远的影响。谶纬的流行,今文经的谶纬化,使经学的内容更为空疏荒诞,所以一些较有见识的士人如桓谭、尹敏、郑兴、张衡等,都表示反对谶纬。

  关于经学与谶纬的关系,从学术史看,谶纬是汉唐经学的组成部分,因此与宋明儒学之间存在着紧张的关系。宋明理学在摒弃汉唐经学的同时,对谶纬做出了学理上的重大摧毁,使得谶纬思想成了知识的碎片,失去活力。而清代汉学兴起,对谶纬进行了大量的辑佚工作,开始整理谶纬的文献面貌与思想源流,继之而起的经文学派又试图复活谶纬的思想精神。从基本内容方面看,钟

肇鹏先生在《谶纬论略》(辽宁教育出版社,1997年)一书的前言中进行了比较:

经学	谶纬
1. 古代历史文献	1. 编造和杂糅古代的神话和传说
2. 孔子编辑整理的教科书	2. 方士化儒生编造的神学秘典
3. 孔子为导师圣人	3. 孔子不仅是圣而且是神
4. 不语怪力乱神,不知则缺	4. 记神话离奇怪诞之说,无所不知,无所不晓
5. 语言明晰,以历史为根据和借鉴	5. 诡为隐语,预示当前及未来的吉凶祸福
6. 经者正也,七经为儒学正宗思想	6. 纬以附经,七纬为儒教神学异端
7. 经为史学哲学	7. 谶纬为神学宗教

十、《白虎通》

自武帝立五经博士至章帝时已有二百年,其间经学得到充分发展,但又陷入章句之学的繁言碎辞,障碍了经学更好地发挥统治思想的作用。同时,今、古文经学内部以及正统经学与谶纬神学之间矛盾重重,派别纷争不可收拾。为了解决这个问题,东汉章帝建初四年(公元79年)举行了一次讨论经义的会议,制订朝廷对经书的统一解释,称为白虎观会议。会后,班固奉命将记录整理编辑成书,即《白虎通》,又叫《白虎通义》、《白虎通德论》。

这是一部名副其实的经学通义,不像一般经学著作那样解释个别经书的章句,而是就经学涉及的重要问题作理论性的说明。全书分四十三个篇目,内容包含封建时代社会生活、政治制度、思想文化各个方面,都从儒学经典出发作出了扼要解说。《白虎通义》有一定的学术价值。全书共汇集43条名词解释,内容涉及社会、礼仪、风习、国家制度、伦理道德等各个方面。其中有很多条目汇集了不同的学术观点,有些条目还并列了不同甚至相反的观点,如"王者不臣"条、"王霸"条等,对有关解释都存而不决,以供人们参考。《白虎通》与一般经学著作的另外不同之处在于,它是由朝廷群臣讨论,由皇帝钦定的解释,代表封建统治阶级的意志,一定程度上起着制度的作用。

《白虎通》主要突出了"三纲五常",特别是所谓"君臣父子之义"。《三纲六记》篇引《礼纬·含文嘉》说:"君为臣纲,父为子纲,夫为妻纲。"又说:"何为纲纪?纲者张也,纪者理也,大者为纲,小者为纪,所以纲纪上下,整齐人道也。"陈寅恪先生在五四新文化运动期间曾说中国文化的精髓在三纲五常,结果被攻击为保守派。其实,陈寅恪就是以汉代《白虎通》的标准来解释三纲五常的。五四新派人物主张彻底打倒传统文化,全盘西化。陈寅恪却希冀从传统文化中提炼出值得继承发扬的精华,加以现代化的转型。按《白虎通》的原意,"纲"字是榜样、表率的意思,认为凡是为人君、为人父、为人夫者,要为臣、子、妻作表率做榜样,以身作则,来保证人道的平安。谚语云:"上梁不正下梁歪",就从反面道破三纲的真义。当然,秦汉以降,三纲的本意被统治者扭曲,为人君父者,往往自己专横放纵,而反责臣子以忠孝;为人夫者,往往自己奸盗邪淫,而反责其妻以贞节。如果为君者,能够先尽君道,就可以成为群僚的表率。如果为父者,能够先尽父道,就足以为子女的模范型。如果为夫者,能够先尽夫道,就足以为妻室发敬仰。这样,"纲举目张","上行下效",一切善良政治,美好风俗,就会由此而生,社会就会不断走向文明。

三纲六纪从社会关系的角度讲也是具有永久的价值的。社会是由人组成的,人不是孤立的存在物,每个人都处于一定的社会关系之中。依照《白虎通》的看法,这种社会关系主要是君臣、父子、夫妇关系(三纲)和诸父、兄弟、族人、诸舅、师长、朋友关系(六纪)。错综复杂的社会关系犹如罗网,而君臣、父子、夫妇关系则是罗网之纲,抓住了这三种关系就抓住了基本关系。至于"六纪",他们之间的关系是"敬诸父兄,……诸舅有义,族人有序,昆弟有亲,师长有尊,朋友有旧。"(同上)这就通过六个方面确定了封建社会纵横上下的各种关系的内容。

为了维护君权、父权,《白虎通》十分重视仁、义、礼、智、信五种伦理规范,称之为"五常"。它认为:"五常"为人性所固有,所以又称之为"五性"。"五常"以礼为中心,礼被认为是"阴阳之际,百事之会"(《白虎通·礼乐》),对待天地、鬼神、人事都要以礼为准则。仁被看做依礼行事的等级名分标准,智被看做对礼的正确理解,信被看做依礼行事的忠诚专一。《白虎通》提出"《乐》仁、《书》义、《礼》礼、《易》智、《诗》信"(《白虎通·五经》)的看法,认为五经的实质就是以五常之道进行教化。五刑则是"五常之鞭策"(《白虎通·五刑》),作用是配合教化以推行五常之道。五常得以推行,则君权、父权得以巩固,社会的贵贱、亲疏、长幼关系不会紊乱,王道社会的理想就可实现了。

《白虎通》的主导思想是抬高和巩固中央集权,它主要通过天命、制度、礼仪诸方面的解释来确定君权的至高无上。书中说:"天子者,爵称也。爵所以称天子何?王者父天母地,为天之子也。"(《白虎通·爵》)天子的这个爵位与其他爵位不同,它不是人给予的,而是天给予的。其他爵位的职责是事人,而天子的职责是事天。为了抬高君权,在阐述"五行"的关系时,《白虎通》特别突出了"土居中央"的观点,把土说成是一切物质元素中最根本的元素和社会组织中的最高主宰,完全是根据董仲舒的神学目的论来论证君主的地位的。《白虎通》还把天地日月五星的运转,解释为是依据君臣之义有目的的安排的,如说:"天左旋,日月五行右行何?日月五星比天为阴,故右行,右行者犹臣对君也"。

在宇宙观上,《白虎通》继承和发展了纬书和董仲舒的宇宙生成论,它说:"万物怀任交易,变化始起。先有太初,然后有太始,形兆既成,名曰太素。混沌相连,视之不见,听之不闻。"(《天地》)《白虎通》还引用《易纬·乾凿度》"太初者,气之始也"解释这个观点,可见,这同样以气的开始叫做太初。太初之前,气不存在,实质上也就是认为由无生出太始。发展到太素阶段,仍旧是不能闻见的混沌姿态。关于混沌以后的状况,《白虎通》叙述说:"然后剖判,清浊既分,精曜出布,庶物施生,精者为三光,为五行。"(同上)太素混沌状态分裂以后,就生成日、月、星三光和金、木、水、火、土五行。这就是说,世界的起源是由太初(气)到太始(形),再到太素(质),经过这三个阶段才形成天地。单看这些文字,天与地都是物质的实体,但纵观《白虎通》的整个思想,这种自然物质之天又是从属于道德之天的,如天地运行的规律,日月星辰的运行及关系,都不由其自身规律所决定,而是由伦理道德关系和目的决定的,最终它是从属于一种神灵之天的。在这个宇宙生成论的具体过程上,《白虎通》不同于《易纬》,《易纬》以八卦为主,而《白虎通》却直接继承了董仲舒的理论,以五行为主。

在对五行之间相互关系的解释上,《白虎通》直接继承董仲舒的观点,主要以社会伦理关系来进行解释,肯定五行的运行及其关系具有伦理的性质和道德的目的。《白虎通》对水胜火说:"火,阳君之象也;水,阴臣之义也。臣所以胜君者何?此谓无道之君,故为众阴所害,犹纣王也。"(《五行》)

《白虎通》作为东汉王朝对经义的官方解释是完成了,但统一思想的任务并没有完成,以后仍然是"每有策试,辄兴争讼,议论纷错,互相是非"(《后汉书·徐防传》)。直到兼通诸家的马融、郑玄遍注群经,才真正把经学统一起来。原因便在于《白虎通》的统一是政治化的、外在的,而马、郑则是学术化的、内在的统一。

《白虎通》问世以来,产生了很大的影响。由于它是由皇帝亲自钦定的,内容又包罗万象,在政治、思想、伦理等各个方面,都为人们规定了行为规范。《白虎通》用阴阳五行来普遍地具体地解释世界的一切事物,大者如"三纲五常",小者如婚丧嫁娶、日常生活现象,都可以用阴阳五行说去说明,使阴阳五行成了人们认识与解释世界的万能的"金钥匙",成为一种思维模式和定式,这对学术的更新、思想的解放显然是有消极作用的。

十一、司马迁的学术思想

司马迁(公元前145—公元前87~?年),西汉史学家,文学家。字子长,左冯翊夏阳(今陕西韩城西南)人。生于汉景帝中元五年(公元前145),一说生于汉武帝建元六年(公元前135),卒年不可考。生于史官世家,祖先自周代起就任王室太史,掌管文史星卜。父亲司马谈在武帝即位后,任太史令达三十年之久。司马谈博学,精通天文、《易》学和黄老之学。司马迁十岁起诵读古文,并接受其父的启蒙教育。渊源久长的家学对他后来治学道路有深刻的影响。后随父去长安,向当时著名经学大师孔安国、董仲舒学习《古文尚书》和《春秋》。十九岁为补博士子弟。二十岁随博士褚太等六人循行天下,开始了他的游历生活。壮游使他开阔了眼界,增长了知识。回到长安后,武帝让他带着皇帝的命令出使巴蜀,到达今天昆明一带大西南地区。太初元年(公元前104),与唐都、落下闳等共订《太初历》,以代替由秦沿袭下来的《颛顼历》,《太初历》适应了当时社会的需要。此后,司马迁开始撰写《史记》。元封三年(公元前108),司马迁继承其父司马谈之职,任太史令。公元前99年,李陵因战败投降匈奴,李陵家族被诛。司马家与李家是世家,司马迁因为李陵仗义执言而被判死刑。为完成《史记》,自请腐刑,免死。出狱后任中书令,继续发愤著书,终于完成了《史记》的撰写。公元前87年,武帝驾崩,司马迁离开了长安,不知所终。

司马迁是西汉时代杰出的史学家和思想家,他的辉煌巨著《史记》在中国思想学术史享有崇高的声誉和地位。在中国思想史上,司马迁最大的贡献是在史学思想方面,这就是他提出史学的任务是"究天人之际,通古今之变"。

关于"究天人之际",在司马迁看来,天地万物是整齐有序的,天人关系是和谐一致的,人世也应当是这样。司马迁通过对古史的深入研究,通过对现实生活的深入观察,对当时流行的天道观神秘的一方面进行了批判。在《项羽本纪》批项羽"天亡我"之谬,在《伯夷列传》中,他以不可压抑的感情写下了这段话:"或曰:'天道无亲,常与善人',若伯夷、叔齐,可谓善人者非邪?积仁洁行如此而饿死!且七十子之徒,仲尼独荐颜回为好学,然回也屡空,糟糠不厌,而卒早夭。天之抱施善人,其何如哉?盗跖日杀不辜,肝人之肉,暴戾恣睢,聚党数千人横行天下,竟以寿终,是遵何德哉?……所谓'天道',是邪非邪?"这是很有力量的批判,用历史事实揭露了把"天道"、"天命"神秘化的做法。但他有时也是相当矛盾的,他奉命修太初历,属天官,要讲官话,其实他自己是有信有不信的。因此,他并没有绝对否定"天道",而是强调其符合自然规律的具有科学精神的一面,这与他的求实精神是相通的,如《天官书》讲了三代至汉初的兴衰与天象的关系,如"汉之兴,五星聚于东井","诸吕作乱,日蚀尽昼"等。他说:"夫阴阳、四时、八位、十二度、二十四节,各有教令,顺之者昌,逆之不死则者亡,未必然也,故曰使人拘而多畏。夫春生夏长,秋收冬藏,此天道之大经也,弗顺则无

以为天下纲纪,故曰四时之大顺不可失也。"(《太史公自序》)

在天人关系上,司马迁与董仲舒相反,他把重心放在论证人的历史作用方面。战国以来,中国历史兴坏存亡,变化很快,司马迁着重以人在其中所起的历史作用来加以说明。他说:"秦用商君,富国强兵;楚、魏用吴起,战胜弱敌;齐威王、宣王用孙子、田忌之徒,而诸侯东面朝齐"(《孟荀列传》);项羽把自己失败归之于天意,刘邦把自己的成功归之于得人。司马迁批评了项羽的观点,赞赏了刘邦的认识,说明司马迁解释历史变化时,自觉排斥天命迷信,坚持人们自己创造历史的观点。尽管他十分重视人在历史中的主动作用,但这些又不是英雄史观。因为司马迁肯定的是各种各样的人物,各种各样的作为,特别注意人们之间的互相配合,发挥群体的力量,对项羽这样的个人英雄主义是抱着同情和批判的态度。

关于"通古今之变",司马迁是讲在史学著述中如何处理古和今的关系,以求更好地积累文化、发展传统的问题。司马迁十分重视"通古今之变"的"通"字,"通"即贯通,就是对古今之变作贯通的思考。他对三代以来的中国历史作了宏观考察,在《高祖本纪》结语中说,夏代政纲尚"忠"(质厚),但有弊病,小人撒野。于是殷代改为"敬"(严厉),又有弊病,小人捣鬼。于是周代改为"文"(多级制),又有弊病,最好再改为忠。"三王之道若循环,终而复始。"又说,"周秦之间,可谓文敝矣。秦政不改,反酷刑法,岂不缪乎?故汉兴,承敝易变,使人不倦(劳),得天统矣。"以历史发展变化作为其史学思想的前提,从变化中叙述历史是他的基本方法。他主张用不断变化和发展的观点去考察国家成败兴亡的道理。儒家多言必称三代,叹世风不古,是历史退化论。司马迁不是这样。"夫神农以前吾不知已,至若《诗》《书》所述虞夏以来,耳目欲极声色之好,口欲穷刍豢之味,身安逸乐,而心夸矜势能之荣,使俗之渐民久矣"(《史记·货殖列传》)。在《抱任少卿书》中,他阐明自己著述《史记》是为了"稽成败兴亡之理"。他肯定了吴起、商鞅变法的成就,肯定了秦统一的历史作用,"世异变,成功大"。司马迁这样的历史发展观,必然与当时以董仲舒为代表的汉儒"天不变,道亦不变"、"古之天下亦今之天下"的历史观形成对立,并在一定程度上否定了阴阳五行和超自然威力对历史的支配。

司马迁重视物质生活在历史发展过程中的作用,对于政治的成败、社会的治乱以及人们的思想意识,他都试图从经济方面去作出解释。在经济与政治的关系方面,他认为齐桓公建立霸业"依靠通轻重之权,衡山海之业"(《史记·平准书》),魏文侯强国得力于李悝的"尽地力",而兴修水利,开郑国渠,"于是关中为沃野,无凶年,秦以富强,卒并诸侯"(《史记·河渠书》)。他还认为经济决定道德观念,说:"仓廪实而知礼节,衣食足而知荣辱。礼生于有废于无。故君子富,好行其德;小人富,以适其力。渊深而鱼生之,山深而兽往之。人富而仁义附焉。富者得势益彰。"(《史记·货殖列传》)一个社会之中,人民素质的高低,是受制于该社会富裕与贫穷的程度:富裕的社会,人民讲求礼节,热心公益,贫穷的社会,人民缺乏礼让,铤而走险,社会不安。富裕社会人与人间可以以礼相待,贫穷的社会则谈不到了!这与孟子所说的"无恒产而有恒心者,唯士为能"的思想是相通的。因此,他认为追求物质利益是人们的正当要求,"'富者'人之情性,所不学而俱欲也。""天下熙熙,皆为利来;天下攘攘,皆为利往。"(同上)说明社会上各种各样的人无不追求物质利益,而正是这种求利的动机,才促进了工商各业的发展。

另外,司马迁还通过史学著述,表达了其他方面的思想,如:

《史记》一书中大力弘扬人文精神,为后代作家树立起一面光辉的旗帜。《史记》所渗透的人文精神是多方面的,主要有:以立德、立功、立言为宗旨以求青史留名的积极入世精神,忍辱含垢、历尽艰辛而百折不挠、自强不息的进取精神,舍生取义、赴汤蹈火的勇于牺牲精神,批判暴政酷刑、呼唤世间真情的人道主义精神,立志高远、义不受辱的人格自尊精神。《史记》中一系列血肉丰满的人物形象,从不同侧面集中体现了上述精神,许多人物成为后代作家仰慕和思索的对象,给他们以鼓舞和启迪。尤其是奋发进取、自强不息的精神,是司马迁最重视、最欣赏,也是记载最多的。司马迁通过历史人物兴衰成败的记载还告诉后人,一个人或一个民族,一时奋发进取,只能取得一时的成就;永远奋发进取,才能取得永远的成就。齐桓公在齐国内外交困,百废待举之际登上王位,他任用贤臣管仲辅政,发愤图强,锐意革新,终于取得了九合诸侯、一匡天下的赫赫功名,成为春秋五霸之首;可是在功成名就以后,他就开始骄傲自满,贪图享乐,远贤臣而亲小人,没有了往日那种自强不息,进取不止的精神,于是乐极生悲,不仅国内发生了动乱,而且在死后67天也没人为他安葬,以致尸体上长满了蛆虫,其下场之可悲,令人感叹不已。可见奋发进取、自强不息的精神,任何时候都不能丧失,一旦丧失了这种昂扬奋发、积极进取的精神,其事业必然由盛转衰,从此一蹶不振。一个人如此,一个国家或民族同样也不例外。我们今天的思想文化许多方面是受《史记》中故事和哲理所影响,我们做人的原则也是《史记》中人物行为教会我们的。

《史记》中"发愤以抒情"的文学思想。在《史记·屈原列传》中,司马迁发挥了屈原《九章·惜诵》中所反映的"发愤以抒情"的文学思想,明确指出:"屈平之作《离骚》,盖自怨生也。"他还进一步把《楚辞》产生于"怨愤"的思想推广开来解释一切文学和有价值的学术著作产生的原因,从而提出了著名的"发愤说"。司马迁在《报任安书》(一作《报任少卿书》)中说:"盖文王拘而演《周易》;仲尼厄而作《春秋》;屈原放逐,乃赋《离骚》;左丘失明,厥有《国语》;孙子膑脚,《兵法》修列;不韦迁蜀,世传《吕览》;韩非囚秦,《说难》、《孤愤》、《诗》三百篇,大抵圣贤发愤之所为作也。"司马迁所举上述各例,尽管有些与事实不尽相符,但其发愤著书思想对后来文学批评的发展,产生了广泛深刻的影响,成为中国古代一个进步的文艺思想传统。欧阳修的"穷而后工"、李贽对《水浒传》的见解,其思想都是一脉相承的。司马迁强调文学产生于"怨愤",当然是和他本人遭受残酷迫害的身世直接相关,但也是时代文艺思潮的反映,在贾谊、刘安、刘向等对屈原的评价中也都可以看到这种思想的某些流露。从思想渊源上看,它不仅继承了屈原的文学思想,显然也受到庄子愤世嫉俗思想的影响。同时也是对孔子诗"可以怨"主张的发挥。

《史记·太史公自序》引述了其父司马谈的《论六家之要指》,是中国学术思想史上一篇重要文献,它第一次从理论上高度概括了中国思想文化的结构,他提出阴阳、儒、墨、名、法、道六家概念,第一次明确地探讨了这六家的思想特点与社会功能、历史价值。

主张兼采各家之长,在综合融会中发展学术,这是该文的基本思想。司马谈也是史官,很有见识,在这篇文章中他对阴阳、儒、墨、名、法、道德六家的基本思想和学术倾向进行了总结性的批判,有扭转当时学术发展诸多偏向的明确意识。他认为当时许多学者各习师传,惑于所见,都有片面性。他写这篇文章,就是要纠正这种偏颇的成见。文中引《易传》说"天下一致而百虑,同归而殊途"。六家皆"务为治也",这是所谓"一致"和"同归"。但各家学说的依据和所提出的治天下的方法有不同,这是所谓"百虑"和"殊途"。而且各家之学皆有长短。这种观点重视学术的发展变化,不拘泥于古人的成说,与先秦多数学派皆以己说为真理,以不同于自己观点的学派为谬误的看法不同,表现出高人一等的眼光。在这个观点指导下去分析六家学说,指出六家都有其"不可失"、"不可易"、"不可废"、"不可改"、"不可不察"的方面,也有其错误或难以实行的方面,并进行了实事求是的评论,如一方面肯定儒家"序君臣父子之礼,列夫妇长幼之别";另一方面则批评其末流"博而寡要,劳而少功",以至"累世不能通其学,当年不能究其礼",这实际上是对当时经学家的烦琐议论与制礼作乐的否定。

文中特别推崇道德家,主要原因是他的太史公身份与此派一脉相承,在思想上自然有更多的认同。但应该看到,这里所说的道德家已经不是先秦的道家学派,而是综合了各家之长的黄老道家,这与其兼采各家之长,在综合融会中发展学术的基本观点是一致的。
十二、《淮南子》的反主流思想
《淮南子》又叫《淮南鸿烈》,是西汉淮南王刘安组织其门客集体编写的一部巨著。《汉书·艺文志》列《淮南子》为杂家,实际上,该书以老子思想为主导,综合了汉初黄老道家的思想成果,吸收了儒、道、法、阴阳、墨诸家的思想资料,融会贯通,构建了一个庞大复杂的思想体系,是战国至汉初黄老之学理论体系的代表作。刘安(前179—前121年),汉高祖刘邦之孙厉王刘长之子,笃好学术,折节下士,有风雅之姿,高尚之态。刘安当时是同姓王中势力最大的地方割据势力,汉武帝时曾图谋叛乱,事情败露后以谋反罪自杀身亡。《淮南子》大约完成于汉景帝时代(公元前156—前141年在位),汉武帝(公元前140—前87年在位)继位,淮南王在晋见时把它作为礼物送给了自己的侄子,年轻的新皇帝。据说像淮南王一样爱好文艺的汉武帝非常欣赏,"爱秘之"。不过汉武帝关心的是大一统秩序的建立和保持,以及建立秩序的根据和维持秩序的策略,在《淮南子》那里非常重要的自由问题,并引不起汉武帝的兴趣。从汉初思想发展的实际情况来看,汉武帝时代是一个转折,此前是道家黄老思想居主流,汉武帝"独尊儒术"之后,道家思想就逐渐边缘化了,儒家成为主流。所以,尽管汉武帝"爱秘",但还是被束之高阁。

《淮南子》在主导思想上以道家追求自由的思想反对儒家大一统的思想,有为地方割据势力进行辩护的嫌疑,是与以董仲舒为代表的维护中央集权统治的官方主流思想唱反调的。《淮南子》把汉武帝所提倡的儒术贬斥为"俗世之学",攻击武帝的行径是"暴行越智于天下,以招号声名于世,此我所羞而不为也。"(《俶真训》)它特别评讥儒墨,说他们"博学以疑圣,华诬以胁众,弦歌鼓舞,缘饰诗书,以买名誉于天下。繁登降之礼,饰绂冕之服,聚众不足于极其变,积财不足以赡其费。"(同上)这表面上是批评儒墨,实际上是针对汉武帝和叔孙通、董仲舒等汉儒的。

《淮南子》继承了老子以道为万物本源的宇宙论,又吸收了阴阳家的思想,以阴阳气化理论解释道生万物的过程。《淮南子·天文训》说:"道始于虚廓,虚廓生宇宙,宇宙生元气;元气有涯垠,清阳者薄靡而为天,重浊者凝滞而为地。清妙之合专易,重浊之凝竭难,故天先成而地后定。天地之袭精(合气)为阴阳,阴阳之专精为四时,四时之散精为万物。"这一段话发展了老子思想,是更为完整系统的宇宙生成理论。

《淮南子》综合了汉初黄老道家的思想成果,这方面集中地体现在它的"以道统法"论上。通观《淮南子》全书,论"道"的内容最多,"道"既是其宇宙观的最高范畴,也是其整个思想体系的最高原理。《淮南子》认为"道"是无限的存在,无所不包。《原道训》说:"夫道者覆天载地,廓四方,柝八极,高不可际,深不可测,包裹天地,……故植之而塞于天地,横之而弥于四海,施之无穷而无所朝夕,舒之幎于六合,卷之不盈于一握。"这种"道"是宇宙事物运动变化的根本,是天地万物生长的根源,它对万物一视同仁。这种"道"至高无上,谁掌握了它,就能"见本而知末,观指而睹归,执一而应万,握要而治详"。(《人间训》)治国理民的统治者应当"体道",其思想和行为须合乎"道"的要求。因此,《淮南子》主张以"道"统法,法的制定和实施必须以"道"为指导。《泰族训》说:"故有道以统之,法虽少,足以化矣;无道以行之,法虽众,足以乱矣。"只有在"道"指导下制定的法律,才能"日化上迁善而不知其所以然",取得良好的效果;否则,法律虽多,国家也难免于混乱。

《淮南子》修正了先秦道家"无为而治"的观点,提出"君道无为,臣道有为"的观点,并强调把"无为"和法治结合起来。在总体思想上《淮南子》是继承先秦道家无为而治的思想,认为只有"无为"才合乎"道"的要求,但它对"无为"做了全新的解释:"若吾所谓无为者,私志不得入公道,嗜欲不得枉正术,循理而举事,因资而立功,推自然之势,而曲故不得容者,事成而身弗伐,功立而名弗有。"(《修务训》)这就是说,"无为"的基本要求是去私去欲,不凭个人的妄想嗜欲而轻举妄动,必须循理而动,按照规律办事。在君臣关系方面,它主张君逸臣劳,"君道无为,而臣道有为",提出君主"在摄权操柄"的前提下,自己不要做具体工作,"俨然玄默,而吉祥受福"(《主术训》),可以坐享其成;一切具体的事务都交给臣下去做,责成他们做完、做好,就可以达到"事无不治"的效果。这显然是针对汉武帝的集权有为而发的。

《淮南子》认为"无为"也是法的根本原理。它从历史变化论证,上古民性淳朴,法省不繁,刑措不用,当今德衰俗薄,行政者就不能废法而治民。但与法家不同的是《淮南子》并不是一味强调法治,而是认为要借法治使人"莫得自恣","人莫得自恣则道胜,道胜则理达矣,故反于无为。"(同上)通过法治来实现无为而治。

与汉武帝的多欲政治思想相反,《淮南子》提倡用"逸道"治理天下,要求君主"节欲"、"省事",不要过度盘剥人民。它说:"为治之道,务在于安民;安民之本,在于足用;足用之本,在于勿夺时;勿夺时之本,在于省事;省事之本,在于节欲;节欲之本,在于反性。"(《诠言训》)它批评当朝人主"竭百姓之力,以奉耳目之欲"(《主术训》),聚敛无度,徭役迭兴,使生产荒废,"百姓黎民憔悴于天下,是故使天下不安其性"(同上)。

十三、扬雄、桓谭的思想

扬雄,字子云,蜀郡成都人。是西汉末年的一代大儒,身兼文学家、思想家两种身份。扬雄一生历宦汉成帝、汉哀帝、汉平帝及新朝王莽四帝,又是一位历经两朝,历宦四代的耆宿。他文采斐然,学问渊博;道德纯粹,妙极儒道。王充说他有"鸿茂参圣之才";韩愈赞他是"大纯而小疵"的"圣人之徒";司马光更推尊他为孔子之后,超荀越孟的一代"大儒"。桓谭,字君山。沛国相(今安徽淮北市)人,通音律、善鼓琴,汉成帝时入仕为郎,王莽时为掌乐大夫,光武帝时征为待诏,因反对谶纬,被贬为六安郡丞,死于赴任途中。

扬雄和桓谭是两汉之际批评谶纬思潮的代表人物。他们都钻研古文经学,又深受黄老之学的影响,形成了兼容儒、道思想的独特风格。

扬雄批评汉代经学的牵强附会以及神仙方术的迷信,吸取《周易》和《老子》的理论,提出"体自然"的基本命题。"体自然"的含义是:第一,学术研究要以自然(宇宙)为对象,要在循"自然","体自然"上下工夫。在他看来,"其所循也大,则其体也壮;其所循也小,则其体也瘠"(《太玄·玄莹》),只有从客观实际出发,著述立论才有根据。第二,"自然"是独立存在的,只有忠实地反映"自然",才能成为真理;如果"攫"自然所本有,或"强"自然所本无,而妄事增减,则都是错误的。这些观点,间接地批评了汉代经学的牵强附会之说。他还批评神仙方术说:"有生者必有死,有死者必有终,自然之道也。"(《法言·君子》)即使是古代的圣贤人物,也没有人能够避免死亡的归宿,死是人所不可抗拒的"自然"规律。他指出,人活着应当努力追求知识,不把生命用于求知,一味贪生怕死,活着也没有意义。他要人们"以人占天",不要"以天占人",即根据人事以考察天的变化,不要用自然现象的变化来占卜人事的吉凶。

扬雄受阴阳家的影响,根据阴阳家的"历数"和易学的"象数",提出了"玄"的范畴,并以"玄"为中心,设计了一个由数字组成的宇宙框架,模仿《周易》的形式,以符号表示宇宙变化。他最重要的著作是《太玄》,书中扬雄以"玄"为一切事物的本源。"玄"的含义接近于《老子》的"道"和《周易》的"易"。他用一些神秘的语言,把"玄"描述为一种虚无缥缈的东西:它是如此晦涩,以致人们看不到它的位置和范围;它上接于天,下入于渊,其细微可以藏于一茎草之内,其广大可以包容大地;它暗中摆布万物而不落痕迹,它权衡万物,使高者低一些,使卑者高一些,取有余而补不足,以及诸如此类等等。但是,值得注意的是扬雄把他所虚拟的这个包括宇宙与人事的结构图式看成是"自然之道",这就表现出了与神学目的论对立的思想。在这里,数的规律是作为"自然之道",而不是作为神的意志的体现,代替并排斥了天命的主宰。

这部著作是模拟《周易》的体例而写成的。《周易》有阴阳,《太玄》有"一、二、三";《周易》以八卦相重为六十四卦,《太玄》以一、二、三错综于"方"、"州"、"部"、"家"而成八十一"首"。《周易》每卦六爻,合为三百八十四爻,《太玄》每"首"九"赞",合为七百二十九赞。扬雄在这里试图建立一个包括自然现象(主要是天文历法)和社会现象(从政治、法律以至伦理道德)的无所不包的体系。该书写得十分晦涩难懂,这不仅是由于他刻意模仿古代语言,把文字写得佶屈聱牙,更主要的是由于其中所贯穿的术数思想本身就有神秘性。

在《法言》一书中,扬雄还批判了关于神仙鬼怪的迷信。对于长生不死,他讽刺说:"生乎生乎,名生而实死也。"对于神仙,他认为这是人们无中生有,并指出:"有生者必有死,有始者必有终,自然之道也。"不过,他并没有由此作出明确的无神论的论断,而只是不去谈怪力乱神,说"神怪茫茫,若存若亡,圣人曼云"。

桓谭反对当时流行的谶纬迷信,屡次上书光武帝,列举谶纬之害,指出"灾异变怪者,天下所常有,无世而不然",只是自然现象,与社会政治无干。"国之兴废,在于政事,政事得失,在于辅佐"。他著《新论》,从理论上对谶纬思潮进行了批判,反对将孔子及儒家典籍神秘化,否定天有意志。他指出:"谶书、河图、洛书,但有兆朕而不可知。后人妄复加增依托,称是孔丘,误之甚也。"(《新论·启寤》)当时的谶纬,有的编造孔丘的故事,把孔丘说成神人,有的托称孔丘撰写的,这都是荒谬的。

桓谭也驳斥了神学目的论,说自然界一些动植物之间的互相伤害,完全是一种自然现象,并非天有目的的安排:"譬如巴豆毒鱼,巩石贼鼠,桂害獭,杏核杀猪,天非故为作也。"(《祛蔽》)这些观点,上接扬雄而下启王充,是很有意义的。

在对待生命问题上,桓谭曾说:"生之有长,长之有老,老之有死,若四时之代谢矣。而欲变易其性,求为异道,惑之不解者也。"(《新论·形神篇》)这就反驳了当时"长生不老"之谬传。

他在中国思想史上的突出贡献是提出了以形体为基础的形神一元论,以烛火喻形神:"精神居形体,犹火之燃烛矣。……烛无,火亦不能独行于虚空。"(《新论·形神》)形好比烛,神好比火,烛尽火灭,形毙神亡,断言精神不能离开人的肉体而独立存在,正如烛光不能脱离烛体而独立存在一样。不过,他在这里还不能说明形神到底是一种什么关系,还不能说明精神是形体的作用或属性。这个问题后来经过王充,到范缜才得到解决。桓谭以烛火喻形神的思想对于后来无神论的发展有重大影响,"人死如灯灭"的通俗比喻一直是后来反对灵魂不死迷信的常识。

十四、王充的思想

东汉大思想家王充,字仲任,东汉会稽郡上虞县(今浙江上虞县)人。生于汉光武三年(公元27年),卒于汉平帝永元中(学者拟定在永元九年,即公元97年)。王充出身于"细族孤门","以农桑为业","以贾贩为事"的家庭,祖、父辈又富于反抗精神和任侠传统,这无疑对他的性格是有影响的。他一生业儒,仕路不亨,只作过几任郡县僚属,且多坎坷沮阻,从事迹上看,既无悲歌慷慨之行,也无惊天动地之业。因此无论是他自己写的长篇自纪,还是范晔为他作的正史传记,他的事迹都甚寥寥。早年曾在太学受业,在洛阳书肆中博览百家之言。后来,他作过短时期的州郡吏,其余的岁月,都是"贫无一亩庇身","贱无斗石之秩",居家教授,专力著述,写成了《论衡》八十五篇(今存八十四篇)二十余万言。自《隋书·经籍志》以下,历代目录书都将王充《论衡》列入无所宗师的"杂家"类。近代经学大师刘师培又说王充是"南方墨者之支派"。进入20世纪70年代后,在中国学坛上又曾有人说王充是儒家的反对派,是反孔的急先锋……凡此等等,不一而足。

王充生活的时代是谶纬迷信盛行的时代,他以反主流思想的异端面目出现,对经学、谶纬等等的虚妄之学进行了细致的考订和深刻的批判,表现出敢于坚持真理的高尚风格。他说:"《诗》三百,一言以蔽之曰:思无邪。《论衡》篇以十数,亦一言也,曰:疾虚妄。"(《论衡·佚文》)这就是说,该书是针对经学和谶纬的虚妄而作的。他在书中对传统的儒学,特别是汉代经学,进行了论难,有时甚至怀疑古经,上问孔孟,著有《儒增》《书虚》《问孔》《刺孟》等专篇,公然向神圣的经典挑战,向孔孟圣贤发难,这就有冒天下之大不韪,因而被视为名教之罪人。清乾隆皇帝御批:王充"刺孟而问孔","已有非圣无法之诛!"其他学人虽然不能治其"非圣无法"之罪,但也多挥毫濡翰,口诛笔伐。事实上,他承认有圣贤,但不承认圣贤所讲的都是真理。认为圣贤虽然杰出,不可能一切看法都"得实"。而学问之道贵在"得实",所以"问难"是正当的,批评圣人的错误是必要的。

必须强调的是,王充是一个博通百家,独立思考,自有取舍标准的学者。之所以对五经和孔子提出批评,是因为当时经学统治和谶纬泛滥造成的错谬纷乱必须廓清,本不表明王充属于道家或法家。事实上,他在批评儒家的同时,又尊孔子为"百世之圣"(《论衡·别通》),赞成儒家的养德、用贤和礼义。他还吸取道家的"天道自然"思想,又反对道家的消极避世和神仙思想。对法家的狭隘功利思想予以反对。肯定墨子的"天志"、"明鬼"论。后人评论说,王充的思想"乍出乍入,或儒或墨"(《抱朴子·喻蔽》),《四库全书》将其列为杂家。应该说,王充是一位融合百家、具有独创精神的思想家。

王充提出"元气"为天地万物的原始的物质基础。气是与云烟相似的物质,是没有意志的。他说:"天地,含气之自然也。"(《论衡·谈天》)又说:"天覆于上,地偃于下,下气蒸上,上气降下,万物自生其中间矣。"(《论衡·自然》)万物产生于天地之间,是天地施气的结果。然而天地施气是一种自然现象,不是有目的的有意识的活动。因此,他反对"天故生人"、"故生万物"的神学目的论,"天地合气,万物自生,犹夫妇合气,子自生矣。万物之生,含血之类,知饥知寒,见五谷食,取而食之,见丝麻可衣,取而衣之。或说以为天生五谷以食人,生丝麻以衣人,此谓天为人作农夫、桑女之徒也,不合自然,故其义疑,未可从也。"(同上)在他看来,天之所以无为,可以从天无口目,不会有嗜欲得到证明。他认为六经中常说到天,不过是为了教化无道,警诫愚者。

王充对鬼神观念和由此带来的迷信抱着否定和批判的态度。他指出:"人死不为鬼,无知,不能害人。"(《论衡·论死》)人类生命现象的实质是阴阳二气,阴气形成人的骨肉,阳气形成人的精神,精神附于形体,阴阳二气未结合成为人的时候是没有知觉的,结合成人才产生知觉。精神依存于形体,形须气而成,气须形而知。生命死亡时,"精神升天,骸骨归土"(同上),人死后血脉枯竭,精气消灭,形体腐朽而成灰土,哪有什么鬼呢? 这个解释现在看来也许不够科学,但确实是否定鬼神迷信的。他还从形神关系方面论证了人死不为鬼,说:"形须气而成,气须形而知,天下无独燃之火,世间安得有无体独知之精?""人死血脉竭,竭而精气灭,灭而形体朽,朽而成灰土,何用为鬼?"(同上)那么,为什么许多人会认为有鬼呢? 王充的一种解释是:"畏惧则存想,存想则目虚见。"(《论衡·订鬼》)这就是说,鬼神根本不存在,人们看见鬼神是恐惧、存想产生幻觉。他从无鬼论出发,反对厚葬,提倡薄葬。

十五、汉末社会思潮

东汉末年阶级压迫导致农民起义高涨起来,同时统治阶级又分裂为不同的政治集团,相互争权夺利,特别是外戚与宦官争夺皇权的斗争十分激烈。东汉统治者笼络儒生,扩充太学,使太学生人数增长至三万多人。在这种背景下,出现了各种社会思潮。士大夫中出现了评议朝政的"清议"之风,从品评人物发展到议论国事,对东汉政治发生了巨大影响。太学很自然成为清议的中心,而善于清议的人被视为天下名士。当时窦武、刘淑、陈蕃被标榜为一代宗师,李膺等八人被标榜为人中英杰,号称"八俊";郭泰等八人被标榜为道德楷模,号称"八顾";尚度等八人被标榜为能以财救人,号称"八及"等等。"清议"的中心议题涉及农民起义、对羌人的战争问题、经济破产问题、外戚干政问题等。"清议"

也导致"党锢"之祸,后来被禁止,不得不另求出路,由愤激的评议朝政转为发言玄远,随后更发展为魏晋的清谈和玄学。

东汉末年的道教的正式产生是以张陵创立的五斗米道和张角创立的太平道为标志的。五斗米道出现在西南巴蜀汉一带,传说汉顺帝时沛国丰人(今江苏丰县)张陵(又名张道陵)学道于鹤鸣山(今四川大邑县境内),依据《太平经》造作道书24篇,自称出自于太上老君的口授,并以之教授当地百姓,还结合当地少数民族的民间信仰,创立了道派。因入道均需交纳五斗米,故称"五斗米道"。张陵祖孙三人为五斗米道的前三代领袖,后人合称为"三张"。张陵为第一代天师,又称祖天师;张衡为嗣师,张鲁为系师。其主要是教人悔过奉道,以符水咒语治病。此派教徒尊张陵为天师,故又称"天师道"。几乎在这同时,由张角兄弟创立的"太平道"在华北兴起。太平道的创建者是河北巨鹿人张角,他曾读过《太平经》。据史书记载,张角自称"大贤良师",他派八名弟子到各地宣传教义,准备太平教起义。经过十余年的活动,信徒总数达到数十万之多,传播范围很广,声势十分浩大。太平教的组织单位为"方"。大方有信徒一万余人,小方也有六七千,每方立部帅统领。大小方共有36个。后太平道起事,史称"黄巾起义"。

佛教产生于印度,经由中亚传入中国。佛教始入中国内地的年代,有各种不同的说法。一说西汉哀帝元寿元年(前2年)博士弟子景卢受大月氏(即月氏)王使伊存口授浮屠(佛)经,为佛教入中国内地之始。一说在东汉初年,明帝夜梦神人,以为佛,遣使西行,在西域抄回佛经42章,于洛阳城西雍门首建佛寺(白马寺)。汉末,桓帝在宫中也曾建立浮屠之祠。当时的人把佛当作一种祠祀,近于神仙方术;并且把佛教教义理解为清虚无为,省欲去奢,与黄老学说相似。因此浮屠与老子往往并祭,而且出现了"老子入夷狄为浮屠"的传闻。桓、灵之世,安息僧安世高、大月氏僧支娄迦谶(支谶)等相继来中国,在洛阳翻译佛经,规模较大。汉人严浮调受佛学于安世高,参与译事。汉代所译佛经,掺杂了许多祠祀的道理,佛教与道术仍然被联系在一起。所以东汉末年的中国佛教徒所写佛学论文《牟子理惑论》虽然反对神仙方术,但仍用老庄无为思想来发挥佛教教义。

还有些思想家对汉末的政治、法律、道德等等作了深刻反思批判,表达了对理想社会的向往,如崔寔的《政论》、王符的《潜夫论》、仲长统的《昌言》等,就是这时期反映这种思潮的思想家及其代表作。崔寔(生卒不详)字子真,一名台,字元始,涿郡安平(今属河北)人。据《后汉书》说,他于桓帝时"论当世便事数十条,名曰《政论》,指切时要,言辩而确,当世称之"。王符(公元85—162年),字节信,著有《潜夫论》,对东汉前期各种社会弊端进行了抨击,其议论剀切明理,温柔敦厚。仲长统(公元180年—220年),字公理,著有《昌言》,对东汉后期的社会百病进行了剖析,其见解危言峻发,振聋发聩。他们对当时的政治腐败和宗教迷信现象进行了揭露和批判,他们反对豪杰的兼并和官吏的贪婪,并提出了某些改革政治的主张。他们在抨击现实的同时,向往一个性自由、安定和谐的世界,如仲长统就曾自叙志向云:

使居有良田广宅,背山临流,沟池环匝,竹木周布,场圃筑前,果园树后。舟车足以代步涉之艰,使令足以息四体之役。养亲有兼珍之膳,妻孥无苦身之劳。良朋萃止,则陈酒肴以娱之;嘉时吉日,则烹羔豚以奉之。踯躅畦苑,游戏平林。濯清水,追凉风。钓游鲤,弋高鸿。讽于舞雩之下,咏归高堂之上。安神闺房,思老氏之玄虚;呼吸精和,求至人之仿佛。与达者数子,论道讲书,俯仰二仪,错综人物。弹南风之雅操,发清商之妙曲。消遥一世之上,睥睨天地之间。不受当时之责,永保性命之期。如是,则可以陵霄汉出宇宙之外矣!岂羡夫入帝王之门哉!(《后汉书》本传)

这一节对理想人生的描述,体现了士人与政权的疏离、国家意识的淡薄和个人意识的强化。它反映着当时社会的两大背景:一是世族庄园经济的兴起;一是由于政治黑暗、社会动荡,使得士人不再愿意把人生价值建立在为帝王效忠的基础上。这种人生观,是以前的汉代思想中所未曾出现过的,而与魏晋思想相一致,预示着思想史的演进将会出现一个新的局面。

第六章 魏晋南北朝时期的思想思潮

一、魏晋玄学与魏晋南北朝时期的其他思想

魏晋以降,儒学式微,玄学崛兴,道教创建,佛教传播,在中国出现了儒、道(教)、玄、释既并列纷争,又相互融合的多元激荡的格局。

玄学即玄谈,或清谈,是我国魏晋时期一种主要的思想潮流。之所以称为玄学、玄谈,是因为该思潮的创始人及代表人物,大都崇尚老庄学说,他们把《老子》、《庄子》和《周易》称为"三玄",作为谈资。"玄"字取义于《老子》"玄之又玄,众妙之门"(《老子》第 1 章)。按当时的解释,"玄"即是"无","妙"即为"始、母",引申为"有"的意思。魏晋名士借用《老子》书中的范畴,以"无"不能生"有"为中心议题,讨论有无、本末以及名教与自然的关系等哲学理论问题,并对如何治理国家提出自己的看法,在此基础上建立起不同的流派,统称为"玄学",又称为"魏晋清谈"。

玄学就其思想本质来说,是属于道家的,因此有学者称其为新道家。而玄学的兴起,与两汉儒学的发展方向有很大的关系,它基本上是由批判汉儒而引发的,而所使用的思想武器就是道家的追求个体自由的精神。在玄学家们所尊奉的三部经典——所谓"三玄"中,除《老子》、《庄子》外,就有儒学经典《周易》。再如,以孔子为圣人,这是当时社会的普遍看法,玄学家们也并不否认这一点,而且,许多玄学家为《论语》作过注,特别是何晏的《论语集解》,更为后世所推崇。最为重要的一点是,"名教"与"自然"的关系,一直是玄学家们所争论的比较关键的问题。对这个问题的回答,就是对儒道关系问题的解答。玄学一方面保留了儒学维护上下尊卑的纲常名教,另一方面又援道入儒,摈弃了董仲舒的天命论,为名教找到了一种更为抽象的依据,即"道"、"无"(也称为"自然")作为根本准则。

道教虽然是宗教,但在思想渊源上与老庄关系密切,道家哲学是其教理的主干,老子被列为道教教主,庄子被列为道教尊神,另外还从儒、墨以及传统星相家、医方家、谶纬家那里充分地吸取了思想资源。由于儒家所代表的中国传统宗法伦理的具体国情,道教也不得不在这方面向儒家妥协,所以,道教积极调和儒学,把儒学中的伦理精义纳入教义、教规之中,以求得在民众中的信任。

佛教自东汉传入中国,先是依附于神仙方术,被认为是其中的一种。玄学

兴起,又依附于玄学,借玄学的义理来解释佛学。不过。由于中国政治腐败,社会的黑暗,为佛教繁荣发展提供了土壤。到了南北朝,佛教逐渐摆脱玄学,走上了独立大发展的阶段,甚至后来使玄学完全融入佛教之中。佛教还一度成为国教。南朝梁武帝曾四次舍身寺院,后来都由群臣用重金赎回。佛教发展迅速,但并没有解决实际问题,反而造成了寺院与国家争臣民、争财富的状况。再加上与儒、道的冲突,于是发生了"三武灭佛"的事件。(北魏太武帝、北周武帝、唐武宗)

这期间儒、道(教)、玄、释的复杂关系,范文澜先生有一个精辟的概括:"儒家对佛教,排斥多于调和,佛教对儒家,调和多于排斥;佛教和道教互相排斥,不相调和(道教徒也有主张调和的);儒家对道教不排斥也不调和,道教对儒家有调和无排斥。"(范:《中国通史简编》(修订本)第二编,第439页,人民出版社,1964年第四版)

二、魏晋玄学的形成及其思想特征

玄学不是道家学说的变种,也不是儒家学说的延续,而是儒、道、佛在魏晋社会特定的历史条件下融合的产物。玄学的产生是有一定的社会原因的,自东汉末年黄巾大起义以后,中国社会长期陷入分裂、动荡之中,没有统一的政权,特别是出现了统治思想中的"名教"危机。由于传统上名教的理论基础被瓦解,现实中名教的秩序遭到破坏,造成了统治思想的空缺,于是玄学就应运而生,来填补这个空白。

玄学的产生也是有其内在的学术线索的,这就是汉代经学发展到汉魏之际,已经衰落,它既繁琐又迷信。因此,把儒学从汉代经学形式中解救出来,是魏晋名士所必须解决的理论课题。在魏晋名士的心目当中,处于天地将闭,世路崎岖,时世大变的时代,就得寻求一个顺时应变的处世之道。他们不满于汉代经学,便从儒、道两家学说的综合中走向抽象的思辨。他们以《老子》、《庄子》、《周易》为基本的思想资源,跳出皓首穷经的圈子,以自由的心态作玄远的哲学追求。

汉魏之际名法思想的兴起,对于玄学的形成也起了推动作用。在割据混战中建立起来的曹魏政权,"以儒家为迂阔不周世用",转而探求以名法治国。据史书记载,当时学者"师商(鞅)、韩(非)而上法术"。(《三国志·魏书》)刘勰也说:"魏之初霸,术兼名法。"(《文心雕龙·论说》)名、法两家均言"循名责实",因此在思想上是相通的。他们大抵讨论君臣在治理天下时的关系、举拔人才的名实问题、才能与德性问题等,徐干的《中论》、蒋济的《万机论》、桓宽的《世要论》、刘邵的《人物志》等都是这样的作品。如刘邵的《人物志》在学术上颇能融会诸家,而不固守一家之言,它吸取了儒、道、名、法诸家思想,对此作了系统的论述。这些名法思想的产生,动摇了两汉经学旧观念,从而对玄学的形成和发展产生了影响,玄学思想家钟会、荀粲、何晏、王弼等人都精于名法之学,就说明了其间的密切关系。

玄学的流行还与东汉末年盛行的清议之风有关。"魏晋玄学"之所以又称为"魏晋清谈",一是因为这种玄学体系注重义理分析与名家的思辨方法,往往带有概念游戏的倾向,而且以探究世界本源、人生目的及其他一些抽象的哲理为炫耀。二是因为玄学前身起初是以臧否人物为中心内容,作为征辟、察举选用官员的依据。这就酿成所谓的汉末"清议"之风。后来,由于政治腐败,政争残酷,诛杀异己,失意文人走上不问政治,遁世道路,清谈便以谈论老庄自然无为,养生全真为主题。魏晋以后,在当时险恶的政治环境下,一些名士对现实极为不满,同时为全身避祸,采取了远离政治、自命清高的态度,讨论一些玄远高深的抽象哲理,由清谈发展为大量的玄谈;他们借用老庄的"道"与"无"的自然原则,隐喻时政,与现实政治形成消极对抗。

玄学的思想学术特征:

第一,从思想上看,玄学的理论表现为儒道兼综。儒道兼综是东汉以来学术发展的基本趋向。玄学家们推崇的经典有《周易》、《老子》、《庄子》和《论语》。其中《周易》、《论语》为儒家经典,而《老子》、《庄子》则为道家经典,在儒道学说的对立统一上融合儒道二家学说,构建自己的思想体系是玄学家们的共同特征。

第二,从学术上看,玄学家主要是通过注释经典阐发思想的。经学和玄学都是注经,经学注释的是"儒经",即以《春秋》为中心的经学形式,它支配了两汉时期的学术界。而玄学注释的则是"杂经",不仅有儒家的经典,而且也把战国时期的子学纳入经学的轨道。汉儒注经,注重章句训诂,玄学家注经重在发挥义理,即通过经义,阐述自己的理论观点,甚至可以借题发挥,打破了呆板沉闷的学术空气,启发人们进行独立思考。这些也表现了玄学儒道合流的特点。

第三,玄学使用的是辩明析理的方法。所谓"名",指事物的名称。所谓的"理"指事物的名称中所包含的"义理"。辩明析理不涉及事物的具体内容,仅对"名理"关系做纯理论的探讨,所以被称之为"清谈"或"玄谈"。玄学理论的意义在于从具体的、现实的、千头万绪复杂纷纭的事物和现象中超脱出来,从整体和综合出发,去把握能反映世界本质的抽象的又无所不在的本体。玄学的方法是一种抽象思维,它的产生使中国古代哲学思想进入了一个较高的层次。

三、魏晋玄学的流派

（一）"正始之音"　玄学的第一个流派出现于魏正始（公元240—248年）年间,故称该派的思想观点为"正始之音"。它以夏侯玄、何晏、王弼为代表,以兼注《老子》、《论语》和《周易》为学术特色,以清谈辩论为形式,以论证"无中生有"为主要内容,可以称为"贵无"派。"正始之音"完成了从汉代经学到魏晋玄学的转变。以后,玄学各派大都围绕该派的观点展开争论,掀起了中国思想史上又一次学术辩论高潮。

何晏是一个名士,作为正始玄学的首领人物,是玄学的开创者和玄学"贵无"论的奠基人。他的著述颇丰,《三国志·魏书》称他"作《道德论》及诸文赋,著述凡数十篇"。《世说新语·文学篇》曾记载,何晏写成《老子》注释一书,然后去拜访王弼,发现王的《老子注》神思精奇,大为叹服,自愧不如,立即将自己的《老子》注释改写为《道》《德》二论。何晏以老庄学说改造传统儒学,援道入儒,著《论语集解》,首唱儒道相融。玄学所研讨的有无、本末、体用等问题,何晏的著作都有所涉及。何晏认为"天地万物,皆以无为为本。无也者,开物成务,无往而不存者也。阴阳恃以化生,万物恃以成形。贤者恃以成德,不肖恃以免身。故无之为用,无爵而贵矣"（《晋书·王衍传》。载何晏语）。这里的"无"是指《周易》的"太极"或《老子》的"道",它是无形、无名、无为的总称,因为有形迹的东西只有依靠它才能存在,才能发生作用。它虽然是无名无象之物,但却是天地、人物所赖以生成变化的依据和根本,因此,何晏首次提出了玄学"以无为本"的命题,并把世界上的事物和现象概括为"有"和"无"两类,从"有""无"两者的相互关系、对比中说明"无"比"有"更为根本。何晏说:"有为之有,恃无以生。事而为事,由无以成。"（《列子·天瑞》注引）何晏的这一思想为王弼所继承和阐扬。王弼说:"天下之物,皆以有为生。有之所始,以无为本。"（《老子》40章注）并举例说明:"母,本也;子,末也。得本以知末,不舍本以知末也。"（同上,52章注）这就是说,"有""无"的主从关系犹如"本""末"、母子关系一样,不应也不能颠倒。他们纯熟地运用"本""末"范畴来阐述其观点。

王弼不仅把"道"或"无"看成是"万物"或"有"的本源,而且还把这个原理推广到人事,把"道"或"无"解说为"宗主","品制万变,宗主存焉","夫少者,多之所贵也;寡者,众之所宗也。"（《周易略例·明彖》）认为能够治理众人的,不可能是众人,而只能是极少数人。把这一观点用到社会伦理领域来,就是解决名教与自然的关系。名教与自然的关系是本体论有与无关系在社会政治领域的表现。"名教"封建社会政治制度和伦理道德等思想文化的总称;"自然"与"道"或"无"处于同一层次,表示一种至高无上、决定一切、超言绝象的本体和

最高原则,含有让事物依照本来的性质存在,不应施加任何影响的意思,即"无为而无不为"。王弼说:

  道不违自然,乃得其性,法自然也。法自然者,在方而法方,在圆而法圆,于自然人无违也。自然者,无称之,穷极之辞也。(《老子注》25章)

王弼认为"自然"是世界的本体,宇宙本来的样子,处理社会政治问题,调整人际关系必须依照"自然"这一最高原则,从而为政治统治寻找理论依据。

  王弼认为现行的名教制度背离了自然的原则,是社会动乱的根本原因。为了解决名教与自然的矛盾,他认为必须坚持"崇本息末"的原则,实行无为而治。他主张"夫以道治国,崇本以息末,以正(政)治国,立辟(指刑法)以攻末。本不立而末浅,民无所及。"(《老子注》57章)。认为遵循"道"这一根本法则,依靠社会机体内部的自然调节能力才能理顺一切关系。最后,王弼主张调和名教与自然的矛盾,重建"名教"秩序。他说:

  仁义,母之所生,非可以为母;……守母以存其子,崇本以举其末,则形名俱有而邪不生。(《老子注》38章)

  上守其尊,下守其卑,自然之质,各定其分,短者不为不足,长者不为有余。(《损卦注》)

他认为,上下之序是宇宙的自然秩序,尊卑之序也是本于自然的原则,仁义是道生万物德性的体现,所以均符合自然的原则。因此,有必要以自然原则指导社会政治,达到建立名教秩序的目的。

  (二)竹林七贤及其思想　"竹林七贤"是何晏、王弼以后出现的清谈名士群体,以阮籍、嵇康为代表,包括山涛、刘伶、阮咸、向秀、王戎。他们处于司马势力正盛,正取代曹魏集团的最后也是斗争最残酷的时期,是司马氏的反对派。竹林地属河内郡(今河南武陟西南),河内为魏宗室所居,而他们同情曹魏,又无可奈何,便消极反抗,常常集于竹林之中喝得大醉,借以表达他们对政治的不满,使得这里俨然为洛阳以外另一个政治中心,世人称他们为"竹林七贤"。在思想上,"竹林七贤"与"正始之音"不同:"正始之音"主张调和儒道,而"竹林七贤"则独尊老庄,提倡越名教而任自然,提出无君的主张,对儒家观念进行批判。阮籍早年有济世之志,因不满现实,纵酒谈玄,尤好老庄。嵇康推崇老庄学说,以清高超俗自居,拒绝入朝做官,还尖锐地批评时政,被司马氏杀害。刘伶、阮咸、向秀、王戎也都以放达为务,不问世事。他们不但行为放诞,还发表了一些不遵守礼法的激烈言论。

  阮籍、嵇康在政治上都反对虚伪的"名教",而崇尚"自然"。他们所谓的"自然",就是不假人为,要求依照人的自然本性,无拘无束地生活。当时,阮籍放诞不羁,即使居母丧也仍然披头散发,继续饮酒吃肉,以抗议司马氏虚伪的"名教"。于是,就受到一批"名教"维护者的攻击,指责他是"纵情背理败俗之人"。这样,就展开了一场关系"名教"与"自然"相互关系的辩论。

在辩论中,阮籍、嵇康列举"名教"的祸害,其一,禁锢人心,窒息个性。嵇康认为"人伦有礼,朝廷有法"是他所不堪忍受的精神负担。声称做官有"七不堪",如早起、危坐、酬答、与俗人共事等。他愿"游心于寂寞",以打破"名教"的束缚。其二,"名教"导致社会的纷争和不幸。阮籍认为,"君立""臣设"即有了君臣制度以后,"尊贤"、"竞能"、"争势"、"崇贵"的弊端就产生了,造成了"上下相残"的局面。权势者贪得无厌,但又害怕老百姓知道底细,就制定了礼法,束缚下民,并"严刑以威之"(《大人先生传》)。

阮籍、嵇康对"六经"和儒家圣人也持否定态度。嵇康称"六经""建立仁义以婴其心","开荣利之途,故奔骛而不觉"(《难自然好学论》)。他还"每非汤、武,而薄周、孔"。这不是仅仅批评儒家,而且含有批评司马集团维护"名教"而又破坏"名教"的意图。于是,嵇康提出"越名教而任自然"(《释私论》)的主张,即要求人们超出"名教"的束缚,摆脱情欲的干扰,使人过上真正自然而自由的生活,以实现"简简易之教,御无为之治,君静于上,臣顺于下"(《声无哀乐论》)的无争无扰的政治理想。可见,他们说的"越名教"并非是要废止"名教",只是要求在君臣相安的情况下来维护它。

(三)"中朝名士"及其思想

玄学的第三个流派发生于西晋中叶,即晋惠帝元康(公元291—299年)前后出现的一批名士,史称"中朝名士"或"元康名士",所谓中朝,是东晋人对西晋时期的称呼。他们以向秀、郭象、王衍、乐广、王澄、谢鲲等为代表。其中一部分人继承"竹林七贤"的遗风,放浪形骸,轻视名教,不论世事,只事清谈。而向秀、郭象则致力于理论探讨,实现了何晏、王弼所倡导而为阮籍、嵇康所发挥的儒道合流。

《文选·晋纪总论》注引《晋阳秋》曰:"太康以来,天下共尚无为,贵谈老庄,少有说事。"《晋书》卷四三《王戎传附王衍传》谓王衍"妙善玄言,唯谈老庄为事。每捉玉柄麈尾,与手同色。义理有所不安,随即改更,世号'口中雌黄'。朝野翕然,谓之'一世龙门'矣。累居显职,后进之士,莫不景慕仿效。选举登朝,皆以为称首。矜高浮诞,遂成风俗焉。"同上卷四三《乐广传》:"广与王衍俱宅心事外,名重于时。故天下言风流者,谓王、乐为称首焉。"一面身居朝廷高官,一面口谈老庄玄理,已显见其名实不一;而所谈玄理没有一定的标准,可以根据需要随时变易,主要表现口舌谈吐的风采,展示头脑反应的敏锐,导致玄谈流于形式,故此造成朝政日衰,加速西晋灭亡。

向秀出身贫寒,是嵇康的好朋友,竹林七贤之一。后与郭象齐名,成为中朝名士的重要人物。所著《庄子注》曾为嵇康所读。郭象,少有才气,善辩论。喜好《老》《庄》,以注《庄子》为名。

向秀、郭象主张名教即自然,力图使"儒道为一",互不相违。在《庄子注》中,他们试图以《庄子》的形式,容纳更多的儒家内容。他们对《庄子》本文中凡是排抑儒家的文字,都以儒道相融的观点进行注释,说老子的"绝圣弃智",从根本旨意说来并不是非毁名教,而庄子的"内圣外王"之道,更是自然名教两兼,以证明《庄子》与六经、自然与名教、儒家与道家的不可分割,借以加强儒学的地位。向秀有《庄子注》一书,是他的代表作,但没有流传下来,只有片断文句保存在张湛的《列子注》中。郭象对向秀的《庄子注》加以补充、发挥,述而广之,所以他们二人的观点相同,今天流传的《庄子注》不妨看做是他们两人的思想。

他们与何晏、王弼不同,认为"无"不能生"有",也不同意裴頠的观点,认为"有"也不能生"有",他们提出了"独化于玄冥之境"的基本命题。"独化"与"玄冥"是一对表述现象与本体的范畴,郭象用来描述有、无的存在状况。"独化"指现象界一切事物是独自地、孤立地、无所凭依地生成变化的。大致具有三层意思:

第一,指事物"自生",即"自然而然"、"自造"。郭象说:"无既无矣,则不能生有;有之未生,又不能为生。然则生生者谁哉?块然自生耳,自生耳,非我生也。我既不能生物,物亦不能生我,则我自然矣。"(《齐物论注》)这就否定了"无能生有",进而否定了先于物而存在的"造物主","造物者无主,物各自造"。(同上)

第二,指事物"各足其性",即每个具体事物都是自我完满的和谐个体。郭象说:"苟各足于其性,则秋毫不独小其小,而大山不独大其大矣。"(同上)从事物都是自性完满的角度看,事物之间不存在任何差异,因而也不须凭借任何条件而存在,"无所资借"。所以,事物成了互相之间没有联系的孤立个体,郭象称之为"自为"。

第三,指事物的"变化日新"。他说:"夫无力之力,莫大于变化者也。……天地万物无时不移。……世皆新矣,而自以为故;舟日易矣,而视之若旧;山日更矣,而视之若前。今交一臂而失之,皆在冥中矣。"(《大宗师注》)这里讲变化,承认事物处在永恒的变化之中,并且背后没有一个力量(实体)推动。不变中有变,静止中有运动,这都含有辩证法的因素。

"玄冥"在《庄子》里原本是指一种晦暗不明、浑然无别的神秘境界,郭象则借以指本体界是"有而无之"的存在。他承认现实世界是实有(非无),但又认为万物没有任何质的稳定性,其产生、变化过程是玄妙莫测的,事物之间没有任何必然的联系,所以又称为"无"。有与无就统一于这种"有而无之"的"玄冥之境"中。

"独化于玄冥之境"的命题概括了多层含义,将现象与本体、个体与整体、多元与一元、对立与统一等种种复杂的关系,用相对主义的思维方式解决了。那么他论证这一命题的目的是什么呢?这就是调和"自然"与"名教"的对立。为此,他极力论证社会原则与自然原则的一致性,主张名教即自然。

他们认为宇宙间的一切事物都有自己受之于天的本分,即"性分","天性所受,各有本分,不可逃,亦不可加"。(《养生主注》)"性分"就是自然。君臣上下、尊卑智愚等社会等级秩序也是自然的性分,不可改变。"夫时之所贤者为君,才不应世者为臣。若天之自高,地之自卑,首自在上,足自居下,岂有递哉!虽无措于当而必自当也。"(《齐物论注》)社会现象如同自然界的事物一样都是独立的个体,他们自然产生,自足其性,自为自当,同时又"自然"地构成君臣上下、尊卑智愚等关系。所以,名教秩序也就是自然的性分。人若能顺从自然也即这样的名教秩序,天下就能太平。对于立法,他也作了巧妙的辩解,"刑者,治之体,非我为;礼者,世之所以自行耳,非我制;知者,时之动,非我唱;德者,自彼所循,非我作"(《大宗师注》),礼法刑政都不是人为的,而是一种自为、自行、自动的约束力量,也是不能少的,这样就为既定的社会秩序找到了"天理自然"作为依据。

玄学思想发展至向秀、郭象阶段,实际上已告终结。东晋时,玄学与佛学合流,至宋、齐、梁、陈,佛学更继玄学而向前进展;但玄学的余波未灭,直到唐初还有影响,不过在思潮上已不占有重要地位。

四、魏晋反玄学

魏晋时期,玄学虽风行一时,但反对玄学的各种思潮也不断出现。其中有自然科学家,有儒家、道家和杂家的学者,他们虽然出发点不同,但都从各自的研究领域对玄学的基本命题和思想提出了批评。

杨泉是三国时吴国人,是一位隐士。吴亡,不愿在西晋做官。杨泉是研究宇宙天体的自然科学家,后来成为从自然科学领域走向玄学的对立面和神灭论的思想家。代表作是《物理论》。他认为"玄学虚无之谈,尚其华藻,此无异于春蛙秋蝉,聒耳而已",指出玄学"皆不见本",玄学内部各派的争论,是"见虎一毛,不见一斑",只在枝节问题上喋喋不休。在他看来,只有阐述事物的本原才能在理论上战胜玄学。

杨泉在《物理论》中阐述了元气构成宇宙的观点。他依据当时自然科学的知识,提出了事物以水之气为本的思想。他说:"所以立天地者,水也。夫水,地之本也,吐元气,发日月,经星辰,皆由水而兴。"(《物理论》)这是说,先有水,水蒸发而为气;水之阴气产生有形的大地,水之阳气产生无形的天体,"所以立天地者,水也;成天地者,气也"。以气为从水到天地万物的物质中介,世界上除水之气外,其间并无其他主宰。这种说法显然是发挥了张衡的浑天说和汉代的"气本论"。

杨泉继承了前人以薪火喻形神的命题,主张人死神灭,成为神灭论的先驱之一。他认为人也是水之气的产物,"人含气而生,精尽而死。死犹澌也、灭也。譬如火焉,薪尽而火灭,则无光矣。故灭火之余,无遗炎矣;人死之后,无遗魂矣。"(《物理论》)在这一点上,他是从汉代桓谭、王充到南朝何承天、范缜这一神灭论体系中的不可缺少的一环。

裴頠其父裴秀是西晋王朝的开国功臣之一,他本人做过国子祭酒、尚书仆射等官,后死于"八王之乱"。政治上他主张举贤任能,选拔优秀的寒门知识分子做官,反对只重门第,不问才德的社会风习。裴頠以善言"名理"为时人所推重,但就其思想倾向而言,他不在玄学家之列,而是一位研究儒学的学者,主张维护名教,对何晏、阮籍等人的口谈虚浮、不遵礼法甚为不满。裴頠认为,总括万有的"道",不是虚无,而是"有"的全体,离开万有就没有独立自存的道,道和万有的关系是全体和部分的关系。他论证"有"与"无"的关系说,万有最初的产生都是自本自生,万有既然是自生的,则其本体就是它自身,"无"不能成为"有"的本体:"夫至无者,无以能生。故始生者,自生也。自身而必体有,则有遗而生亏矣。生以为己分,则虚无是有之所遗者也。"在裴頠看来,万物的本体就是事物自身的存在,万物皆因"有"而生成,不能从"无"而派生。他这是反对何晏等人的"贵无贱有"之论,认为"无"不能生"有",有为"自生"。他还指出:何晏等人"阐贵无之议,而建贱有之论。贱有则必外形,外形则必遗制,遗制则必忽防,忽防则必忘礼,礼制弗存,则无以为政矣"。这是说,因为形体是"有",贱"有"必然放任形骸。放任形骸必然遗弃制度规范,遗弃制度规范必然没有防范措施,以至达到狂放无礼的程度。在他看来,礼制不存,将危及封建统治。这是他反对"贵无贱有"的主要原因和《崇有论》的立论宗旨。

欧阳建流传下来的《言尽意论》全文只有268个字,现全文照录如下:

有雷同君子问于违众先生曰:世之论者,以为言不尽意,由来尚矣,至乎通才达识,咸以为然。若夫蒋公(蒋济,魏人,著有《万机论》,其论眸子之著作已佚)之论眸子,锺傅(锺会、傅嘏,《三国志·魏书》"傅嘏传"载:"嘏常论才性同异,锺会集而论之"。《世说新语》"文学第四"言:"锺会撰《四本论》")之言才性,莫不引此为谈证。而先生以为不然,何哉? 先生曰:夫天不言,而四时行焉;圣人不言,而鉴识存焉。形不待名,而方圆已著;色不俟称,而黑白以彰。然则,名之于物,无施者也;言之于理,无为者也。而古今务于正名,圣贤不能去言,其故何也? 诚以理得于心,非言不畅;物定于彼,非言不辨。言不畅志,则无以相接;名不辨物,则鉴识不显。鉴识显而名品殊,言称接而情志畅。原其所以,本其所由,非物有自然之名,理有必定之称也。欲辨其实,则殊其名;欲宣其志,则立其称。名逐物而迁,言因理而变,此犹声发响应,形存影附,不得相与为二,苟其不二,则无不尽,吾故以为尽矣。(《艺文类聚》卷十九"人部三·言语")

这篇论文的矛头主要是指向言不尽意说,事物的根本道理是无法用语言表达的,反过来也就是说,语言是不能传达事物的根本道理的。文中借雷同君子设问,然后由"先生"(欧阳建)回答。然而,长期以来,人们都把文中"先生曰"以下的话当作全部是欧阳建本人的思想来加以引用和论证,而且作为欧阳建唯物主义反映论的最主要论据,给予极高的评价。其实,本文"先生曰"以下的文字明显地可分为两个部分。从"夫天不言,而四时行焉",至"而古今务于正名,圣贤不能去言,其故何也"为一个部分;从"诚以理得于心,非言不畅",至全文结束为第二个部分。前一部分乃是徵引论敌之说,以引出为什么"古今务于正名,圣贤不能去言",这个根本问题,并由此指出,若如你等所言,那么为什么古今圣贤还要不停地务于正名和不能去言呢? 文章的后一部分则完全是就此问题展开的回答,才是言尽意论的正面理论和论据。

五、魏晋南北朝的佛学

南北朝时期是佛教传入中国以后兴起的第一个高潮,也是玄学与佛学合流的完成期,在学术上称之为"佛玄"时期。魏晋南北朝时期,佛教得到了迅速地传播和发展的原因有:

第一,是社会动荡、战乱,国家分裂,政局多变,广大人民生活困苦,甚至连生命也难以得到保障。在这种情况下,佛教宣扬的人生如苦海无边,只要信佛,能到达极乐世界的思想就很容易为人们所接受。佛教的传播便有了良好的土壤。

第二,佛教既有宗教思辨哲学,适应士大夫的胃口,同时它的粗俗教义又受到帝王、贵族、官僚的欢迎。再加之北方少数民族政权大都扶持佛教,使得佛教在这个时代发展很快,迅速普及到社会各个阶层。

第三,魏晋玄学的风行,玄学本身的精致思辨与魏晋名士善结佛师和崇尚玄谈之风给佛教般若学的驻足和发展提供了适宜的土壤。

当时佛学既已经同玄学合流,并在玄学氛围中开始繁荣起来。因此,佛教中流行的"般若学"往往都与玄学观点有关,因为玄学有不同的派别,所以对佛教《般若经》理解和阐发的不同就形成了派别,统称为"六家七宗"。关于六家七宗的名称、代表人物及基本思想,史载不详,当代有关学者的看法也相去颇远。据现有史料来看,"六家七宗"的名称最早见于南朝刘宋昙济的《六家七宗论》。该论已佚,然梁宝唱的《续法论》曾经提到此书并加以引用。唐元康《肇论疏》卷上云:"梁朝释宝唱作《续法论》一百六十卷云,宋庄严寺释昙济作《六家七宗论》。论有六家,分成七宗。第一本无宗,第二本无异宗,第三即色宗,第四识含宗,第五幻化宗,第六心无宗,第七缘会宗。本有六家,第一家分为二宗,故成七宗也。"(《大正藏》第45卷,第163页上)据此说,六家也即七宗。六家七宗的形成是中国佛学走上综合创新和独立发展的重要标志,也是佛教中国化的重要表现。"六家七宗"的解释虽各有差异,但总的来说,都是对玄学化的《般若经》中的所谓的"空"的意义之不同看法。其中"本无"、"心无"、"即色"三宗影响最大。

"本无"派的代表人物究竟是释道安还是竺法深,历来其说不一,一般倾向于认为释道安是本无宗的代表者。道安(公元312—385年)是东晋十六国时代著名的佛教学者和佛教领袖,长期致力于大乘佛教般若学的理论建设。史载道安曾撰有《本无论》,已佚,全文不可得知。现在散见于《昙济传》中论及本无宗的片段引文,以及另外两书中直接引用的道安关于本无的论述。他的学说主张要点:(一)强调"本无"思想是从原始佛教到大乘佛教的基本教义,由来已久,源远流长,极为重要。(二)着重从本体论和宇宙生成论的角度来论证和阐述本无论。认为宇宙于空无状态后,经由元气变化而形成万物是一个自然的过程。宇宙既无创造者,万物也非从虚空中产生。这是从两方面说明本无的含义:一是追溯万物形成前的状态为廓然空无,是为本无;二是万物形成后的性状是"五阴本无","本性空寂",是为本无。万物形成前的空无与形成后的空寂,是"本无"的密切相关的两层含义。(三)认为修正的途径是崇本息末,也就是要宅心本无,悟解性空,息灭末有,消除异想。(参阅方立天:《中国佛教本无说的兴起与终结》,《中国文化研究》1997年4期)显然,他带有王弼、何晏的"贵无"的玄学与禅学的综合的色彩。

"心无"派的代表人物是支愍度,其论点似带有"崇有"的色彩,认为有形的外物是"有",不是"无",而且也不会成为"无","有为实有,色为真色";人们应当"内止其心","于物上不起执心"。在"心无"派看来,"心无"即是"空","空"是指"无心于万物",在物上不生执心,而物本身却是不"无"不"空"。

"即色"派的代表人物是支遁（支道林），主张"即色者，明色不自色，故虽色而非色也"（僧肇：《肇论》）；又说，"夫色之性也，不自有色；色不自有，虽色而空。"（《世说新语·文学篇》刘孝标注引《妙观章》）"即色"派的这两个命题告诉我们，任何一个"色法"都不是自"有"的，都是别的"色法"使其"有"的，换言之，即任何一个"色法"，其存在都不是由它自己决定的，而是由别的"色法"决定的。比如，一个茶杯，这个茶杯并不是它自己成为这个茶杯的，而是工人将其制造出来的；再比如，任何一个人，都不是他自己生的，而是他的父母生的，这种"色不自有"的状态被"即色"派称为"空"。

"六家七宗"的出现，标志着佛教经论的解释权转移到中国知识僧侣手中，佛教在汉地也找到了自己在思想理论上的入口与依据，遂成为中国上层建筑的一部分。

对上述三家学说坚性分析比较，取长补短，把"佛玄"推向一个新阶段的代表人物是鸠摩罗什的弟子僧肇。晋、宋之际，印度著名论师龙树、提婆的中观学派学说通过鸠摩罗什的传译而进入中国，般若学也因此有了新的发展。他的弟子僧肇便是发挥这一学说的著名僧侣，对般若学所讨论的重大理论问题，几乎都作了总结，写下了《不真空论》、《物不迁论》、《般若无知论》等重要论文，收集在他的论文集《肇论》中。《不真空论》是他有关本体论的著作，集中阐述了他的宇宙观。认为宇宙的一切都是缘起性空的，即一切的生是由于缘的聚会，一切的灭是由于缘的离散，故一切都是虚幻的，不真实的。因为不真实，所以是空，他强调虽然一切事物是虚幻的，但不是"无"，而是"不真"。《物不迁论》着重讨论的是事物的动与静、变与不变问题，进一步论证世界本体"虚无"是绝对静止的，永恒不变的，集中反映了他的发展观。《般若无知论》认为"般若"所以为最高智慧，便在于它是"无知"。正由于它是无知，所以能无所不知。

除僧肇外，当时有较大影响的僧人还有竺道生，他提出了"一阐提人皆得成佛"和"顿悟成佛"的学说，认为一切众生本有佛性，所以即使罪大恶极、不可救药的人（所谓"一阐提人"）都可成佛。又因为人人皆有佛性，所以只要一旦见性，即可以马上成佛。

六、魏晋南北朝时期佛教与中国文化的冲突和反佛学思潮

佛教与以儒家为主体的中国文化在思想观念上存在着诸多冲突。佛教以摆脱现实、人生的痛苦，实现超越轮回为基本特质，主张出世，万事皆空，远离尘世，引入不生不灭、绝对空寂的涅槃境界；儒学代表了中国文化的主流精神。它是宗法性的政治、伦理，与天道、人性浑然一体而又以人——社会为归宿，体现了对人生、社会的肯定，对主体地位和能动精神的推崇，主张入世，修身养性，治

平天下,追求圣贤的人生境界和大同社会的理想。按照儒家的伦理,讲究父慈子孝,在家孝于亲,在国家忠于君,而按照佛教的主张,就得抛弃父母妻子,也不能报效国家,违背以孝治天下和以儒道治理国家的思想。到了魏晋南北朝时期,随着佛教的进一步传播,佛教势力的扩大,佛教僧徒及信仰者的增多,特别是佛教寺院经济的增长,影响到大地主和国家的利益,使佛教与中国文化逐渐发生了矛盾和冲突。仅就思想观念层面,至少在几个问题上展开了激烈的辩论:

(一)儒佛是殊途还是同归?

汤用彤在《汉魏两晋南北朝佛教史》中有这样一段概括:按佛法之广被中华,约有二端:一曰教,二曰理。在佛法教理互用,不可偏执。而中华或偏于教,或偏于理。言教则生死事大,笃信为上。深感生死苦海无边,于是顺如来之慈悲,修出世之道法,因此最重净行,最重皈依。而教亦偏于保守宗门,排斥异学。至言夫理,则在六朝通于玄学。说体则虚无之旨可涉入《老》、《庄》,说用则儒在济俗,佛在治心,二者亦同归而殊途。"南朝人士偏于谈理,故常见三教调和之说。内外之争,常只理之长短。辩论虽激烈,然未尝如北人信教极笃,因教争而相毁灭也。"这说明南北朝时期因对佛教不同的理解和偏向,而造成了不同的态度与观点。在佛儒的思想冲突中,许多儒者指责佛教削发为僧、不婚娶、离家出世是违背孝道的,但也有人替佛教辩护,如牟子作《理惑论》,极力论证儒与佛殊途而道不相背。

(二)夏变夷还是夷变夏?

传统儒学强调夏夷之辨,主张"内诸夏而外夷狄",因为在春秋战国时代中原华夏文明高于周边少数民族文化,儒家主张以先进的华夏文化去感化或改变落后的夷狄文化,于是就形成了"用夏变夷"的思想。以这样的思想看佛教,无疑佛教是属于夷狄而非华夏文化,那么华人信佛就等于"以夷变夏",所以当时大多数儒者就是站在这样的观点上来反对佛教的。但是,牟子在《理惑论》中则站在佛教的立场上反驳儒家"用夏变夷"的观点,强调"夏"与"夷"并没有固定不变的先进与落后的分别,佛教用于中土,并不违背尧舜周孔之道,所以不必排斥外来佛教。

(三)沙门是否崇敬王侯?

儒家是提倡尊卑等级和名教的,孔子有君君、臣臣、父父、子子之说,汉代以后统治者更结合法家、阴阳家,形成了三纲五常的伦理原则。但是,产生于印度的佛教原本不承认名教,认为王侯也是佛门弟子,只有佛才是至高无上的。这样,佛教不但冲击了儒学,也会动摇封建社会的伦理秩序。于是,东晋咸康六年,辅佐成帝的庾冰就提出了"沙门应尽敬王者"的主张,认为王教不得不一,二之则乱,主张用名教统一社会思想,要求佛教徒、沙门要崇敬王侯。这样就激起了许多朝野佛教徒以及佞佛朝贵的不满,于是就爆发了激烈的争论。慧远就写了《沙门不敬王论》,论证了佛教不违背儒家的礼制和名教,儒家与佛教只有方内和方外的区别,儒家主方内之事(即世俗以内之事),佛家主方外之事(即世俗之外的事)。所以,他认为儒家与佛家"内外之道,可合而明"。这又是儒家与佛家的殊途而同归之论。

(四)神灭还是神不灭?

由于佛教的盛行,出现了"神不灭"的思潮。佛教传入中国以后,与中国传统的人死为鬼、精灵不灭的思想意识相结合,形成了一种"神不灭"的有神论学说。其主要代表人物是慧远、郑道子等,其代表作分别是《沙门不敬王者论·形尽神不灭》和《神不灭论》。慧远的基本观点是:精神现象是一个独立的实体,可以离开肉体而存在,它是不灭、不能穷尽的;人的一切活动,包括意念活动一经产生,就不会消失,它将会引起善或恶的后果(即因果报应);人死以后,灵魂还会传世再生(即轮回传世)。郑道子进一步分析了"神"的作用,强调在形神关系中,"神"可以离开"形"而独存;"神"比"形"更为根本。对于这些有神论观点,无神论者进行了激烈的批判,出现了激烈的反佛理论。这些将放在下面专讲。

在佛教与中国文化的冲突的过程中,逐渐形成了一浪高过一浪的反佛学思潮。《广弘明集》载道宣《叙列代王臣滞惑解》,其中详引了荀济上疏反佛的言论,汤用彤在《汉魏两晋南北朝佛教史》第十三章"郭祖深与荀济之反佛"一节把佛教的患害概括为八个方面:佛教能祸国;佛教能短祚;佛教本出于西部边夷之祖;佛教蔑弃忠孝,最为凶狠;僧尼不耕不偶,病民费财,害政之尤;僧尼志在贪淫,窃盗华典,倾夺朝权;沙门不为天子所臣;盛弘释教,废儒道,亏名教。批判佛教的极致便是北朝的排佛、毁法事件了。因不属思想史的内容,此不赘述。

何承天是东晋以后最先阐述神灭论思想的人。他曾经依据他的天文历算的科学知识,并结合儒家的人文观点进行了三次反佛的理论斗争。第一次是刘宋年间,他写《报应问》一文,批评佛教的报应之说,刘少府作《答何衡阳书》予以反驳,史称《报应问》之争。第二次是宋文帝元嘉年间,何承天因支持慧琳《白黑论》的反佛立场,同宗炳围绕《白黑论》的观点,其中最重要的是神灭与神不灭的问题,展开了争论,史称《白黑论》之争。第三次是在他与宗炳进行《白黑论》之争时,还写有《达性论》,批评佛教的轮回转生之说,由此引起他与颜延之的一场争论,史称《达性论》之争。

刘峻曾经写了《辨命论》一文,批评佛教因果报应之说,认为人的死生、贵贱、贫富、治乱、祸福与善恶无关,都决定于天命,而不以人的意志为转移。他所说的命或天命,就是指自然之道,已经抛弃了有神论的色彩,而同王充所指的客观规律性相近。

南朝著名的无神论思想家范缜在佛教盛行时旗帜鲜明地进行反佛斗争,一生有过两次大的反佛行动。一次是他为萧子良门客时,对萧宣传的佛教因果报应论进行了批判。据《南史·范缜传》记载,(萧)子良问曰:"君不信因果,何得富贵贫贱?"范缜答曰:"人生如树花同发,随风而堕,自有佛帘幌坠于茵席之上,自有关篱墙落于粪溷之中。坠席者,殿下是也;落粪溷者,下官是也。贵贱虽复殊涂,因果竟在何处?"以偶然论的元气自然论反对因果报应论,以树花之喻说明人生都是偶然际遇。这就树起了对佛教进行理论批判的大旗,具有反佛和批判门阀士族特权的作用。

另一次是梁武帝时代宣布佛教为国教,范缜针锋相对,写下了反对神不灭义的重要理论篇章《神灭论》,提出"神灭论"。"神灭论"触及了佛教教义的基础,引起了朝野,特别是笃信佛教的梁武帝的极大震动,梁武帝急忙下诏组织反驳《神灭论》,并且亲自出马,组织和尚、僧徒及当朝权贵写了大量文章,围攻《神灭论》。而范缜始终坚持无神论的立场,据理力挫贵族、僧侣,据史书记载,范缜"辩摧众口,日服千人"。在这场大论战中,范缜以唯物主义的思辨哲学在理论上取得了辉煌的胜利。

《神灭论》的主要观点,是以"形神相即"反对"形神相异"。什么是"形神相即"?范缜解释说:"神即形也,形即神也;是以形存则神存,形谢则神灭也。"这里有两层含义,第一,是说神和形是互相联系不可分离的,他又把这叫做"形神不二"或"形神不得相异"。在他看来,形和神"名殊而体一",形和神是既有区别又有联系的统一体。第二,是说神的生、灭要以形的存、谢为转移,也就是说,在形神关系中,两者不是平行的,而是一种以形为基础,神为派生的关系。天地间没有所谓的"形神相异"、"形神非一",即没有脱离形体不灭的精神,这样,轮回、报应之说也就不能成立了。

《神灭论》的另一个观点,是提出"形质神用"的命题,这是对"形神相即"的发挥和深化。他说:"形者,神之质;神者,形之用。是则形称其质,神言其用。形之与神,不得相异也。"这里说的"质"是指物质实体;"用"是指物质实体的作用;形神的统一,就是物质实体及其作用的统一。他还总结前人对形神关系用烛火之喻的失误,创造性地以刀刃与锋利之喻生动地说明了形神关系。"神之于质,犹利之于刃;形之于用,犹刃之于利。利之名非刃也,刃之名非利。然而舍利无刃,舍刃无利。未闻刃没而利存,岂容形亡而神在?"精神和产生它的物质实体的关系,如同锋利和刀刃的关系一样。形体和它所产生达到作用的关系,如同刀刃与锋利的关系一样。锋利不等于刀刃,刀刃不等于锋利。但是离开了锋利就无所谓刀刃,离开了刀刃就无所谓锋利。从来没有听说过刀刃不存在而锋利单独存在的,哪里能说形体死亡而精神仍然存在呢?

佛教徒还提出关于人之质与木之质的问题。说如果精神是形体的作用,那么树木也是形体,也应该有精神作用,但树木没有精神,可见精神并不一定依赖形体,而是可以独立存在的。范缜针对这一诘难,对质的多样性和用的复杂性做了辩证分析,指出:"今人之质,质有知也,木之质,质无知也;人之质非木之质也,木之质非人质也。"这说明人与木虽都为有形之体,但本质是有区别,所以"用"也不同。不仅人与木的质有区别,活人与死人的质也有区别。他举"荣木"与"枯木"为例,来比喻活人与死人之质的不同,说明特定的质有特定的用,精神现象只是活人形体所特有的表现和作用。

《神灭论》还把人的精神现象分为两部分,一是能感受痛痒的"知",即知觉;一是能判断是非的"虑",即思维。二者有深浅的区别,也有联系,即都是一种精神现象。作为精神现象,它们都离不开人的形体,都是以人的生理器官为基础的。

七、葛洪的丹鼎派道教理论

道教是由古老的神仙方术的传统发展而来,在魏晋时期有一个较大的发展,并在佛教的影响下形成了一定理论和仪式的宗教。

葛洪,东晋著名道教人物、医学家、炼丹术家。字稚川,自号抱朴子,丹阳句容(今属江苏)人。葛玄从孙,少好神仙导养之法,从葛玄的弟子郑隐受炼丹术。司马睿为丞相,用为掾,且任谘议、参军等职。因镇压石冰领导的农民起义"有功",赐爵关内侯。闻交趾出丹砂,求为勾漏令,携子侄至广州,止于罗浮山炼丹,在山积年而卒。

葛洪是丹鼎派道教理论体系的奠基人,他从神仙方术角度发展了道教,创立道教的丹道一系。他写了《抱朴子》一书,分内外篇。内篇言"神仙方药、鬼怪变化、养生延年、禳邪却祸之事",属于道教;外篇言"人间得失,世事臧否",属于儒家。《抱朴子》是道教史上一部具有完整理论体系和多种方术的巨著,为道教理论的系统化作出了贡献。关于葛洪的思想倾向,侯外庐先生说葛洪是"从儒家正宗入手"的道教学者(《中国思想通史》第三卷第七章第二节),实际上《抱朴子》外篇反映了葛洪早年的思想,内篇则反映了他中、后期的思想。

《抱朴子》内篇据葛洪自称是"粗举长生之理",是现存最有体系的神仙家著作。他在论"道"的本体时,用了"玄"这个范畴,并认为"玄"是"自然之始祖,而万殊之大宗"(《畅玄》),"玄"即"道"的起始,天地万物的总根,所以它能"范铸两仪,吐纳大始,鼓冶异类"(同上)。它极其深远,极其广阔,无所不在,无所不有,无所不为,无所不能,但又微妙无比,变幻莫测,难以琢磨。这样,"玄"与老庄的"道"已没有什么两样。

《抱朴子》外篇在思想上以"兴儒教"为宗旨。葛洪的兴儒教,并不是要求人们皓首穷经,而是复兴以君臣关系为中心的儒家纲常名教,以便依靠一个强有力的君主,来调节名门豪族的势力均势。在政治思想上,他主张礼刑并用,但实际上偏重于用刑。他认为三代以降,世风日下,人心不古,积重难返,需要用猛烈的刑罚去拨乱反正。

葛洪的思想,基本上是以神仙养生为内,儒术应世为外,一面把道家术语附会到金丹、神仙的教理;一面坚持儒家的名教纲常思想,并对魏晋以来玄学清谈风气表示不满,主张立言必须有助于教化,同时又提倡文章与德行并重,反对贵古贱今。其思想主旨是道本儒末,以道教为本,儒术为辅。他说:"道者,儒之本也;儒者,道之末也。"(《明本》)为什么道高于儒呢?他认为道家之教包括了儒墨名法之长,而又避免了各家之短。他说:"儒者博而寡要,劳而少功;墨者俭而难遵,不可遍循;法者严而少恩,伤破仁义。惟道家之教,使人精神专一,动合无形,包儒墨之善,总名法之要,与时迁移,应物变化,指约而易明,事少而功多,务在全大宗之朴,守真正之源者也。"(同上)他引《史记·太史公自序》"论六家要指"证明"道家之教"兼各家之长,从而确定以道为本的地位。在葛洪那里,道儒的矛盾关系中,显然道教是矛盾的主要方面,人生当以修仙为主,但又不废外用世事,像黄帝一样仙圣两全。

葛洪对化学,医学的发展有一定贡献。《抱朴子·内篇》具体地记载了炼丹的方法,为现存的历史时期较早的炼丹术著作;《金匮药方》一百卷,后节略为三卷,内容包括各科医学,其中有对天花、恙虫病等世界最早的记载。著作除上述外,尚有《神仙传》等,又曾托名汉刘歆撰《西京杂记》。

八、寇谦之与陆修静改革"五斗米道"

南北朝时期,一些道教学者致力于从内部改造早期道教,寇谦之、陆修静就是两位著名的代表。

寇谦之(公元365—448年),字辅真。祖籍上谷昌平(今属北京市),后徙居冯翊万年(今陕西临潼北)。自称东汉雍奴侯寇恂之十三世孙。其父修之,苻坚东莱太守;兄寇讃在北魏初任南雍州刺史。寇谦之"早好仙道,有绝俗之心;少修张鲁之术,服食饵药,历年无效。"(《魏书》)后遇"仙人"成公兴,随之入华山,采食药物不复饥。继隐嵩山,修道七载,声名渐著。据称太上老君降临授天师之位,赐经多卷,令其整顿道教。

寇谦之改革"五斗米道",创立"北天师道"。他主张以清虚为主旨,通过养生修炼达到长生不老。寇谦之改革天师道的原则是"以礼度为首",即保留和增加适合儒家礼教的内容,革除和废弃违背儒家礼教之制度。他要求摈弃可被农民起义利用的教义和制度,反对"称官设号、蚁聚人众、坏乱土地",要求"于君不可不忠","不得叛逆君主,谋害国家",人们"勿怨贫苦"、"勿以贫贱求富贵"等,求兼修儒教,并教生民,佐国扶命。主张臣忠子孝,夫信妇贞,兄敬弟顺,安贫乐贱,信守五常,并将此列为道教规戒之内容,遂使儒家的道德规范成为道士的行动准则,为道教提出一套护国佑民的理论。这一改革使道教由原来的民间宗教一跃而成为官方宗教,寇谦之也因此为魏朝廷宠信。对天师道的改革在《魏书·释老志》中有比较详细的记载,具体改革要点:

1. "除去三张伪法租米税钱,及男女合气之术",对原来天师道的教义和制度进行了根本的改革,消除了农民起义的性质。

2. "专以礼拜求度为首",就是吸收儒家名教,充实他所改造的新道教的思想内容,做到"儒道兼修"。

3. 主张"服食闭炼",在继续重视原来天师道的符箓以外,强调斋戒沐浴、烧炼金丹,还为北天师道制定了许多重要规范。

他还依靠皇帝发动了一次灭佛运动,从而为发展北天师道作出巨大贡献。

陆修静(公元406—477年),字元德,吴兴东迁(今浙江吴兴东)人。三国吴丞相陆凯之后裔。少宗儒学,博通文籍,旁究象纬。又性喜道术,精研玉书。及长,好方外游,遗弃妻子,入山修道。初隐云梦,继栖仙都。为搜求道书,寻访仙踪,乃遍游名山,声名远播。

陆修静对南方的天师道进行了改革。陆修静原来也是"五斗米道"的信徒,他把自己看做是替天师传道的人。他称颂五斗米道比古代方术进步,但认为五斗米道的宗旨应该为儒家名教和国家服务,而不应该为下层群众的利益呐喊。针对南朝时五斗米道组织的涣散,制度废弛,身无戒律,不顺教令等等,他首先整顿道教组织,健全道教管理制度,完善道教教理教义。为适应道教发展的需要,他主张从斋戒入手,予以整饬,在总结自天师道以来原有的各种斋仪的基础上,进一步完善了道教斋醮仪式,使五斗米道"俯仰有节,进退有度",为道教教理、仪式的统一奠定了基础。陆修静编著有关斋醮仪范的著作多达100余卷,基本上完成了道教的仪式建设。

宋明帝时(公元465—472年),他将搜集的道书(其中有上清、灵宝、三皇各派的经典),加以整理甄别,鉴定其中经戒、方药、符图等1228卷,分为"三洞"(即洞真、洞玄、洞神)。泰始七年(471)又撰定《三洞经书目录》,成为我国最早的道教经书总目,奠定了后世纂修《道藏》的基础。

陆修静"祖述一张,弘衍二葛",继承张道陵、张衡、张鲁的五斗米道教义,发展葛玄、葛洪道教理论,整理医典,他既是原始道教的改造者,也是两晋贵族道教各学派的综合者。为此,五斗米道由原始的民间道团向更加完备成熟的官方道教发展。后人把陆修静改造的五斗米道称为"南天师道"。

九、陶弘景与南朝道教改革

陶弘景(公元456—536年),南朝齐、梁时道教学者、炼丹家、医药学家。字通明,自号华阳,隐居,谥贞白先生。丹阳秣陵(今江苏南京)人,是陆修静门徒孙游岳的弟子。弘景四五岁便好书,九岁好写作,后隐居茅山,建馆修道,喜爱松风,性好著述,著作达200余卷,并造浑天仪。

陶弘景是一位博学多才的士族文人,是南朝道教改革的集大成者。他对以前流行南方的葛洪金丹道教、杨羲的上清经箓道教及陆修静的南天师道,又进一步总结、充实和改革,开创了茅山宗。梁武帝邀弘景出山参政,他画二牛:一头散放于水草之间,另一头戴金笼头,被人用绳子牵着,用鞭子赶着。武帝知其不愿下山,于是朝中大事,无不派人入山咨询,故有"山中宰相"之称。

道教上清派教义与方术的发展成熟,茅山上清道团的成立,都与他有着密切关系。他中年隐居修道于茅山,着手弘扬上清经法,除广泛搜集整理上清经外,又撰写带有教派史性质的《真诰》,著有《登真隐诀》、《真灵位业图》等重要道书。建立了较为系统、完善的神仙信仰体系。晋代刘宋以来,到茅山修道的人很多,但并未把茅山发展成为上清派的基地。陶弘景居茅山后,开设道馆,招收徒弟,弘扬上清经法,使茅山成为上清派的传道基地,并形成了茅山宗。该宗特点是以上清经箓为主,兼收并蓄各派道法及儒释思想。陶弘景所开创的茅山宗,对后世道教的发展,有着深远的影响。

陶弘景在思想上继承了老、庄哲学和葛洪的神仙理论,并吸取儒学和佛学的观点,主张儒、释、道三教合流。他说:"万物森罗,不离两仪所有;百法纷凑,无越三教之境。"(《茅山长沙馆碑》)他思想体系的基本范畴是"道",把"道"看做是世界的本原。他说:"道者混然,是生元气。元气成,然后有太极,太极则天地之父母,道之奥也。"(《真诰·甄命授》)这里的太极是引《周易·系辞上》"易有太极,是生两仪"的旧说,把"太极"看作是儒家的基本范畴,是道生元气,元气生太极,太极生万物。陶弘景所撰《真灵位业图》把儒家名教引入道教理论中,把所有道教的真灵,包括天神、地祇、人鬼及诸神仙分为七级,每级都有一位主神位于中央,将元始天尊作为最高尊神,并广泛吸收各教派尊奉的神仙,组成一个庞大完善的神系,表明他主张儒释道三教合流,也表明他是按照统治阶级的需要改造道教的。他促进了道教理论的统一和系统化,到他为止,民间道教改造业已完成。

第七章 隋唐时期的思想文化(上)

一、隋唐以儒为主,佛道为辅的思想文化政策

中国社会经过了魏晋南北朝时代长期的动乱以后,随着公元587年隋朝的建立,重新得到了统一。隋朝享国很短,公元618年李氏父子灭隋,建立唐朝,统治中国近三百年,谱写了中国历史上最辉煌的篇章。"三代以还,中国之盛,未之有也。"(吕思勉:《先秦史》第22页,上海古籍出版社,1983年)特别是在安史之乱以前,唐帝国政治清明,经济持续发展,文化艺术繁荣,出现了"贞观之治"、"开元之治"的封建盛世。唐太宗以皇帝与天可汗的双重身份治理天下,体现了多民族大家庭的和睦相处与友好亲善。武则天在一个男权至上的社会,竟登基做了女皇,表明了帝国的开放气度和博大胸怀。

隋唐统一王朝建立以后,为了加强思想文化上的统治,对儒、佛、道三教采取了分别利用的态度。它一方面确立了儒学的正统地位,另一方面又以佛、道为官方意识形态的重要补充,推行三教并用的思想文化政策。因此,在思想意识形态领域,儒、佛、道逐渐形成了三教鼎立的局面。三教之间政治、经济和理论上的矛盾争论虽然一直不断,但三教融合的总趋势却始终未变。这不但促进了三教的相互吸收,还造成了一种多元、开放的文化格局。

虽然这时候佛教称盛,但统治者在政治上还基本以儒学为指导思想,儒学不但仍然占据着国家意识形态的地位,也仍然是一般人的日常行为标准。隋文帝杨坚于开皇三年就下诏说:"行仁蹈义,名教所先,厉俗厚风,宜见褒奖。"(《隋书·儒林传》)"诏天下劝学行礼"(《隋书·文帝纪》),隋炀帝即位之后,"复开庠序、国子郡县之学,盛于开皇之初。征辟儒生,远近毕至,使相与讲论得失于东都之下"(《隋书·儒林传》),使儒学研究开始复苏,社会上出现了儒雅的风气。唐高祖李渊个人对儒学甚有好感,颇重儒臣,即位之始,就下令恢复学校,置国子、太学、四门生,合三百余员,郡县学亦各置生员,为儒学的恢复提供了基本前提和条件。武德二年(619年)又下诏说:"朕君临区宇,兴化崇儒,永言先达,情深昭嗣。宜令有司于国子学立周公、孔子庙各一所,四时致祭。仍博求其后,具以名闻,详考所闻,当加爵士",明白提倡"儒学聿兴",并不时亲临国子学释奠,听诸生讲解经义。唐太宗不光是认识到儒学的重要性,积极崇尚儒学,他说:"朕今所好,唯在尧舜之道,周孔之教。"(《贞观政要》卷六)在太宗的

倡议和直接组织下,于秦府开支学馆,广引文学之士,以杜如晦、房玄龄、虞世南、搯亮、姚思廉、李玄道、蔡允恭、陆德明、孔颖达、许敬宗等十八人各以本官兼署学士,分班轮值,讲述儒学义理。对于传统的儒学,唐代继承了隋代统一经学南学、北学的成果,积极予以扶持。唐太宗在隋文帝的基础上,进一步整理儒家经典,命孔颖达等人撰定《五经正义》。唐高宗永徽四年颁行全国。从此以后一直到宋代,凡是科举考试,或是传授经书,都必须以《五经正义》为官定经书。可见,隋唐的统治者还是很重视儒学的。不过,儒学在思想界并没有处于独尊的地位,到唐代中期,《五经正义》的影响逐渐衰微,开元十六年(公元728年),当时就有人上书皇帝要求采取行政措施以振兴儒学。与两汉不同,这是个中外文化、民族文化的交流时期,用一种思想是不能统治下去的,这需儒学有一个变化,在保存儒家基本思想的同时,吸取当时自然科学的研究成果,以及外来文化的若干方面,创立一种新儒学。

对于佛教,隋唐的统治者虽有一些排佛言论与措施,但总的说来还是积极提倡的,他们广建寺塔,广度僧尼,广写佛经,广交僧侣,广做佛事,广给布施,并赐予高僧以爵位,因而佛教在隋唐两代达到了鼎盛时期。本来,佛教的"神不灭论"经过范缜等人的批评,在理论上可以说是被驳倒了,为什么还会发展起来?批判的武器不能代替武器的批判,一种思想,一种学说,不能只是靠精神的力量就能使其消失。何况佛教宗教哲学也不能完全归结为神不灭论,它本身还有其他内容,还有一些具有理论思维的思想资源。到隋唐时期,佛教已经建立了比较巩固的寺院经济,就是由当时的统治者拨给寺院一定的土地或某一地方的税收,寺院有了数量可观的、固定的租税收入,过着同世俗地主一样的剥削生活。在唐代,寺院不仅占有大量耕地,而且有荒地、果园、碾坊甚至开设店铺。隋唐统治者在经济上和政治上对佛教所实行的支持,加速了隋唐佛教宗派的形成。

道教在唐代一直受到统治者的推崇,唐高宗曾去终南山谒老子庙,唐太宗虽称神仙事本属虚妄,却又在修兖州玄尼庙时又修亳州老君庙。唐高宗追封老子为太上玄元皇帝,武则天又追封老子母为先天太后。之所以出现这种情况,是因为,第一,道教给李唐王朝提供了一个借以抬高门第出身的李姓祖先。唐太宗从道教中发现了道教所信奉的教祖老子姓李,于是就把皇室宗谱一直上推到老子那里,自称老子就是李唐王朝的始祖,李唐王朝乃老子的后裔。这样,李唐王朝的王权就涂上了一层神权的色彩;第二,道教的形体不灭理论可以刺激统治者追求"长生不老"的欲望,不少皇帝都服食丹药以求不死。

在统治者这样的政策下,唐代三教既互相斗争,又互相融合。三教之间的斗争,表现为儒家因佛、道二教威胁和破坏了宗法主义的治道而攻击佛教和道教,以及佛、道二教之间由于基本教义的差异和争夺宗教地位而发生激烈纷争。三教在斗争中又逐渐趋于融合。三教中的不少思想家,都分别站在各自的立场上提出过"三教合一"的主张。儒家主要对佛、道思想中的哲学层面和思维方法有所吸取,以充实自己心性论和宇宙论方面的思想。而佛、道除了坚持自己出世主义的宗教世界观外,还着重吸取了儒家的伦理政治思想,容纳儒家的忠孝、仁义等思想,以与整个中国封建社会的社会结构相适应。这种三教融合之势,至宋代更趋明显。

二、王通的思想

王通,字仲淹,生于隋文帝开皇四年(584年),卒于隋炀帝大业十三年(617年)。隋河东郡龙门县通化镇(今山西省万荣县通化乡)人。是隋代山西的一位大儒,死后,门弟子私谥为"文中子"。王通出生在官宦世家,其父王隆,曾于隋开皇初,以国子博士待诏云龙门,向隋文帝奏《兴衰要论》七篇,"言六代之得失",颇为隋文帝所称道。王氏家学渊源深厚,所以王通从小就受到儒学的熏染。《中说·立命篇》有"夫子十五为人师"的记载,可见王通少年时即精通儒学,学问极好。据说在隋文帝仁寿三年(603年),王通曾经"西游长安,见隋文帝,奏太平十二策,尊王道,推霸略、稽今验古",但没有受到重用。大约是由于同乡薛道衡的推荐,才被授以蜀郡司户书佐、蜀王侍郎。王通并不满意,所以不久就"弃官归,以著书讲学为业",居河汾之间,聚徒讲学直至终老,受诲者达千余人。唐初几位大政治家魏征、房玄龄、杜如晦、李靖等都出其门下。其弟王绩、王度皆有文名,其孙王勃,更是少年英才,能诗善文,被誉为"初唐四杰"之一。其著作现存《中说》(即《文中子》)。

王通在儒、道、佛三足鼎立的形势下主张以儒学为主,三教可一,即三教可以融合的观点。值得提及的是,他所说的儒学主要是周孔之道,与后来宋明诸儒的孔孟之道有不同。王通把周公和孔子推到了至高无上的地位,他说:"千载而下,有申周公之事者,吾不得而见也;千载而下,有绍宣尼之业者,吾不得而让也。"(《中说·天地》,以下只注篇目)他把承袭、宣扬周公与孔子的事业、思想作为自己毕生的伟业,即使到处碰壁,也矢志不回。他的儒学思想的中心是儒家的王道,认为只有周公和孔子才体现了王道之制和王道理想,"吾视千载以上,圣人在上者,未有若周公焉,其道则一,而经制大备,后之为政者有所持循;吾视千载而下,未有若仲尼焉,其道则一,而述作大明,后之修文者有所折中矣。"(同上)

王通常常以古人"生以救时,死以明道"的抱负来激励自己,企图通过著书立说以实现自己的抱负。除著《中说》外,还用了八九年时间著成《续六经》(已

佚),宣扬王道政治。他所极力宣扬的王道,基本内容包括以下几个主要方面:

提倡分封制,反对郡县制。他认为只有实行分封制才能巩固政权,即使发生政治变乱,也只有在分封制下才能实现"善政"。他说:"宗周列国八百余年,皇汉杂建四百余载,魏晋已降灭亡不暇,吾不知其用也。"(《王道》)把周、汉绵延一千二百年,魏晋南北朝各国短命而亡,都归结于实行分封制还是实行郡县制。关于分封制与郡县制的优劣短长以及何者更切合当时社会发展的实际需要,不是我们所要讨论的内容,这里不予赘述。

宣扬礼信仁义。"李密见(文中)子而论兵,子曰:'礼信仁义,则吾论之;孤虚诈力,吾不与也。'"(《天地》)他特别强调维护封建等级制度的"礼"。他对门人窦威说:"既冠读冠礼,将婚读婚礼,居丧读丧礼,既葬读葬礼,朝廷读宾礼,军旅读军礼,故君子终其身不违礼。"(《魏相》)他也强调儒家的"仁"、"恕"。认为"仁"为五常之始,希望学者"仁以为己任"。他解释"恕"说:"为人子者,以其父之心为心;为人弟者,以其兄之心为心。推而达之于天下斯可矣。"(《天地》)

宣扬三纲五常。他游孔庙,不由自主地赞叹到:"大哉乎! 君君臣臣,父父子子,兄兄弟弟,夫夫妇妇,夫子之力也。其与太极合德,神道并行乎!"他还身体力行三纲五常,并感叹当时纲常废弃,人心不古。

王通宣扬的王道政治思想,在当时没有实现的条件,他也四处碰壁,甚至他的一些弟子也在后来的政治上有一定的影响,都不愿或不能实行王通的那一套。但他的思想对其后的唐初政治还是发生了积极的建设性的影响,他的学生著名的如魏征等,都是唐朝开国创业者和"贞观之治"的参与者,他的思想曾经在唐代开国和"贞观之治"中起过重大的作用。

在以儒学为主的前提下,王通主张"三教可一"。在王通以前,提出三教合流主张的不乏其人,但多数是道教学者或佛教学者。在儒家学者中主张融合佛、道的,当以颜之推为著名代表。因此,《颜氏家训》从儒家立场所表述的三教合流思想,应当被看做是王通三教可一思想的前驱。王通当时也批评佛教、道教,认为佛教毕竟是"西方之教",不加以变通就不适合中国国情,犹如大车无法畅行于水泽地区,中国的帽子不适合在西方人的头上一样。而道教仁义不修,孝弟不立,专讲"长生之道",不利于向人民施行教化。他的态度并不偏激,能够冷静地进行分析,清醒地认识到各种异教可以共存,不能简单粗暴地以行政命令废除某一异教,只能在儒学的基础上把三教统一起来,做到"通其变",即对各家中的弊端加以变通、改造,使彼此之间互相通融,取长补短,就可以使"天下无弊法"。这便是"三教可一"的实质内容。因此,从这个意义上说,王通的思想贡献在于一方面承认三教独立存在的价值,另一方面坚守了儒学的立场,为儒学真正融化、吸收释道二教的思想因素并重振雄风提供了理论上的可能,对于推动儒学复兴,对于后来宋明理学的形成,都起了思想的先导作用。

另外,王通的"三教可一"并不是简单的三教合流,并不是将三教归为一教,而是有着现实政治的考虑。在《中说》一书中,当学生问王通"三教如何"时,他回答说:"三教于是乎可一矣!"学生接着问:"何谓也?"他说:"使民不倦。"因为每个宗教都有信仰他的群众,统治者为了不脱离群众,就必须使多种宗教并存。所以"三教可一"就能"使民不倦"。

三、孔颖达与《五经正义》

孔颖达,唐冀州衡水(今属河北)人,字仲达,一作仲远或冲远,孔安之子,孔子三十二代孙。生于北朝齐后主武平五年(574年),卒于唐太宗贞观二十二年(648年),终年75岁。孔颖达少时向隋代的大儒刘焯问学,后被选为"明经"。到唐代,历任国子博士、国子司业、国子祭酒等职。他长于《左传》、《郑氏尚书》、《毛诗》、《礼记》等,兼通数学、历法,曾与魏征等撰成《隋记》。

唐太宗即位后,颇重视儒学,大收天下儒士,讲论经义。《五经正义》就是孔颖达奉命,与颜师古等编写而成的。这里的"五经"指《易》、《诗》、《书》、《礼记》及《春秋·左传》。《五经正义》主要是做两步工作,第一步是选定标准版本,第二步是群儒合作撰述义疏。注本的选定,采用全国通用的标准本,《五经》原文用陆德明的《经典释文》、颜师古考订的《五经》原文。《易经》主要用王弼注,《尚书》主要用孔安国传,《春秋·左传》主要用杜预集解,《毛诗》主要用郑玄笺,《礼记》主要用郑玄注。参加撰述"义疏"的学者很多,而以孔颖达为主,并坚持始终,故以孔颖达名之。

《五经正义》在撰著过程中坚守注不破经、疏不破注的原则,做到了融贯诸家之说,择善而从。就儒学与诸家关系来看,是以儒家为主,兼取佛、道的结合体,其学术思想意义已超出了经学自身的范围。当然,《五经正义》各经正义的思想内容还是有差别的,其中《周易正义》因以王弼、韩康伯的注文为依据,故儒、道融合的痕迹比较明显。在《五经正义》中多次论及"道"和"气"的问题。王弼谈"道"谈"无"而少谈"气",汉儒谈"气"而少谈"无";《五经正义》提出了"道"、"形"、"器"、"气"四个范畴,认为(1)"道"就是"无","无"能生"有",所以由"道"产生"形","道"是世界的本原。这就与道家的思想没有什么差别。(2)认为"形"指"形质";"器"指"器用"。"既有形质可为器用",即"器"是"形"的功能、作用。因此,"器"是依附于"形"的,"形"与"器"不能分割。这就是说,"道"有道之用,"器"有器之用,二者虽有联系,但不能把二者等同起来。(3)认为从"无"到"有"、从"道"到"形",需要有一个物质性的中介,这就是

"气"。"阴阳之气"的有规律的、相互制约的变化,才引起了从"无"到"有"、从"道"到"形"的转化。这就既肯定了"道"的地位,又强调了"气"的作用。综合论述"道"和"气"的关系正是《五经正义》的新发展,这一种发展给后来理学家开辟了道路。《五经正义》对佛教的态度以孔颖达在《周易正义序》中的观点为代表。他认为,不能以佛教的"空"为事物本体和现象的观点或否认认识对象真实性的观点去解释《周易》,主张排斥这种援佛入儒的做法。可是在《周易正义》中的疏文中他又违背了《序》中所表述的宗旨。《周易·乾卦象正义》解释"大哉乾元!万物资始,乃统天"时,就悄悄地把道家的"无欲"、佛家的"无生"、儒家的"爱人"加以综合。这样,在中国思想史上,比韩愈早二百年的孔颖达其实已经具有了这种排佛又容佛的思想倾向。

《五经正义》对于儒家思想的积极意义和消极影响。历史学家范文澜说,唐太宗组织编写《五经正义》,对于儒家思想"与汉武帝罢黜百家,独尊儒学有同样重大的意义"(《中国通史简编》(修订本)第三编第二册,人民出版社,1965年版,第640—641页)。汉代虽然儒学独尊,尚未由政府编定统一的儒家经典全书,立于学官的五经博士仍分门授徒,派别甚多。唐自孔颖达等撰《五经正义》颁行天下,汉魏以来纷繁的师说一扫而空;宗派门户之见如今古文之争、郑王学之辨、南北学之分,也自然熄灭。这不仅是经学训诂方面的重大成就,也是对统一儒学思想作出的重要贡献。由于《五经正义》成为官方经学的定本,因此,自唐代至宋代数百年间,每年科举考试,都被天下士子奉为必循之标准。

但是,这样一来又不可避免地存在两个问题,一是经典整理仅仅实现了儒学在形式上的繁荣,唐太宗在对儒学的利用上,过分强调其社会实践功能,因而相对忽视其内圣意义,儒学仅仅成为"讲论经义,商略政事"的外王之道。二是《五经正义》在一定程度上封闭和束缚了儒学的灵性,使儒学再一次回复到了汉末经学的模式,一定程度上扼杀了儒学的生机与活力,久而久之势必沦为一种僵化烦琐的理论体系和思维方式。正如高观如所论:"唐太宗以好学之君,……奖励儒学。置弘文馆,招天下名儒为学官,选文学之士为学士。鉴于南北朝以来经义纷争,久而莫决,为欲学说之统一,使颜师古校正五经之脱误,令孔颖达撰五经正义……自五经正义厘定后,南北学派之争端虽泯,而儒学思想亦坐是而不进矣。"(高观如:《唐代儒家与佛学》,载张曼涛主编《佛教与中国文化》,上海书店,1987年版)在这种情况下,许多儒家的有识之士出于对唐代官方儒学束缚的反抗,通过不断回归先秦儒家的思想正统,以反对官方儒学的政治正统,同时也反对佛道对中国文化侵蚀和偏离。中唐时期的韩愈、李翱、柳宗元就是其中的代表人物。

四、隋唐时期的佛教流派

隋唐时期,是中国佛教发展的全盛时期。隋唐时期的政治、经济、文化都得到了空前发展。隋唐统治者都十分重视佛教的社会作用,希望以佛教去稳定民心,维护他们的统治秩序。由于统治阶级的大力扶持,中国佛教进入了鼎盛时期,也进入了成熟阶段。这有三个标志:一是寺院林立;二是僧尼众多;三是中国化的宗派涌现。

南北朝时期,佛教日趋兴盛,主要佛经的汉译本大体具备,出现了众多的学派,并开始从魏晋玄学的附庸地位趋向独立。但是还没有形成自己的思想体系,南北方的学风也很不一致,南方偏重于义理思辨,北方偏重于禅定修持。佛教在中国经过四五个世纪的传播和发展,到隋唐已进入鼎盛时期。这时,南北政治统一,佛教各学派趋向综合。随着寺院经济的发展和佛教巩固自己宗教势力的需要,由南北朝的佛教学派进而形成了佛教宗派。佛教宗派不同于学派,它具有自己独特的宗教理论体系、宗教规范制度,有独立的寺院经济,势力范围,每宗都有自己的传法世系,继承其学说和寺院财产。佛教宗派的形成,是佛教中国化的主要标志之一。

隋唐佛教中有较大影响的有八大宗派:即三论宗、天台宗、法相宗(唯识宗)、华严宗、净土宗、律宗、禅宗、密宗。

(一)三论宗 渊源于古印度大乘佛教的中观宗(又称大乘空宗),创始人为隋唐间的吉藏。以龙树所著的《中论》、《十二门论》及其弟子提婆所著的《百论》为主要经典,故名"三论宗"。又因为它主张"诸法性空",故也称"法性宗"。

三论宗以二谛、八不,中道为教义,建立起了认识世界的几个层次:

第一个层次,叫做"二谛"。所谓"二谛",其主要思想是把世界分成两大部分——俗谛(也称世谛)和真谛(也称第一义谛)。吉藏把世界分成两大部分,一部分是世俗的领域,一部分是出家人的领域。在世俗人看来,世界上的一切事物都是实有的,这是世俗人所认识的真理,所以称世谛。在出家人看来,世界上的一切事物都是空寂的,这是出家人所认识的真理,所以称真谛。尽管俗谛说"有",真谛说"空",但二者并不矛盾。一切存在的事物虽然是虚幻的,但它们所表现的却是真实的本体。吉藏称之为"有表不有"、"俗表不俗",即宗教是依存于世俗的。

第二个层次,叫做"中道"。这是更高一级的层次。因为第一个层次只是为了否定世间与出世间的界限,借以争取佛教自身的生存空间,但还不是理想的最高精神境界。吉藏说:"通论《三论》,皆得显'中'。"(《大乘玄义》)说明《三论》的中心思想就是"中道"。所谓"中道",一般是指脱离"两边"(两个极端)的不偏不倚的道路，或观点、方法。佛教史上各个学派对"中道"各有自己的解释。吉藏依据佛教大乘空宗的观点，以"不二为中道"（同上）。俗谛说"有"，真谛说"空"，以"空"、"有"为"二"；"不二"就是非有非空。在吉藏看来，有是假有，非实"有"；空是假空，非真"空"，只有对"空"、"有"双方都予以否定，才是"不二"的"中道"，才能达到佛教的最高境界。

第三个层次叫做"八不"。这是第二个层次的深化，目的在于论证和显示"中道"。所谓"八不"，指不生、不灭；不断、不常；不一、不异；不来、不出。一共八事四对。生、灭，断、常，一、异，来、出相对立。吉藏认为，世界本来没有什么差别而"无所得"，只是由于人们的"一念"才产生出种种的差别。他解释说，生心动念，就有"生"，欲灭烦恼，就有"灭"；承认事物的变化迁流，就有"断"；寻求事物的稳定不变，就有"常"；主张真谛没有相状，就有"一"；宣传俗谛万象参差，就有"异"；入世，就有"来"，出世就有"出"。他宣称，这种承认事物矛盾双方的存在，或偏执于其中一方的观点，都是"有所得"；"有所得"即有所偏，因而都不合"真理"（参见《中观论疏》）。在他看来，只有对事物矛盾双方都予以否定，才能显示"中道"，进入万法皆空的理想境界。

三论宗曾一度流行于关中及江南地区，至唐以后，逐渐衰微。

（二）天台宗　创立于隋代，是中国最早的佛教宗派。由于它形成于浙江天台山，故得名。天台宗的教义主要依据《法华经》，因而也称法华宗。按佛教的说法，其理论也来源于大乘空宗一系，其学统是龙树、慧文、慧思、智𫖮、灌顶、智威、慧威、玄朗、湛然九祖相承。由二祖慧文确立的"一心三观"理论，以及由三祖慧思阐发的"诸法实相"之说，是此宗的主要思想。天台宗的真正创始人是四祖智𫖮，世称智者大师。他不仅在佛教理论上富于创造，又是一位政治活动能力很强的宗教领袖，生前造大寺三十五处，渡僧四千余，传业弟子十二。主要著作有《法华玄义》、《法华文句》、《摩诃止观》，世称天台三大部。

天台宗的教义以"止观并重"、"定慧双修"为最高要求，这也是智𫖮完成南北佛教统一任务的具体表现。所谓"止"，也称为禅定；"观"意为智慧。止观，也就是佛教修行基本内容的戒、定、慧三学中的定和慧。修习止或定，是要使修习者"住心于内"，使意念专注于体内丹田等处，让心神静止下来；修习观或慧，则是要在止的基础上，通过观想和思维，明察心境，从而有助于领悟把握佛教的观点、智慧和功德。止观的意蕴，不限于传统的静坐默想，而是在日常生活的一切方面，都要有止有观。智𫖮认为，通过止观这两种修习方法，就可以使实相契合佛教教义的要求，达到理想的涅槃境地。因此，他主张"止观并重"的修行方法，他说："若人成就定、慧二法，斯乃自利利人，法皆具足。……当知此之二法，如车之双轮,鸟之两翼,若偏修习,即堕邪倒。"(《修习止观坐禅法要》)认为只有"定"、"止",才能消除烦恼,为增长智慧创造有利条件;只有"慧"、"观",获得必要的智慧,才有利于进入专注、安详的心境,真正消除一切烦恼。如果只修养一个方面,就会走偏,堕入邪道,达不到成佛的目的。智顗认为偏修止法而不修观法,那就是"愚";如果偏修观法而不修止法,那便是"狂"。他说:"治无明病,以止为丸,以观为散。"(《摩诃止观》)要治疗众生无明(无智、愚昧)这个病,要以禅定为丸药,以智慧为散药,即只有通过定慧双修,才能达到消除无明的目的。天台宗的这一方法对后来禅宗思想有一定的影响。

智顗"一念三千"学说,是对其止观理论的进一步发挥。他说:"夫一心具十法界,一法界又具十法界、百法界。一界具三十种世间,百法界即具三千种世间。此三千在一念心,若无心而已,介尔有心,即具三千。"(《摩诃止观》)这里所谓的"一念",也称"一心"或"一念心",指人们精神、心理的短暂时刻。"法界"指作为意识对象的各类事物及其本质。"三千"是形容宇宙整体的名词,指世界千差万别、无边无量的现象的总和。"介尔",是形容只有很少一点。智顗这里是说,在众生一刹那的心念活动中就有可能具备宇宙存在的整体。举例说,这"三千"譬如大海,而一念意识譬如大海之一波。波、海是不分离的。佛教修养的目的,就是从此一波而证入大海。

"三谛圆融"也是天台宗教义中的观法,其理论根据是《中论·观四谛品》的"三是偈":"因缘所生法,我说即是空,亦为是假名,亦是中道义。"智顗所谓"三谛"就是指此偈中的"空"、"假"、"中"三条"真理"。空谛,是说一切事物和现象都是由各种因缘(条件)和合而产生的,因此,它们也就没有"生"的自性,没有永恒不变的实体,此义即为"空"。假谛,是说一切事物和现象虽然没有永恒不变的实体,但却有如幻化的假象存在,此义即为"假"。中谛,是说"空"和"假"这两个方面是一切事物和现象的自身同时具备,不待造作而有的,而同时非空非假即是"中道"。就是说,世间一切事物都是虚幻不实的(空谛),只能看做一种假借的概念或"名相"(假谛),这才符合佛教的中道之观(中谛)。智顗还说:"一念心起,即空、即假、即中。"(《摩诃止观》)这就是所谓"一念三观"。这三观没有认识上的先后次第关系,在人的一念心中同时出现,相即相连,互不妨碍,所以叫做"三谛圆融"。智顗认为一切有差别的事物都是圆融的三谛,圆融三谛是一切现象的实相的基本内涵。

(三)法相宗 又名唯识宗、慈恩宗,是唐初最重要的佛教宗派。因为这个宗派集中分析了世界上各种物质和精神的现象;分析到最后,认为一切现象都是"识"所变现出来的。就它的前一特点说,叫做法相宗;就后一点说,叫做唯识宗。这一宗派为玄奘和他弟子窥基所创立,他们常住长安(今陕西西安)慈恩寺,所以又叫做慈恩宗。

玄奘有感于唐初佛教师说不一,经典文本差别较大的现象,决心西行求法。他于贞观元年(公元627年)从长安出发,历尽艰险,赴印度取经,前后达17年。贞观十九年(公元645年)载誉返回长安。这即所谓的唐僧取经。在其后的长达19年的时间里,他把全部精力用在翻译和著述事业上,译出大小乘经、律、论75部,占唐代"新译"佛经的一半以上。他一生中最大的贡献,就是把印度佛教,主要是大乘有宗的学说原原本本地传到中国。其主要译著有《瑜伽师地论》、《成唯识论》等。另著有《大唐西域记》。

他弟子窥基对唯识学贡献最大,唯识宗的主要著作大都出其手笔。法相宗传承至四五代后便趋于衰微,但近代以来又有所复兴,对近、现代的中国哲学的发展影响较大。法相宗的思想主要见于玄奘、窥基编译的《成唯识论》一书。

法相宗提出"万法唯识"的基本观点。这里的"识"是指主体心识的特殊功能和纯精神作用。"唯"不是唯一,而是依存、不离的意思。法相宗认为,"实无外境,唯有内识,似外境生"。(《成唯识论》卷296)好像是外境,其实不是外境,外境只是内识所生成的幻象。这就是说,世界上的一切事物和现象都以"识"为精神性的本体,而没有离开"识"的客观世界存在。

法相宗把"识"分为八种,即他们把八识按性质分为三类,第一类包括前六识,其中,前五识是指眼、耳、鼻、舌、身这五种感觉器官的功能,其认识肤浅和片面。第六识意识,类似知觉,认识比较深刻,但也不全面。前六识都能够了解、识别外界的现象,比如,眼识能够产生颜色的感觉,耳识能够产生声音的感觉,身识能够产生、冷、热等的感觉等等。意识是对杂乱无章的感觉加以综合,形成知觉。在他们看来,世界上的一切现象都只不过是众多感觉的复合体。第二类是第七识末那识,它与前六识不同,它不以外境为对象,而是以内在的第八识阿赖耶识为"境"。它的性质是能够"思量"(思考、思虑),主要作用是思量自我,说明自我意识的活动,并作为前六识与第八识联系的桥梁。末那识有点类似于理性认识。第三类是第八识阿赖耶识,是最重要的一类,它是前七识的最根本的共同依据,所以又称"根本依"、"本识"、"藏识"等。

阿赖耶识的主要特点是"能藏",能够收藏和贮存一切识的"种子"。"种子"是一种比喻性的说法,他们推断出"种子"是精神性的单子,认为一切识必须有相应的种子为因,才得生成。由这些"种子"生成的果,叫做"现行",即"种子"的显现状态。他们宣称:现存的一切现象都是结果,而任何一种结果都是由原因引起的,原因就是"种子",结果就是"现行"。这样,"种子"与"现行"的关系实际上就是第八识与前七识的关系:第八识阿赖耶识是因,第七识末那识(自我意识)是果;自我意识是因,前六识是果;眼识、耳识、鼻识、舌识、身识、意识是因,外界现象是果;外界现象又可被分解、还原为各种意识的要素,从这个意义上说,外界现象是因,前六识是果。上述八识互为因果,八识与外界现象又互为因果,就构成了整个世界。

转识成智,舍染归净是法相宗的理论宗旨,也是其修行实践的根本目的。法相宗认为,我(人)、法(事物和现象)而执在人们心中是根深蒂固的,因此,必须运用一定的修行方法,才能够"悟入唯识"。同时,它还认为,八识中本来具有"有漏"(有烦恼)和"无漏"(摆脱烦恼),即"染法"(污染)和"净法"(清净)两类种子。人们在现实世界中,一般要经过"十地",即十个阶梯,先从懂得我、法二空这一类简单的教义做起,进而破除"烦恼",增长"智慧",一个台阶一个台阶地向上攀登,直到彻底"觉悟"。这样,只有通过长期不懈的修行实践,才能从有漏转变到无漏,即转识成智,舍染归净,从而进入真如、佛性的境界。这里也可以看出法相宗的修习方法以渐悟为特色。

由于法相宗坚持印度佛教瑜伽学派的思想,许多说法不合中国社会人情,且论证繁琐,经院气较足,故在社会上不太流行,在唐代流传了几十年就遭到冷落,逐渐湮灭不闻了。

(四)华严宗 华严宗以阐扬《华严经》而得名,又因武则天赐号其实际创始人法藏为"贤首",后人称法藏为"贤首大师",故又称为"贤首宗"。另因该宗发挥"法界缘起"的思想为宗旨,也称为"法界宗"。法藏是华严宗思想的主要代表人物,他先为武则天宠信,后来又为中宗、睿宗受戒,得到帝王师的地位。这样,华严宗就获得了王公贵族的大力支持。其著作颇丰,主要有《华严经义海百门》、《华严金狮子章》、《华严经探玄记》、《华严经旨归》等。

"法界缘起"论是法藏思想的核心,也是华严宗的思想基础,它主要是以"理"与"事"之间的关系为中心加以阐述的。认为世界万物和纷杂的现象(事)都是由自性清静的真如本体(理)所派生,"理"体现在一切事物之中,每一事物本身体现了全部之"理",所以一切事物互相都"圆融无碍"。华严宗所说的"法界",是指现象界(事)与本体界(理)的"总相"即整体,现象与本体、事与理,二者是融通无碍的。正如法藏所说:"合理事无碍……是为法界也。"(《华严经义海百门》)据此看来,华严宗的法界概念是包含了事物的差别性和性理的同一性两个方面的。

法藏用缘起来解释法界,认为宇宙间任何事物、现象都不是孤立存在,而是普遍联系的。具体地说,一切现象之间的基本关系就是理与事或体与用的关系。因而,法界缘起论讲的是关于宇宙间本体与现象,即理与事以及事与事相互关系的理论,讲的是华严宗的宇宙本体论和生成论。所谓缘起,是说一切现象均处于因果联系中,依据一定条件转化而产生和变化。法藏曾以金狮子为喻,对缘起概念加以讲解。他认为,金狮子是工匠加工制作而成的,所以它是因缘合和而生的。既然金狮子是"缘起"而生的,因此,它作为现象就是虚幻的"色空"。如果把虚幻的金狮子执著为实有,就是一种虚妄。但是,金狮子也不是凭空而生的,而是依据一定条件显现为"似有"。在这个"似有"的金狮子中,"金"才是真实的本体,是始终不变的"一法真界"。可见,金是金狮子的本原和本体,金狮子是随金而形成的。

华严宗认为,对宇宙间一切事物和现象,由浅入深或由不同的角度而有四种不同,可分为四法界:事法界、理法界、理事无碍法界、事事无碍法界。关于这四法界的关系,法藏解释说:"理不碍事,纯恒杂也;事恒全理,杂恒纯也。由理事自在,纯杂无碍也。"(《华严经义海百门》)这就是说,所谓"事法界",指形形色色的现象世界(杂);所谓"理法界",指清净的本体世界(纯)。这两种世界互相包容而无妨碍(纯杂无碍),这就叫"理事无碍法界"。各种事物之间也都互相包容而无妨碍,这就叫"事事无碍法界"。他们认为,这四法界不仅体现了宇宙万事万物的关系,也是人们了解世界的四种精神境界。

华严宗把佛教理论体系和表述方式都进一步中国化,代表了中国佛教哲学思维的最高水平,许多思想对后来宋明理学有重要影响,如程朱提出的"理"范畴,宣扬"体用一源,显微无间",说明万事万物都是理的体现,与华严宗的"理事无碍"说几乎完全一致。程朱的"人人有一太极,物物有一太极",也即华严宗"一一事中,理皆全遍"的翻版。

(五)净土宗 也称"莲宗"。净土宗推东晋慧远为初祖,实际创宗者为唐代善导。主要依据《无量寿经》、《观无量寿经》、《阿弥陀经》等经典。此宗宣称,只要相信阿弥陀佛的神通力量,反复诵念"南无阿弥陀佛",死后就可往生西方极乐世界。由于此宗没有深奥难懂的理论和繁琐复杂的论证方法,教义、仪式都十分简单易行,所以在社会上,特别是一般民众中流传甚广。

(六)律宗 其创始人主要是唐代僧人道宣。此宗以研习及传授戒律为主,主要依据《四分律》而加以大乘教义的解释。因道宣常年住终南山,在这里创设戒坛,制订佛教受戒仪式,从而正式形成宗派,故又称"南山律宗"。此宗注重佛教信徒在意识、言行以及衣食坐卧等各方面履行种种规定,制定了中国佛教的受戒仪制等。该宗由道宣三传弟子鉴真传至日本。唐天宝十三年(754年),鉴真在日本当时的都城奈良东大地佛殿前筑坛传戒,弘扬戒律,是为日本有律宗之始。

(七)禅宗 "禅"在梵文中的意思是安静地沉思。这是印度佛教的一种宗教修养方法。中国习惯把"禅"与"定"合称为"禅定",指的是通过静坐,使思想高度集中,以获得不苦不忧,不喜不乐,无所追求的境界。在印度佛教中没有叫做禅宗的教派,禅宗纯粹是中国佛教的产物,因主张修习禅定而得名。禅宗思想和它的宗派的形成,有着漫长历史过程,其始祖一般被追溯到南梁时来华的印度僧人菩提达摩,中间经过慧可、僧灿、道信,至五世弘忍,这五代法裔的相传过程,可以看作禅宗的预备阶段。这时期禅宗还没有形成宗派,也没有以"禅宗"作为自己宗派的名称。

禅宗真正形成宗派,应从唐中叶(公元7世纪下半叶)算起,慧能被推为禅宗六祖,是禅宗正式诞生的标志。慧能家境贫寒,父早丧,母寡居。他靠砍柴养母。他虽不识字,但很聪明,会思考。一天,在打柴时听人颂《金刚经》有感,便去拜弘忍为师。弘忍开始对他并没有在意,只是让他舂米。一天,他听一个小和尚念弘忍的大弟子神秀写的一首偈子:"身如菩提树,心如明镜台,时时勤拂拭,勿使惹尘埃"。慧能认为神秀"未见本性",于是他也让人给墙上写了一首偈子:"菩提本无树,明镜亦非台,本来无一物,何处惹尘埃"。从大乘空宗的观点看,慧能的空无观比神秀更为彻底。慧能就这样得到了弘忍的赏识,便把衣钵秘密传给他。从此,慧能便成为禅宗六祖。这样,慧能和神秀便因为对空无观理解的深浅不同,分成南北两派。慧能的势力开始主要在岭南一带,北方则是神秀的地盘。两派之间曾经有过长期而激烈的斗争。北宗数传即衰微,南宗传承很广,成为禅宗的正宗。南宗主张不立文字,宣扬见性成佛。后其下又分成南岳、青原两系,南岳系下后又分为沩仰、临济两派,青原系下又分为曹洞、云门、法眼三派,世称五家;在临济下又有黄龙、杨歧两派,合称五家七宗。

禅宗的代表作是惠能的传教记录《坛经》。禅宗所依据的经典,先是《楞伽经》,后是《金刚经》,只有《坛经》是中国人自己的创作,并被中国僧人尊奉为"经",这在中国佛教史上是绝无仅有的。

禅宗以心外无佛为宗旨,以自悟自修为教门,以直接简易为方法。关于心外无佛,慧能说:"佛向性中作,莫向身外求"(《坛经》),并作一偈说:"菩提只向心觅,何劳向外求玄?听说依此修行,西方只在目前。"(同上)这就是说,身外无佛,我就是佛,把自己看做是与佛平等的人。这是印度僧人从来不曾说的,慧能说了出来,实际上破坏了佛教三宝中的佛、法二宝,又巧妙地保护了僧宝(自我)的存在。与印度僧人比较起来,这里突出了个体意识,强调个性的自由自在,反对偶像崇拜。

禅宗主张以自悟自修为入教之门。慧能认为,既然知道"一切万法尽在自身(心)中",就应当"从余自身顿现真如本性"(《坛经》)。所以,他教育门徒要"自性自悟"(同上)。按慧能的解释,所谓"悟",是指一种无念的精神姿态。无念,就是没有妄想、妄念的意思。慧能认为,身外无物,身外也无佛,任何直接或间接地承认客观事物的观点,以及求佛的念头,都是妄念。据说慧能在广州法性寺传法时,见二僧争论风吹幡动的问题,一僧说的是风动,一僧说是幡动,争论不休。慧能向前说:"不是风动,不是幡动,仁者(指僧徒)心动。"(同上)客观世界的动,完全是心造成的。按慧能的思想,客观外界的一切事物及其运动,纯粹是由主观的心所产生的,是心的一种幻觉。因此,如果心能空,则一切皆空。

禅宗的这种无念的精神状态,据慧能说可以骤然得到,无须经过渐修来积累,这就是所谓"顿悟顿修"。他认为人们生来就有一种认识自己本性的能力,叫做"灵知"。他说,"一刹那间,妄念俱灭,若识自性,一悟即至佛地"(同上),即只靠自己的"灵知"就可以在"一刹那间"顿悟成佛。因此,他反对包括读经、出家、坐禅在内的一切外在修习形式,坚持自性自悟统摄一切传统的修行。他说:"今生若悟顿教门,悟即眼前见世尊;若欲修行去觅佛,不知何处欲求真。"

由于禅宗教义简易,没有繁琐的理论说教,更容易为中国普通老百姓接受。作为一种人生哲学,它强调个体精神内在的自觉转变,注重宗教的实践化和民众化,对中国封建社会后期的思想文化以及文学艺术都有很深的影响。

(八)密宗　也称"密教"、"秘密教"、"真言乘"、"金刚乘"等。出于古印度后期佛教中的密教。唐开始传入中国,以《大日经》和《金刚顶经》为依据,自称受法身佛大日如来秘密教旨的传授,为真实言教,不经灌顶,不经传授,不得任意传习及显示给别人。密宗可说是佛教之中透过身,口,意三者,到达不可思议佛境的一个宗派。认为口诵真言(念咒——称"密语")、手结契印(做各种不同的手势——称"身密")、心作观想(想象——称"意密")所谓"三密相应",可以"即身成佛"。密宗有三密作为把凭,重于实践,修法具体,使人容易快速"成佛"。密宗于显教之别在师承和仪式的差别。显教不标榜什么师承,但密宗特别注重师承,主要的原因是它的仪式比较繁复。一切的规矩,仪式如布坛法,礼仪,仪式都是比较繁复。由于密法里面每一个印,每一个咒都要师父的口述,这样传乘下来,就是密宗。

密宗的派系当今主要有藏密,东密和台密。台密的缘起始于唐朝玄宗开元年间,由"金刚智","善无畏"与"不空"三位密宗大师传入中国,而东密的起源是在日本,是由日本僧人空海大师在中国依止慧果上师学习密法,并得到慧果大师的认可,带回日本,并大力弘扬密法于高野山。藏密的起源发生在公元七世纪,当时的印度大成就者"莲花生大士"被西藏王邀请去降服一切魔难,并弘扬密法。这就是藏密的起源。藏密本身又分为四大支流,分别为宁玛派(俗称红教),格鲁派(俗称黄教),葛举派(俗称白教)和萨迦派(俗称花教)。

第八章 隋唐时期的思想文化(下)

五、韩愈的思想特点

初唐儒学虽然在版本训诂方面得到一定程度的复兴,但是在儒家思想的基本精神方面、义理方面的发挥仍然很不足,特别是儒家"内圣外王"的精神得不到应有的发扬。唐中叶以后,随着佛教势力的膨胀,儒学面临着严重的理论危机,迫使一批关心以儒学真精神治国平天下的儒者纷纷起来发掘"先王之道"、"圣人之志",弘扬孔孟之道的微言大义。但是,由于诸多原因,儒学内部出现了两种不尽相同的思想倾向,一种以韩愈、李翱为代表,一种以柳宗元为代表。

韩愈(公元768—824年),字退之,河阳(今河南孟县西)人。祖籍河北昌黎,故人称韩昌黎。受当时儒学复兴思潮和家庭教养的影响,青年时代就推崇儒学和提倡古文,为中唐古文运动领袖,宋明理学的思想先驱。他曾因反对唐宪宗迎佛骨而被贬为潮州刺史,穆宗即位被召回京师,先后出任国子祭酒、兵部侍郎、吏部侍郎等职。著作有《昌黎先生集》,其中以《原道》、《原性》、《原人》、《原鬼》、《原毁》最为著名。

韩愈的儒学思想,是当时各种文化互相交流、彼此渗透这一大趋势下的产物。他自称年轻时,就穷究于经、传、史书、百家之说,从中吸取了各家各派的学术营养,因此,他推崇儒学,但不独尊一家。在《读墨子》中,他认为"孔子必用墨子,墨子必用孔子,不相用,不足为孔墨",把儒、墨二家看成是相辅相成的两个学术派别。在《进士策问》中,他赞扬管仲、商鞅对齐、秦富强事业的贡献,让考生们大胆议论法家。在《送孟东野序》中他指出先秦诸子之学,都以其学术主张反映现实问题,都应该予以介绍。这种以儒学为主、兼容百家之学的立场,决定了他对佛学的态度是有破有立,有取有舍。

韩愈从儒家正统思想出发,以辨别华夷和强调佛教对社会的危害来反佛。他认为佛教是"夷狄之物"。在《谏迎佛骨表》中指出:"夫佛本夷狄之人,与中国语言不通,衣服殊制,口不言先王之法言,身不服先王之法服,不知君臣之义,父子之情。"他还从中国历代帝王的盛衰来评论佛教的实际效果:"事佛求福,乃更得祸,由此观之,佛不足事,亦可知矣。"这些论点,都是吸收了前人反佛的言论,目的还是在于说明佛教是外来文化,不合中国伦理道德,而且佛教教徒不从事生产,对国计民生都有害无益,如寺院经济的发展,使逃避赋役的人口增加,造成唐王朝的财政危机,加重对人民的压榨,势必引起农民的反抗。因此,他主张严禁佛、道宗教,没收寺观,烧毁佛、道经典,令僧尼、道士还俗,由儒家学说对人民进行教化。

韩愈以《大学》为基础来重新确立儒家的精神方向。他认为《大学》的根本思想是"明德",是申"先王之教",重新确立仁义道德的儒家精神方向。《大学》所提供的那套修身、齐家、治国、平天下的政治原理,是把治国平天下与个人道德修养紧密结合在一起的;既讲修身为本,也讲齐家治国平天下。而且治国平天下就是道德修养自我完善的体现。因此,他说:"古之所谓正心而诚意者,将以有为也。"(《原道》)可是,佛、道教却要求人们遁世无为,这显然是违背先王之道和君臣父子伦常的,必须加以排斥。这一部分,由韩愈开端,李翱补充,到两宋才最后完成。

韩愈儒学体系的重要内容,是他吸取了佛教祖统说的思想资源,虚构了一个儒家的学术传承系统。佛教,特别是中国禅宗是最讲求祖师法裔的继承关系的。韩愈洞悉佛教思想的演变情况,为了对抗"祖统"说,提出了儒学的"道统"说。他说,"先王之道"从尧开其"端",一直传到孔孟,从不间断:"尧以是传之舜,舜以是传之禹,禹以是传之汤,汤以是传之文、武、周公,文、武、周公传之孔子,孔子传之孟轲。轲之死,不得其传焉。"(同上)直到韩愈才把"道统"恢复起来,使之相续不断。这里,韩愈把儒学渊源同中国古代的圣王贤君相联系,借以强调儒学在时间上早于佛学,为华夏正统思想,并以自己为"道统"的继承人。他的历史使命就在于恢复和发扬儒家的这个"道统",加强儒家思想的统治地位。

韩愈认为,"道统"就是儒学的仁义道德思想,其中"道"是最高范畴,所以叫做"道统"。本来,"道"是许多学派共同使用的范畴,韩愈选用"道",是为了融合和改造佛家和道家的思想,在其中灌注儒家的内容。

《原人》是韩愈思想的总纲,它提出了用"道"来概括"天道"、"地道"、"人道",即包括自然界和人类社会的共同原则和规律。《原道》、《原性》等篇,则主要是谈"人道",是对总纲的补充和发挥。他说:"天道乱,而日月星辰不得其行。地道乱,而草木山川不得其平。人道乱,而夷狄禽兽不得其情。天者,日月星辰之主也。地者,草木山川之主也。人者,夷狄禽兽之主也。主而暴之,不得其为主之道矣。"这是说,这个"道"是一个最高的永恒的存在,它体现在"天道"、"地道"、"人道"之中,贯通于古往今来、东西南北的整个宇宙内。世界上的万物,从日月星辰、草木山川到夷狄禽兽等等,都是由它所主宰。这样的"道"显然是超时空的,也是先天的。这样的"道"体现在人类社会中,就是"仁与义":

> 博爱谓之仁,行而宜之之谓义,由是而之焉之谓道,足乎己无待于外之谓德。仁与义为定名,道与德为虚位。(《原道》)

这就是说,仁存乎内,义见于行,按照仁义的法则去做就是"道"。至于"德"就是"道"在实行中的一种内在的自觉。仁义与道德之间,是虚与实的关系:"道"是"仁义"等的抽象,"道"的具体化就是"仁义"。正是在这个意义上,他把自己的"道"与佛、道的"道"分开了,"吾所谓'道'也,非向所谓老与佛之'道'也。""老子之所谓道德云者,去仁与义言之也。"而佛之道,也是"必弃而君臣,去而父子,禁而相生养之道,以求其所谓清净寂灭者"(同上),根本不谈仁义的。

韩愈思想的一个重要方面就是人性学说。他综合了孟子、荀子、扬雄的人性理论,并继承了董仲舒的性三品说,确立了自己的"性三品"说。他说:

> 性也者,与生俱生也。……性之品有上中下三:上焉者,善焉而已矣;中焉者,可导而上下也;下焉者,恶焉而已矣。其所以为性者五:曰仁,曰礼,曰信,曰义,曰智。……上焉者之于五也,主于一而行于四;中焉者之于五也,一不少有焉,则少反焉,其于四也混;下焉者之于五也,反于一而悖于四。(《原性》)

在他看来,人性是人与生俱来的先天本质,可以分为上、中、下三个品级。划分的依据,就在于是否具有"五德"即仁、义、礼、智、信这五种道德要求。上品的人性是善的,因为生来就具有这五种道德;中品的人性可善可恶,因为于五德有所不足,或杂而不纯;下品的人性则是恶的,因为于五德都有所违背。

韩愈人性论的一个重要特点,是性与情并提,论述了二者之间的关系。他说:"情也者,接于物而生也"(同上),"情"是"性"接触外界事物之后产生的。"情"的具体内容有喜、怒、哀、惧、爱、恶、欲等七种情绪心理活动。而情的具体表现形态则依性有三品也相应的分为三品。上品的情,活动起来,恰到好处,合乎中道;中品的情,有过有不及;下品的情,或无动于衷,或感情冲动,任情而行,毫无约束。这样,就把人性与情分为相应的三品,肯定了人性的先验性。他还引申孔子"唯上智与下愚不移"的论断,声明人性三品是不可改变的,教育只能适用于中品以上的人性,上品人性"就学而愈明",中品的人性"可寻而上下",只有下品的人性是不可教化的,只能使其"畏威而寡罪"。

韩愈的性有三品、性情统一论,主要是针对佛教性情对立的观点而发的。佛教主张出世,弃绝七情,在性情关系上要求灭情以见性,以去性成佛。韩愈则主张因情以见性,就是在克制情欲的道德修养中改善人性,以符合现实伦理道德的要求。

韩愈的性三品说直通宋明理学的心性论,启发了张载提出"天地之性"、"气质之性"的概念。对此,陈寅恪在《论韩愈》一文中评价韩愈的历史地位时说:

"唐代之史可分前后两期,前期结束南北朝相承的旧局面,从后期开启赵宋以降之新局面,关于政治社会如此,关系文化学术者亦莫不如此。退之者,唐代文化学术史上承前启后转旧为新关键点之人物。"

六、李翱的《复性书》

李翱(公元774—834年),字习之,陇西成纪(今甘肃秦安)人。与韩愈齐名,无论在政治上或思想上,都深受韩愈的影响。他们的关系很好,介于师友之间。李翱著有《李文公集》,《论语笔解》。

李翱的儒学著述中以《复性书》最为重要,其宗旨是阐发思孟学派的《中庸》大义,即《中庸》的心性之学,特别是阐明"正思"、"至诚"、"慎独"、"守中"的境界。他认为圣人的"至诚"境界,是能够正确调节性情并使之"中节"的结果。调节性情达到"致中和"的境界,就进入了理想的圣人境界。

在人性论方面,他修正了韩愈的人性学说,认为韩愈把人性分为三品,把人性的先天差别说得太绝对,不利于争取信徒。为此,他在《复性书》中这样说:

问曰:"凡人之性犹圣人之性欤?"曰:"桀纣之性犹尧舜之性也,其所以不睹其性者,嗜欲好恶之所昏也,非性之罪也。"曰:"为不善者,非性邪?"曰:"非也,乃情所为也。情有善不善,而性无善不善焉。"

这里,他提出并回答了两个问题,第一个问题是人性有没有先天性的差别? 他认为,圣人与凡人,好人与坏人的人性都是一样的,人人性善。这就明显地改变了性三品的观点,恢复了孟子的性善论。第二个问题是性无不善,为什么有圣人与凡人的区别? 他认为,有一种人生来就能体现天赋的本性,不为情所迷惑,这就是圣人;另有一种人则沉溺于情而迷其本性,这就是凡人。他说:"人之所以为圣人者,性也;人之所以惑其性者,情也。喜、怒、哀、惧、爱、恶、欲,皆情之所为也。情既昏,性斯匿矣。非性之过也,七者循环而交来,故性不能充也。"这就是说,每一个人的本性,都是先天地符合道德标准的,这个本性是做圣人的基础。有人成不了圣人,这是由于受到情的干扰,人的七情不断地从各方面迷惑人的本性,才使得性善得不到扩充。他把性比喻为水和火,情比喻为泥沙和烟;认为水掺杂着泥沙而浑浊,烟雾郁结则火光暗淡,泥沙沉淀则水清澈,烟雾消除则火光显露。因此,他的结论是人们必须去其生活的情欲,才能恢复本性,即所谓"灭情复性"。

李翱进一步提出了"灭情复性"的具体方法或者必须经过的两个阶段。他认为首先要做到与外界事物断绝接触,摒弃一切视听见闻的感觉和理性思维活动。要能够做到"无思无虑",自然就"情则不生"。在这一步,还只是处于静、动相连,这时的静只是相对的,"动静未必息,是乃情也",还没有做到彻底忘情复性。只要经过自我内心的"修身养性"过程,就能达到一种"至诚"阶段,即一种"动静皆善,寂然不动"的最高境界,就能复归于本性。这些显然是对《中庸》中"诚则明"思想的发挥,也是受了佛教禅宗影响的结果。

李翱的"灭情复性"与韩愈的"道统"说一样,作为宋明理学的先声,对后来的思想家产生了很大的影响,一直受到理学家们的重视和推崇。

七、柳宗元与刘禹锡的思想

柳宗元,字子厚,唐代河东(今山西省永济市)人,代宗大历八年(773年)出生于京城长安,宪宗元和十四年(819年)客死于柳州。一代著名文学家、思想家,享年不到50岁。因为他是河东人,终于柳州刺史任上,所以人称柳河东或柳柳州。

柳宗元在学术思想上出入百家,不株守一家之言。他对诸子百家采取兼容并包的态度,主张以儒为主,融合佛老,吸取佛教中的若干理论命题而否定它的宗教形式,建立起无神论的思想体系。他的著作被编为《柳河东集》,其中《天对》、《天说》、《非国语》、《答刘禹锡〈天论〉书》、《封建论》等是其代表作。

他思想的中心论题是"天人之际"的问题。这个问题在唐中叶曾引起热烈的讨论。柳宗元作《天说》"以折退之之言",刘禹锡以为尚不足以尽"天人之际",作《天论》三篇,"以极其辩",把争论继续进行下去。柳宗元又作《答刘禹锡〈天论〉书》,对《天论》重加审订。

柳宗元针对韩愈神化天的论点,写了一系列文章来说明天的本来面目,表达了他带有无神论色彩的天道观、自然观。对于韩愈认为天能"赏功而罚祸"的观点,明确指出宇宙(天地万物)的起源和形成是一个"元气自动"的自然过程,决不以人类的意志为转移;而且天与人"其事各行不相预","功者自功,祸者自祸",天道与人事无关,否定有超自然的神力干预人事。其具体观点有:

第一,柳宗元提出了"唯元气存"的元气一元论思想。他在《天对》中开宗明义地指出,元气是宇宙的本源。宇宙悠远渺茫,对于其起源有许多荒诞的传说,这些都是不可相信的。昼夜的循环,整个天地的变化,都是由元气运转的结果,哪里有什么主宰者?他还进一步认为:"彼上而玄者,世谓之天;下而黄者,世谓之地;浑然而中处者,世谓之元气;寒而暑者,世谓之阴阳。是虽大,无异果蓏、痈痔、草木也。"(《天说》)在他看来,天、地、元气、阴阳这些东西虽然很大,但是,与果蓏、痈痔、草木都是一类的物质性的东西。柳宗元认为,元气本身是"无形"的,但从它所构成的宇宙万事万物来说,则又是"无常形"的。这就是他在答刘禹锡的《天论》时强调的"独所谓无形为无常行者甚善"。这就明确地肯定了元气是物质性的实在。

对于宇宙生成论问题,柳宗元认为阴、阳和天(泛指自然界)三位一体,"三合然后生"(《天对》)。他在回答屈原《天问》中提出的"阴阳三合,何本何化"这一问题时,说:"合焉者三,一(元气)以统同。呼炎吹冷,交错而功。"(同上)就是说,阴阳二气或吸或吹,或冷或热的相互"交错"作用是天地万物形成的根本原因,它不以任何人为的因素为转移,从而猜测到了物质形成于物质内部矛盾的原理。

第二,柳宗元还表达了宇宙无限性的思想。他在《天对》中说:"无极之极,漭瀰非垠""东西南北,其服无方,夫何鸿洞,而课校修长?"这就是说,宇宙是无限的,广大无边,东西南北没有止境地连成一片,因而无法衡量它的长短。在《非国语》中他认为天地广大无限,阴阳二气弥漫无际、纵横交错,相互时聚时离,时而吸引,时而排斥,致使天地间的万物就像车轮和织机那样运行、变化不息。

第三,柳宗元的自然观在把元气作为世界的物质本原和实在的基础上,还提出了一些朴素的辩证法思想。他说:

山川者,特天地之物也。阴与阳者,气之游乎其间者也。自动自休,自峙自流,是恶乎与我谋?自斗自竭,自崩自缺,是恶乎为我设?(《非国语》)

这是说,山川是天地间的自然物,阴与阳是游动于天地之间的元气。它们自己运动,自己停止,自己耸立,自己流动,这怎么能与人商量呢?它们自己泛滥,自己枯竭,自己崩溃,自己缺损,这怎么是有意为人安排的呢?同时,自然界的变化发展又是通过"动"与"休"、"峙"与"流"、"斗"与"竭"、"崩"与"缺"等多种运动形态实现的。柳宗元猜测到了物质运动根源于其内部的矛盾性。他认为,不断运动着的元气本身就是阴阳二气的对立统一,阴阳二气并不是互相孤立的两个东西,而是元气的两个方面。元气内部阴阳两方面的对立统一是宇宙万物运动发展的根源。这里揭示的辩证法思想是比较深刻的。

在社会历史观上,柳宗元突出强调了社会历史演进过程中"势"的决定作用。他所说的"势",是指人类社会发展过程中固有的必然性和客观的趋势。关于国家制度的起源,柳宗元在著名的《封建论》阐明:人类最初没有文化,同禽兽生活在森林里。为了生存,人类就必须利用工具,就往往发生争夺。争夺不已,就需要一个能够"断曲直"的人来治理,后来就逐渐成为首领。这样就不断地形成了各种制度。殷周时代分封诸侯的分封制就是这样形成的,"非圣人意也,势也",并不是"神"和"圣人"的意志,而是社会历史发展的必然趋势。他还论证了"封建制"发展到秦始皇统一中国以后被"郡县制"所代替,也是符合历史发展的必然趋势的。柳宗元重"势"的历史观,既是对长期争论不休的分封制的批判性总结,也否定了以往以董仲舒、韩愈为代表的各种天命史观和神学史观,因而具有一定的进步意义。

实际上,韩愈和柳宗元这两派的立场和思想实质是共同的,他们都是直接渊源于孔、孟原始儒学,都力图复兴儒学。尽管他们各自对待佛教的态度,对天道和性命的解释有所不同,韩愈容纳宗教世界观的缺陷得到了柳宗元的纠正,而柳宗元对佛教教义的态度又受到了韩愈的批评。正是韩愈和柳宗元在学术上的相同和相异,遏制了儒学向宗教的转化,他们在相互争辩过程中共同推动了儒学走向复兴。

刘禹锡(公元772—842年),字梦得,洛阳(今河南洛阳市)人,中唐诗人。出仕后,其主张革新,被贬。后复用,至礼部尚书。

刘禹锡与柳宗元志同道合,交谊很深,人称"刘柳"。现存著作《刘宾客集》,其中代表作是《天论》三篇。与韩愈激烈的排佛不同,刘禹锡与柳宗元一样,主张融合儒佛。这既符合当时三教合流的趋势,又深化了儒家哲学思想。刘禹锡在思想史的主要贡献是对以前长期争论不休的"天人相与之际"的问题进行了比较系统的总结,明确提出了"天人交相胜、还相用"的命题。

刘禹锡写了《天论》三篇,对柳宗元的无神论做了重要补充,其中心内容在于论证"天人之际"。历代思想家在论证天人关系时往往局限于"天人相分"与"天人合一"的争论,刘禹锡冲破了传统的束缚,能够从天与人的相互区别与互相联系方面来说明天人关系,明确提出了天与人"交相胜、还相用"。他认为,两者"交相胜"的关系,表现为"天"(即自然)与人各有自己的特点和作用,不能混同。也就是说,天的功能与人类的功能各不相同,互有所长,天有胜过人的地方,人也有胜过天的地方,所以叫"交相胜"。天人"还相用"的关系,表现为"天"和"人"不是平行的,而是人可以胜天,即人有"治万物",对万物加以利用、改造的能力。人能够根据自然规律办事,利用自然规律,春耕夏耘秋收冬藏,斩木穿山,冶炼金属,"用天之利,立之之纪",在生产活动中,对自然利用改造,以满足生活的需要。因此,天并不神秘。

他指出,人"为智最大",是"动物之尤",又能在社会生活中创立一种多于自然界的东西,叫做"法制"。法制是人能够胜于天的,"人能胜乎天者,法也"。但在具体实施法制的过程中,往往有三种情况:一是"法大行"时,是非清楚,赏罚分明,善恶都得到了应有的报应。这种报应是为善为恶的必然结果。在这种情况下,人们就会认为福禄是做好事得来的,灾祸是因为干坏事招致的,和天有什么关系呢?二是"法小驰"时,法制有所松弛,是非于是混杂,赏罚也便不会怎么公平了。在这种情况下,出于对人间不平的不理解和看法的歧义(人道驳),

人们就对天产生怀疑,也就形成了各种各样的天命之说。三是"法大驰"时,法制完全松懈,社会失去控制,是非易位,赏罚颠倒,人类自己创制的"软的一手"如道德仁义之类不足与强权抗衡,"硬的一手"如刑罚之类的也不足以压制作奸犯科——人类作为"胜"于天的东西完全没有了。在这种情况下,人们就会丧失自信力,只好把自己的命运寄托在所谓的"天"上,最终走向天命论。

刘禹锡还从认识论上去探求有神论和无神论的分野。他把人们对客观事物的认识分为两种情况:"理明",即人们认识和掌握了客观规律,就可以征服自然,不去神化"天";相反,"理昧",即人们还没有认识客观规律,就不相信自己的力量,而把一切归之于"天"意的支配,最终必然走向天命论。他举操舟为例说,在小河里行船,无论遇到什么困难和危险,人们没有去祈求"天"的,原因是自己有力量控制船的行驶。如果在江海里行船,由于人们对风浪不了解,控制不了船的航行,不能掌握自己的命运,就会受自然的盲目力量所支配,这时就会祈求"天"的保佑,陷入有神论了。

八、王玄览及其《玄珠录》

隋唐五代是道教的发展时期,著名的道教学者相继出现,其中,致力于道教理论研究并能够自成体系的,则以唐代的王玄览、司马承祯、李筌、五代十国的谭峭等人最为著名。

王玄览,俗名晖,法名玄览。其先祖于晋末从并州太原(今山西太原)移居广汉绵竹(今四川绵竹)。玄览生于唐高祖武德九年(626年),卒于武周神功元年(697年),为当时四川有名的高道。

王玄览的代表作是《玄珠录》,收入《正统道藏》中。所谓"玄珠",道教又称宝珠、心珠,实际上就是指人心。所谓"玄珠录"用现代话语来说就是"心录",就是王玄览心路历程的记录。《玄珠录》一书收王玄览的语录约一百二十余则,所涉及的理论问题相当广泛。该书以道为主,兼采佛家学说,表现出明显的道、佛合流色彩。一方面,书中发挥老庄之道,以中道之说立论,一统真妄、体用、假实、动寂等关系,皆归于"道"。谓道不生不灭,喻如虚空,万物皆禀道而生,万物有变异而道无变异,如以印印泥,泥中有数字而本即之字不灭。"道能遍物,即物是道。"唯有真妄俱寂,方为中道。又谓道与万物皆空无自性,而随离合变为相与性,如金无自性始能做钏、铃、花、像等物。

另一方面,又谓万物皆在心识中,"一心一念里,并悉含古今,是故一念与一动,非短亦非长;一尘一世界,非大亦非小"。心识本无自住,不在根不在境,心之正性"能应一切法,能生一切知,能运一切用,而本性无增减"。求识心性如剥芭蕉,剥至无皮无心处,即是大一。若识无心,便能解脱。"若证无心定,无生亦无灭。"持心之要在于:"莫令心不住,莫令住无心,于中无抑制,任之取自在,是则为正行。"所以他认为,修道者须了身心,诸有皆空,"空有俱空,心无所系",始能合道,而道体虽空,空能应物。

怎样看待王玄览这种对佛教思想及其理论思维方法的吸取?前人往往讥笑此为"道士窃佛",实际上这是一种兼容并包的文化心态,正是这一心态,使道教思想的思辨能力较快地得到提高,在原有道家的基础上有所创新,有所发展。道教这种学习和借鉴外来文化哲学的方法,给予宋明理学家以积极的影响。

王玄览在谈到"道"与人的关系时,提出了这样的问题:如果"道"与众生异,怎么可能修得"道"?如果众生与"道"同,那又何必要修"道"?对于前一个问题,王玄览的回答是,"道"与众生也存在着"互相因",即互相依存、互相联结的关系。据他说:"众生禀道生",所以是"道"中有众生,众生中有"道"。因此,众生可以因修而得"道"。这种"即道是众生"、"即众生是道"的命题,与"即物是道"、"道皆是物"的命题一样,在后代的理学和反理学思潮中都产生了反响。对于后一个问题,王玄览的回答是,众生与"道"同,这是要经过人的主观努力才能实现的。当人的言行还没有完全置于"道"的约束之下时,他叫做"人显道隐",就会受到各种烦恼和痛苦困惑,众生需要修"道",就是为了避苦求乐,早一天进入道教所构造的"乐园"中去。

对于如何修炼"常道"的问题,王玄览以为,不应外求,而应内求,他称之为坐忘养神。他说:"形养得形仙,坐忘养神形入真。"(同上卷),只有用坐忘的方法养神,才能超越形体,得到真道。所以,他认为修习"常道"的要旨是要通过"心证"求得一个清静不变的"识体"。这又和佛教唯识宗的观点接近了。

九、司马承祯的修道理论

司马承祯(公元646—735年),字子微,法号道隐,河内温人(今河南温县),茅山宗封为十二代宗师。司马承祯为陶弘景三传弟子,曾隐于天台山玉霄峰,自称"白云子"。后先后受武则天、唐玄宗召见,唐玄宗令其住王屋山阳台观。著有《坐忘论》、《天隐子》等。

首先,司马承祯的道教理论吸收了儒家正心诚意等思想和佛教止观、禅定学说。他受儒家性善论的影响,把成仙的可能性扩大到每个人身上,不主张在信徒中划分等级,限定成仙的范围。他认为俗人与神仙都禀赋有"阴阳神虚"之气,因此,人也具有神仙的气质。他说:俗人与神仙的区别在于能否"修炼虚气,勿为世俗所沦污;遂我自然,勿为邪见所凝滞"(《天隐子·神仙》)。他还吸收佛教天台宗的止观法门和禅宗的见性成佛观点,强调修炼在于"修心","修心"在于主静。

司马承祯的道教理论以论述怎样修道成仙为重点,提出了"易简"的学仙方法和渐进的修真步骤,把修仙的过程分为五道"渐门"和七个阶段。一曰斋戒(净身虚心);二曰安处(深居静室);三曰存想(收心复性);四曰坐忘(遗形忘我);五曰神解(万法通神)。总称为"神仙之道,五归一门"。这主要是把陶弘景等人提倡的炼丹、服食等修道方术,简化为健身和安神之类的活动。在其所著《坐忘论》中,提出了修道的七个"阶次",即七个步骤,曰"信敬",即对修道成仙信仰,深信不疑;曰"断缘",即断绝俗事尘缘,不与世人交;曰"收心",即收心离境,守静去欲;曰"简事",即安分守己,不求分外之物;曰"真观",即善于观察,不为外物所迷;曰"泰定",即形如槁木,心若死灰,无感无求,寂泊之至;曰"得道",即形随道通,与神合一。这是强调修道是一个循序渐进、逐步积累的过程,不可能一蹴而就。

司马承祯还把五道"渐门"和七个阶段概括为"三戒":"一曰简缘,二曰无欲,三曰静心"。"无欲"和"静心"是他修道理论的实质所在。他说:"静则生慧,动则成昏。"(《坐忘论·收心》)是说静才是产生智慧的根源,动是产生昏乱的根源,人们应当去动守静。为了达到"静心"的状态,他认为必须防止三种偏向。第一种偏向,是"心皆起灭,不简是非,永断知觉"(同上),是用强制的方法硬使自己的思想跳出是非圈子之外,永断知觉。司马承祯认为这是不对的,这叫做"盲定"。第二种偏向,就是"唯断善恶,心无指归,肆意浮游"(同上),就是不产生善的念头,也不产生恶的念头,让思想任意浮游,自动地进入静的状态。他认为这种放任自流的态度也不对,这叫做"自定"。第三种偏向,是"遍行诸事,言心无染者,于言甚美,于行甚非"(同上),就是言行不一,口头上说要静心,实际上什么事都要去做,还自认为"无染"。他认为这也是错误的。

司马承祯认为,只有把"静心"和"无欲"相联系,做到应物而不为物累,才能全面实现其修道主张。在他看来,"静心"不是什么都不去想,而是要以"无欲"作为追求的对象。在他看来,"无欲"就是"静心"最初的出发点和最终的归宿。其静心无欲的修道理论,对后世道教修炼理论的发展和北宋理学的形成,皆有一定影响。程颐的"定性"主张,朱熹的"惩忿窒欲"观点与司马承祯的观点就非常相似。

司马承祯的理论不但自成系统,为以后台州道教的兴盛和发展奠定了基石,而且对后世道教的修炼和北宋理学的形成,都有重大的影响。

第九章 宋元时期的思想学术

一、宋明理学思潮的产生和发展

宋明理学是继汉代以后儒学发展的又一个高峰,是儒学的一个全新的形态。所谓宋明理学,包含狭义与广义两种含义。狭义的"宋明理学"是指"程朱理学",它由周敦颐开创,经由邵雍发展至张载、二程而正式形成,到南宋朱熹集大成。广义的"宋明理学"是指以程朱理学为主包括了陆王心学等其他儒学派别在内的多元化的宋明新儒学,是一个庞大而复杂的思想学术体系。我们如果不是特别注明,就是从广义的来讲的,因为只有这样才能了解儒学这个阶段发展的全貌。概括地说,它以儒学为主体,在吸收佛、道思想的基础上进行理论建构的,是在隋唐以降三教融合、渗透的基础上孕育、发展起来的。比起先秦儒学和两汉经学,宋明理学在思想上(理论思维)达到了崭新的高度,成为封建社会后期正统意识形态,影响及于近代乃至今天。

五代的长期分裂和混乱,使传统伦理道德规范遭到极大破坏,纲常松弛,道德式微,显然不利于大一统政治的稳定和巩固,因此,宋统治者一开始就倡导尊儒读经,宋代的儒学复兴便由此而形成。理学的产生,出于儒家革除时弊,拯救文化,整顿人心,重树人伦与儒家价值,重建儒学形而上学的主观努力。

理学思潮的产生和发展有两个明显的特点,一个是以儒为主,吸收佛、道思想理论而形成其思想体系,另一个是理学和经学紧密结合,互为表里。

我们先看第一个方面。由于儒学历来在形而上方面比较贫乏,到了北宋初年的80多年时间里,面对佛道的大炽,只能援佛入儒,援道入儒,以儒学为主,吸收佛教、道教理论思维的精华,将佛、道二教的本体论、认识论与儒学的伦理思想和政治哲学结合起来,用新的思辨哲学论证封建道德纲常、等级秩序和专制集权的合理性、神圣性,并力求解决道德起源和道德修养等重大理论问题。于是,就有一批又一批的学者、思想家先后崛起,在当时三教合流的大潮流下,主动地以传统儒学的理论作为基本框架,以是否有利于纲常名教作为价值尺度和取舍标准,对佛、道的思辨哲学进行深入研究,在批判、吸收佛、老某些思想资料的基础上,以理学为形式使儒学得到复兴。

我们再看第二个方面。理学产生伊始,就与经学紧密结合在一起。理学家可以说人人都是经学名家,他们的理学思想均通过注释、解说、议论、引用经书的形式表现出来。宋代理学着重研究的儒家经典,首先是《周易》,主要是《易传》。理学家通过对《易传》的注疏,阐述他们对宇宙和人生的见解,他们还借用《春秋》的微言大义,说明"尊王攘夷"的理论,这些都是当时社会所需要的。理学家不仅重视《周易》,还把《大学》、《中庸》、《论语》、《孟子》提到经书的地位,南宋的朱熹作《四书集注》,更把四者提到甚至超越先秦"六经"的地位。理学与经学的结合,互为表里,就促进了儒学在新的历史形势下的复兴。理学家解经的方法是直承魏晋,注重经文的"义理",强调以己意解经,形成了新的经学传统。特别是以"四书"转换了"六经",以孔孟转换了周孔,实际上使中国的学术思想本质发生了一个转折。

北宋初期,理学的先驱人物有胡瑗、孙复、石介等,他们在中唐以后出现的儒学复兴趋势的基础上,旗帜鲜明地反佛反道,以其批判性的思考启发后儒,奋起苦读儒家经典,昌明儒术,聚徒讲学,传授儒道,注重经书"义理",开一代儒学新风,对理学的形成具有先导意义,为理学思想体系的产生开辟了道路,被称为"宋初三先生"。胡瑗与孙复、石介同学于泰山,立志平生为复兴孔孟儒学而献身。他先后被聘为苏州教授、湖州教授,所创的"苏湖教学法"名扬全国,对于传播儒学,培养人才起了重要作用。孙复在泰山聚徒讲学,学者称"泰山先生"。一生昌明正学,对韩愈的道统学说进行了补充、修订,还强调地提出了董仲舒在汉代恢复儒家道统的历史作用,这就解决了汉代儒学传承的大问题。石介归耕徂徕山下,聚徒讲学,人称"徂徕先生"。他对韩愈提出的道统论也十分推崇,并立志一生为接续这个道统而献身。总之,"宋初三先生"为儒学复兴、创立新儒学制造了文化氛围,培养了人才,在宋明理学史是应该有其历史地位的。但是,从整个宋明理学的发展史看,他们还算不上严格意义上的理学家,"三先生"中没有一位有自成体系的理学思想。

北宋是理学的形成和初步发展时期,著名的理学家周敦颐、邵雍、张载、程颢、程颐都生活在这个时期,是宋明理学的奠基人,被后人称为"北宋五子"。由周敦颐开创的濂溪之学,张载开创的关学,二程开创的洛学,以及南宋朱熹开创的闽学,被后人称为濂、洛、关、闽,是宋代理学的四个学派。也有人根据学术思想的大势和不同的理论走向,更为概括地把宋明理学划分为二程、朱熹为代表的理本论,张载为代表的气本论,陆九渊、王阳明为代表的心本论三派。

二、周敦颐的思想

周敦颐(公元1017—1073年),字茂叔,道州营道(今湖南道县)人,因家乡有濂溪,曾在庐山下建濂溪书堂,学者称其为濂溪先生,其所创学说称为"濂学",是理学思想体系最早的奠基者,在中国儒学史上有承前启后的历史地位。

黄百家曾这样评价："孔孟而后，汉儒止有经传之学，性道微言之绝久矣。元公崛起，二程嗣之，又复横渠诸大儒辈出，圣学大昌。故安定、徂徕卓乎有儒者之规范，然仅可谓有开之必先。若论阐发心性义理之精微，端数元公之破暗也"（《宋元学案·濂溪学案》），此评甚为公允。周敦颐一生潜心研读经书，钻研并领悟《周易》一书，提出了不少有特色的见解，他之被看做理学的开山祖师，是因为他提出了宋明理学的主题"心性义理"，并形成了他的理学思想体系。他的著作很多，流传到今天的有《太极图说》、《易通》（又名《通书》）、《爱莲说》、《拙赋》等，此外，还有一些诗文。

周敦颐继承了《易传》和《中庸》的思想，吸收道教和佛教的一些观点，描绘了一个庞大而精密的宇宙生成模式，完成理学世界观的建构。他的代表作是《太极图说》，通过对道教《太极先天图》进行变动，改变了其名称，并且和《易经》结合起来，说它是儒者的"秘传"。周敦颐所用《太极图》最上圈表示世界"自无极而为太极"的最原始的状态；第二圈是坎离二卦的交合图式，表示阳动阴静；第三层五小圈归于一卷，表示五行各有自己本身的特性；第四圈表示乾道成男，坤道成女，即人类的产生；第五圈表示万物化生，太极产生世界的整个过程的终结。意思就是说，宇宙的初始阶段是"无极而太极"，"无极"指无形无象的最高实体，"太极"指最大的统一体。"太极"动而生阳，动至极则静，静而生"阴"。静到极点又动，一动一静，互为根本，分化出了阴阳二气。阴阳二气交互作用，就生出水火木金土五行，五行按照顺序发生作用就形成了春夏秋冬四时。无极的实体，阴阳五行的精微材料，巧妙地结合起来，构成了万物，具有阳性的成为男性，具有阴性的成为女性。阴阳二气交互作用，生成万物，万物又生生不已，于是变化无穷无尽了。

他还强调动静之间互相依从与互相转化的辩证关系，并以动静双方的极限作为向对方转化的转折点。由于动静的可以转化，因而太极就拥有了生阴生阳，及阴阳变化的主动权；它天然地具备了化生万物，创造世界的内在能动性。这一观点为程朱理学"天理生气"、"气化流行"而万物生成的理论，奠定了基础。

关于人类的产生，他所提出的从阴阳到五行到男女这样一个过程，并不是很科学，这显然是为了说明人类伦理道德形成的根源。在周敦颐看来，人在产生伊始，就有意识，有思想，有善恶品性，但他们的行为各不相同。圣人其中最杰出的，由于掌握了"仁义之道"，就可以使"天道行而万物顺，圣德修而万民化。大顺大化，不见其迹"（《太极图说》）这个"以仁育万物，以义正万民"的圣人，就是代表"妙万物"的"太极"来统治社会的。在这一过程中，阴阳、五行、四时所构成的自然秩序也是在"太极"的推动下"妙合而凝"、"变化无穷"。与这种"妙合"相应,世界社会的秩序,也是"阴阳理而后和。君君、臣臣、父父、子子、兄兄、弟弟、夫夫、妇妇,万物各得其理然后和"(《通书·礼乐》)。周敦颐就是这样阐明了人性和伦理道德的起源问题,这个问题也是整个宋明理学宇宙生成论的最后归宿。

《易通》是周敦颐另一部重要著作,它继续发挥《太极图说》的宇宙生成论思想,重点则在于探讨人生论,为人之道和道德学说。它容纳了思孟学派关于"诚"的理论观点,还涉及《论语》、《春秋》、《大学》、《乐记》的一些思想,提出人有一种超然的本性——诚。"诚者圣人之本",它源于世界的最初本原,体现了太极的道德本质,因此,它是圣人立身之德,是"五常之本,百行之原",它本身是纯然至善的。人们的修养只要达到"诚",就进入了至高至善的道德境界,就能够成为完美无缺、高尚无比的圣人。

总之,周敦颐在发挥《六经》、《四书》义理的基础上,坚持以人文伦理道德为核心,本着儒道互补的基本进路,以阴阳、刚柔、动静、死生、无极、太极、四时、五行、仁义为思想范畴,论证天道与人道,这既接续了儒家的道统,又表现了儒、道思想的进一步合流,为宋明理学家探讨世界本体论,辩论理、气、心、性,启迪了"天人合一"、"融合道儒"的逻辑思路。

周敦颐的《爱莲说》不仅是一篇文字优美的古文,也是一篇蕴藏着深刻思想内容的佳作。该文作于庐山脚下的"濂溪书堂",又名"爱莲书堂"。文中周敦颐极力赞美莲花的清香、洁净、亭立、修整的特性与飘逸、脱俗的神采,称颂莲花出于污泥而不染,荡于清涟而不妖的高雅淡泊气质,但这并不只是从审美角度赏花,而是展露他那思想深层的佛学因缘。因为莲花是佛教之花,《华严经探玄记》以莲花为喻,对真如佛性作了形象的描述:"如世莲花,在泥不染,譬如法界真如,在世不为世法所污"。"如莲花有四德:一香、二净、三柔软、四可爱,譬如真如四德,谓常乐我净。"周敦颐则用莲花比喻人性的至善、清净和不染,将出污泥不染的莲花之性,作为理想的圣人之性的象征,而淤泥则好比污染人性的欲望。在他看来,追求人性的至善至美,必须去污存净,去欲存诚,使人达到像莲花那样洁净无瑕的境地。

三、邵雍的思想

邵雍(公元1011—1077年),字尧夫,又自称安乐先生。其先世为河北范阳人,曾祖邵令以军职随从宋太祖部下,后来移居衡漳(今河北省南部),他青年时随邵古再迁家于共城(今河南辉县),最后才移居洛阳定居。死后谥康节。

邵雍根据《易传》关于八卦形成的解释,掺杂道教思想,虚构出一个宇宙构造图式和学说体系,成为他的"象数之学"(也叫"先天学")。其代表作有《皇极经世书》以及诗集《伊川击壤歌》。《皇极经世书》内容丰富,体系庞大,其子邵伯温解释书名说:"至大之谓皇,至中之谓极,至正之谓经,至变之谓世"(转引自王置《皇极经世书解》)。在这本书中,他力图构划一个包括宇宙、自然、社会、人生的完整体系,并寻找贯穿整个体系中的最高法则。

《皇极经世书》是用象数学的理论与方法阐述其思想体系的。邵雍认为,天地万物是由一个总体的"道"所产生的,道生天地,"天为阴阳,地分刚柔,刚则二分为四。天生动,地生于静,此天地之道;动之始阳生,静之始阴生,此天之用;刚柔为地之用。天生出太阳、少阳、太阴、少阴,即日月星辰;地生出太柔、少柔、太刚、少刚,即水、火、土、石"。这是道生万物的总秩序,但抽象的道必须由具体的物来说明,而具体的物又可以用一个个的数来表示,这样,"道"生天地万物的过程就可以用数来表示:"道生一,一为太极;一生二,二为两仪;二生四,四为四象;四生八,八为八卦;八生六十四,六十四具而后天地之数备焉。"

邵雍的《皇极经世书》的主要内容就是以元、会、运、世来纪人事,形成了三张历史年表。他把宇宙的生化发展归结为两个最基本的因素,一个是"时",一个是"事"。"时"是时间,反映古往今来宇宙生化发展的过程;"事"是自然万物与人类社会的历史事件,是宇宙化生过程中产生的结果。邵雍运用数字的排列和组合方法,把这个生化过程分为元、会、运、世四个阶段。元是一,代表太极,一元十二会,一会三十运,一运十二世,三十年为一世。用阿拉伯数字程式表示就是:1 元 = 12 会 = 360 运 = 4320 世 = 129,600 年。

他进一步用这个数字模式表达其宇宙循环论和历史退化论。他以一元代表自然史的一次生灭。在一元当中,"天开于子",天产生于第一会(子会);"地辟于丑",地形成于第二会(丑会);"人生于寅",第三会(寅会)产生了人类;到了第六会(巳会)已经是尧的盛世;到第七会(午会)是三代至唐宋,已开始由盛转衰。此后,到十一会(戌会)时,万物消灭,十二会(亥会)时,天地也不存在了。以后,自然的历史仍然按照既定的阶段、时间照样循环下去,以至于无穷。他试图通过这样的记载让人们相信,上下三千年间的治乱兴衰与因革变化,似乎同天时之间有着一定的因果关系,是有如四季变化的天道,这是他"天人合一"思想的具体体现。

邵雍还认为,人类的历史可以皇、帝、王、霸来划分阶段。这四个阶段的情况是:

三皇之世:"以道化民者,民亦以道归之,故尚自然。"
五帝之世:"以德教民者,民亦以德归之,故尚让。"

三王之世:"以功劝民者,民亦以功归之,故尚政。"

五伯之世:"以力率民者,民亦以力归之,故尚争。"(《皇极经世书·观物内篇》)

可以看出,他是以所谓道、德、功、力的伦理观念来划分皇、帝、王、霸的历史阶段。这是一种退化的历史观,是以儒家的王霸义利观来评价历史的,其中包含着值得重视的内容,不应该轻易否定。

四、张载的思想及其关学学派

张载(公元1020—1077年),字子厚,陕西人,人称横渠先生。早年有经世之志,政治上他既不极力反对王安石变法,也不赞成变法,而是主张改良,恢复井田制。在思想上,他曾经对佛、道多有涉猎,后专注儒家经籍,仔细研读,苦心深思,逐渐创立了自己的思想体系。北宋神宗熙宁年间,关中地区兴起的关学学派是理学开创阶段的重要派别之一,其创始人便是张载。张载的著作现存的有《正蒙》、《易说》、《经学理窟》、《语录》等。

张载的思想主要有这么几个方面的内容:

(一)气本论。张载继承和发展了先秦以来关于"气"的学说,在其《易说》中提出"气"的范畴,在《正蒙·神化》中给气立了一个界说道:"所谓气也者,非待其蒸郁凝聚,接于目而后知之;苟健顺、动止、浩然、湛然之得言,皆可名之象尔。然则象若非气,指何为象?"这就是说,不但蒸发郁闷凝结聚集起来人们眼睛看得见的是气,而且只要可以说有动有静广大渊深的都是气。他指出了气的两个主要特征,一个是"健顺动止",一个是"浩然湛然"。健是主动性,顺是受动性;动是运动,止是静止。气是能运动而也有静止的。浩然是广大,湛然是渊深,气是有广度有深度的,也就是说,气表现长宽深等空间特征。他认为,世界是由"气"构成的,"气"有两种存在形式,一种是凝聚的状态,一种是消散的状态。聚则成为万物,通过光色显现出形体,使人能够看见;散则成为虚空,无光无色。它的凝聚只是一种暂时的状态,故此叫做"客";而它的消散,也并非消亡无物,只不过人们看不见罢了。他用"太虚"表明"气"的消散状态,并论述"太虚"、"气"与万物的关系:"太虚不能无气,气不能不聚为万物,万物不能不散而为太虚。""太虚无形,气之本体,其聚其散,变化之客形尔。"(《正蒙·太和》)认为"太虚"是万物和气的"本体",就与物质层面的关系而言是无形、无象的形而上本体;就与气的关系而言,太虚是气的抽象,气则是太虚的运动状态,是太虚之体的聚散作用。

气怎样通过"聚而为万物"呢?这便是张载所谓"气化流行"的过程,通过"气化流行"而自然产生万物。张载也把这种"气化流行"过程称为"神化"。他说：“气有阴阳,推行有渐为化,合一不测为神。"(《正蒙·神化篇》)又说：“神化者,天之良能,非人能","惟神为能变化,以其一天下之动也。人能知变化之道,其必知神之为也。"(同上)张载所说的"神"是"合一不测"的意思,"神化"则是"天之良能",即自然的功能、能动。可见,张载的"神(化)"概念并没有宗教有神论的内涵,而是一种神妙莫测的变化。

那么,为什么"气"会有聚散的变化呢？张载用"一物两体"说来进行解释。他通过对《周易》"天地感而万物化生"的阐发,认为有"感"万物才能产生,各种不同的物质形态才能相互作用,共同存在。天地万物之间之所以存在相互感应的现象,是因为宇宙本身即是由相互对立又相互统一的方面——太虚与万物组成,世间万物,无一不存在对立的双方,张载称之为"一物两体"。"一物两体者,气也。"(《易说·说卦》)"一物两体者,其太极之谓欤!"这就阐明了宇宙万物的矛盾现象,也说明了事物包含既对立又互相依赖的双方这一本质特征。他对于"一"和"两"的关系作了概括："两不立则一不可见,一不可见则两之用息。两体者,虚实也,动静也,聚散也,清浊也,其究一而已。有两则有一,是太极也。若一则有两,有两亦一在,无两亦一在,然无两安用一？"(同上)如果对立的两体不存在,那么统一也就不存在；假如统一看不见,那么对立两体的相互作用也就停止了。像虚实、动静、聚散、清浊这样对立的两方面,究其底蕴,都是统一的。没有对立,也就没有统一。这一思想,是从《周易》"易有太极,是生两仪"的学说中引申、发展而来的朴素辩证观。

(二)天人合一。张载提出天人合一的思想,追求一种天地境界。他指出："儒者则因明致诚,因诚致明,故天人合一。"(《正蒙·乾称》)在张载看来,天人合一,内外合一,是"天"的本来状况。而常人往往为私心所扰,"故不能尽性"、穷理,人只要屏除私欲,努力去修养,就可达到天人合一、内外合一的境界,成为圣人。张载的"天人合一"说其实质是强调"得天而未遗人",一切以"人"为本,他的所谓"合一"是要把佛家所追求的"天趣"同现实的"人生"结合在一起,在现实实现至诚的"天性"和不息的"天命"。为此,他提出了著名的"横渠四句"："为天地立心,为生民立命,为往圣继绝学,为万世开太平",作为"人之所以为人"的境界标准。

(三)人性论。张载把人性分为先天和后天两途,用来说明善与恶的问题。他提出人有先天的"天地之性"与后天的"气质之性"的命题,并由此阐述了"立天理","灭人欲"的思想。他说："形而后有气质之性。善反之,则天地之性存焉。故气质之性,君子有弗性者焉。"(《正蒙·诚明篇》)所谓"气质之性",就是人"形而后"即有形体以后的人生下来以后才有的本性,它往往是恶的来源。由于人所禀受的气不同而产生的个性气质也不同。所谓"天地之性",就是太虚本性,它是纯一无缺的,是善的来源。人生来就具有这两种"性",但由于"气质之性"的蒙蔽、堵塞,而使本然的善性不能发挥、透明,所以表现为恶。"气质之性"也可以改变的,所谓"气质恶者,学即能移"。学习什么呢? 当然是学习礼仪,所以张载又提出"学而成性"、"知礼成性",强调人们必须善于通过道德修养,变化"气质之性",使其返回到纯善的"天地之性"。"气质之性"在一般人的身上主要表现为对物质生活的欲望。张载认为,人的欲望并非都是恶,在一定程度上它也是合理的,但过分的追求欲望的满足,就会伤害"天理",因此他提出"立天理","灭人欲":"今之人灭天理而穷人欲,今复反归其天理。古之学者便立天理,孔孟而后,其心不传,如荀扬皆不能知"(《经学理窟·义理》)。张载把人性划分为"天地之性"和"气质之性",奠定了宋明理学人性论的理论基础,对后儒产生了深远的影响。

（四）修养论。提出"穷神知化"与"穷理尽性"的命题,指出了理学关于道德修养的途径。张载提出"穷神知化"的道德修养途径,他主张通过"大"德,即扩充内心本来的至善之德,达到"穷德"的目的。他说:"大而位天德,然后能穷神知化"(《正蒙·神化》),即使人忘却自我,泯灭天人界限,与"天理"融为一体。张载还发挥了《周易》"穷理尽性"的命题,认为"穷理尽性以至于命"是三个不同等级但又相互联系的认识阶段。"穷理"为第一阶段,指穷尽体现在万事万物中的"天理",其主要方式是读书、学习。"尽性"是第二阶段,即穷尽人所禀赋的道德品性,以达到与"天性"的合一。在第三个阶段,人的精神世界便产生了根本变化,变得至诚至善、无思无虑、无私无欲,达到上与"天性"同一,下与万物通贯的最高境界,这叫做"中正"。

张载的思想学术在当时产生了巨大影响,许多人师从他学习,颇有声势,形成了介于理学与新学之间的关学学派。所谓"关学"一般有广义和狭义两重含义。广义是指关中的学术文化总称,即秦地文化;狭义的关学是指北宋张载所创立,历经宋、元、明、清,到五四运动打倒孔家店结束,历经八百多年,在陕西关中断续发展的理学的一部分。我们这里介绍的关学指狭义的关学,即由北宋张载所创立的关学学派及其在后来历史上的发展演变。

关学作为理学思潮中涌现出的思想学派,具有不同于其他学派的特点。关学学派在学风上有自己鲜明的特点,其一是"学贵有用"。这种精神表现在重视对现实问题的研究,如军事、兵法、天文、生物、医学、水利、教育、礼仪等。其二是株守儒学,躬行礼教。关中学者以捍卫儒术,反对佛老自任,在理论上批判了佛道的许多观点,同时,他们还特别重视躬行礼教的道德实践,反对把"心性之学"仅当作空谈。不过,关学虽然力图使学术服务于现实,但他们却找不到从现实问题出发,寻求解决社会矛盾的切实可行的方法,而是习惯于从儒家经典中寻找现成的答案,把古代儒学的政治、经济主张搬用于现实社会,所以他们并不能解决社会问题。关学还注重自然科学的研究,并能够以之驳斥荒诞的迷信,从而不自觉地具备了唯物主义的观点。可惜,关学没有得到统治者的重用,这成为它只是作为一种地域文化的一个重要原因。关学的传统学风在北宋以后历经元、明、清各代,在很长时期,乃至今天仍然影响着关中地区的学者。

五、程颢、程颐的思想及其洛学学派

程颢,字伯淳,生于宋仁宗明道元年(1032年),死于宋神宗元丰八年(1085年),后人号为明道先生。程颐,字正叔,生于宋仁宗明道二年(1033年),死于宋徽宗大观元年(1107年),后人称他为伊川先生。程颢、程颐兄弟(一般简称二程)开创的洛学学派,是北宋时期影响最大,也是最为典型的理学学派。二程的语录后人编为《河南程氏遗书》和《外书》,程颐还有《易传》、《春秋传》,连同他们的《文集》(其中前四卷是程颢诗文集,后八卷是程颐诗文集),明清人合编为《二程全书》。

二程与王安石生活在同一时代,对当时的形势有共同的认识,也主张进行改革,但在如何改革的问题上,却存在着根本的分歧。在二程看来,王安石变法的目的是兴利,而兴利与尚德是根本对立的。二程主张尚德,从人们的思想入手,提高人民的道德修养,克服社会危机。由于政治上的对立,也导致学术思想上的深刻分歧。二程对王安石的"新学"进行批评,认为新学是欲循天下之私,败坏后生学者,是首先需要清算的。

二程与张载关学关系密切,并有多次学术交往。南宋以后的一些理学家(如杨时、朱熹等)为了推崇二程,说张载的学说来源于二程,实际情况正好相反,是张载的思想学说,对二程思想体系的构造和发展有很大的影响。当然,二程作为理学体系的奠基人与张载思想体系也有很大差异,其理学思想更多的是自己的新创见,这一点突出地表现在其天理论上。程颢曾说过:"吾学虽有所受,天理二字却是自家体贴出来。"(《遗书》卷十二)那么何谓"天理"呢?程颢说:"上天之载,无声无臭。其体则谓之易,其理则谓之道,其用是谓之神。"(《遗书》卷一)是说理不是具体的事物,而是抽象的"道",即"形而上者谓之道"。这样,他就把"理"或"道"视为主宰世界的最高本体。因为"理"或"道"是天然形成的,故又谓之"天理"。

二程把"理"作为其思想体系的最高范畴,基本内涵有三个层次:

第一,宇宙本体之理,即"理"是宇宙的终极本原和主宰世界的唯一的存在。

这个"理"是形而上者。他说："万物皆只是一个天理"（《遗书》卷二），它独立于万物之外，却又产生和支配着万物。"天理"所产生的每一物都具备了完整的"理"，都是"天理"的体现。但二程的"理"又不同于佛、道二教的"理"或"道"，最大的区别在于他们的"理"作为有体而非物的存在，赋予它实在性。"理者，实也，本也。"（《粹言》卷一）以"理"为实的观点，是为了从本原上论证客观世界可感可知的实在性，这点正是理学区别于佛道二教的关键之处。

第二，万事万物之理，即"理"是事物的特性及发展变化的规律。二程认为，许多自然现象的发生，都是因为该事物具有自然之理。"天下万物，皆可以照理，有物必有则，一物须有一理"（《遗书》卷十八）。这个"理"就是形而下之理。

第三，伦理道德之理，即"理"又是封建道德原则及封建等级制度的总称。"视听言动，非理不为，即是礼，礼即是理也。"（《遗书》卷十八）程颐说："上下之分，尊卑之义，理之当也，礼之本也"（《周易程氏传》）。人类社会的等级制度及与之相适应的社会道德规范，是"天理"在人间社会的具体表现形态，"君臣父子，天下之定理，无所逃乎天地之间"（《遗书》卷五）。人之所以与禽兽有别，正是因为人具备了这种天理。

这样，张载以物质状态的"气"为宇宙本原的本体论就被否定了，精神性的"天理"就在理学体系中被确立了最高本体的地位。但二程思想受张载影响的痕迹仍然是很清楚的。二程认为世界万物都是"气化"形成的，"日月星辰皆气也"（《粹言》卷二），"天气下降至于地中，生育万物者，乃天之也"。（同上）只是"气"在二程的学说中是"理"与"物"的中间环节，不是最高范畴。

二程的人性论是在张载"天地之性"和"气质之性"的基础上展开的，把张载的"天地之性"改为"天命之性"，认为人性有"天命之性"与"气禀之性"的区别。二程认为，"性"是先天的，善的，"才"是后天的，有善有恶。先天的善性，就是"天命之性"。后天有善有恶的性，则是"气禀之性"。"气禀之性"由于"禀清气则为善，禀浊气便为恶"，所以这个善和恶，都是可以改变的。这一点上，二程与张载比较接近。二程与张载在人性论上的不同主要有两点：一是张载认为"天地之性"源于"太虚"，二程则主张"天命之性"合于"天理"；二是张载认为"形而后"有"气质之性"，而二程则说"才"即是"气禀之性"。

人性中的善自然是其"天理"的本质特征，恶则表现为人的不合节度的欲望、情感，二程称之为"人欲"或"私欲"。"人欲"是"天理"的对立面，二者具有不相容性，"天理"盛则"人欲"灭，"人欲"盛则"天理"衰。"甚矣，欲之害人也。人之为不善，欲诱之也。诱之而弗知，则至于天理灭而不知反，故目则欲色，耳则欲声，以至鼻则欲香，口则欲味，体则欲安，此皆有以使之也"（《遗书》卷二十五)。对于二程的"存天理,灭人欲",过去我们有误解,多持绝对的态度,认为这里的"灭人欲"就是反对人的一切生活欲望,如必要的衣住行食色性等。其实,"人欲"一词在传统思想中是指一人之欲,实与私欲同义,是指人的正常欲望无限制地发展,以至于与禽兽没有区别了。如二程就说:"天下之害,无不由求之胜也:峻宇雕墙,本于宫室;酒池肉林,本于饮食;淫酷残忍,本于刑罚;穷兵黩武,本于征讨。凡人欲之过者,皆本于奉养;其流之远,则为害矣。先王制其本者,天理也;后人流于末者,人欲也。损之义,损人欲以复天理而已。"(《程氏易传·损》)即就是说,天理是本,人欲是末。宫室、饮食、刑罚、征伐,都是天理所应有;峻宇雕墙、淫酷残忍、穷兵黩武,则是人欲之过了。在这个意义上,二程又强调:"人心私欲故危殆,道心天理故精微,灭私欲,则天理明矣。"(《遗书》卷二十四)这才是"存天理,灭人欲"的本义。

二程在其"天理"论的基础上对《大学》里的"格物致知"进行了新的阐释,形成他的认识论。他说:"格犹穷也,物犹理也,若曰穷其理云尔。穷理然后足以致知,不穷则不能致也"(《粹言》卷一)把"格物"径直解释为"穷理",强调穷尽物理对于致知的重要性。他还具体讲了"穷理"的方式:"凡一物上有一理,须是穷致其理。穷理亦多端,或读书讲明义理;或论古今人物,别其是非;或应事接物,而处其当,皆穷理也。"(引自朱熹《近思录》卷三)这说明二程的"穷理"包括了从自然事物到人类社会各种各样的事物之"理","格物"即"穷理"就是要人们认识到事事物物都是"天理"的作用。"格物致知"的要旨是认识主体通过自省和积习的方法,直接通向"天理"。与此相联系的是他还把知识分为"德性之知"和"见闻之知",所谓"德性之知"是"不假闻见",即不靠感官接触外界所先天固有的知识,这是具有"天命之性"的人才有的,这种人当然只能是圣人了。所谓"见闻之知"是"人交物则知之",即依靠感官去接触外界事物而产生的知识,这是具有"气禀之性"的庶人所共有的。这种人就是一般的"俗人"。

二程还以其"天理"论发挥孔子"克己复礼"的命题,提出了自己的修养论。他说:"礼者,理也,文也。理者,实也,本也。文者,华也,末也。理是一物,文是一物。文过则奢,实过则俭。"(《遗书》卷十四)把"理"作为"礼"的实体、本质;把华彩、文饰作为"理"的外表、形式。"礼"的必须繁文缛节、钟鼓玉帛、服饰文彩等,渗透了"理",表现了"理"。礼成为"天理"在人间社会生活中的外化。二程进一步指出:礼象征着人类社会永恒不易的秩序。这个秩序,使社会中的每个人都在等级结构中占有适当的位置。

总之,二程的理学思想体系,是北宋时期理学初创阶段比较典型的形态,它勾勒出了程朱理学的基本轮廓,为朱熹思想的产生提供了理论基础。

二程继承韩愈,建立了儒家道统,宣称孔门大道已经中断了一千多年,只有二程得到了"心传","使圣人之道焕然复明于世"。实际上,二程的思想包含着很多佛、道的内容,实质上是"三教合一"的产物。具体到二程各人,他们的思想尽管在本质上是一致的,但在某些学术倾向上是存在一定差异的。程颢认为万物本属一体,人生的最高境界就是发明本心,自觉达到与万物一体,因此较多地强调内心静养的修养方法,不大重视外知。后来的陆王,大致沿着程颢的理路,发展为心学。而程颐则主张探求事物所以然之理,人生的根本在于居敬穷理,格物致知,较多地强调由外知以体验内知。后来的朱熹,大致沿着程颐的理路,发展为纯粹的理学。所谓的"程朱理学",实际上主要指的是以程颐和朱熹为代表的理学。

二程从事学术活动多年,培养了一大批理学人才,特别是跟随程颐求学的弟子很多,其中著名人物有谢良佐、游酢、吕大忠、吕大临、吕大均、侯仲良、刘立之、朱光庭、邵伯温、苏昺等(其中三吕与苏昺原为关学学者),形成了著名的洛学学派。在这些人之中,又以杨时和谢良佐最为出色,此二人对洛学的贡献、对二程学说的承传都起到了重大的作用,为南宋理学的集大成者朱熹建立其庞大的思想体系奠定了基础。

六、理学的集大成者——朱熹

朱熹(公元1130—1200年),字元晦,号晦庵。祖籍江西婺源,出生于福建南平龙溪。是南宋著名的学者、思想家、教育家,也是中国思想史上堪与孔孟并论的大儒,他也是继孔子之后中国学术文化的伟大整理者。朱熹生活在孝宗至宁宗时代,在政治派别的斗争中屡遭失败,但在社会上讲学授徒,产生了广泛的影响。朱熹在政治上的基本倾向是保守的,对当时的抗金问题,他反对屈辱求和,也反对主战,持悲观态度。在思想上,朱熹拜程颐的三传弟子李侗为师,继承了程颐的基本思想,并吸收了佛、道及张载的某些思想资源,建立起了庞大的理一元论思想体系,是宋明理学的集大成者。他一生著作甚丰,主要有《太极图说解》、《四书集注》、《朱子语类》、《周易本义》等。朱熹死后,他的著作和学说,受到理宗的尊崇。南宋以后,朱学也一直成为理学的正统。在思想上,朱熹继承、发展了韩愈的道统论,认为尧、舜、禹、文、武、周公、孔子、孟子一脉相传,到了孟子以后中绝了。他认为二程是直接传承孟子的,他是继承二程的,因此后世往往程、朱并称,号为程朱理学。又由于他长期在福建讲学,故他的学说被称为"闽学"。程朱学派的理学思想经过元代统治者的提倡,明代统治者的钦定,才开始成为占统治地位的官方意识形态,并通过科举和教育制度向社会的各个方面渗透,几百年来作为正统的官方意识形态,对中国封建社会后期的思想文化影响深远。

朱熹的理学体系主要有：

（一）天理论。朱熹认为在超现实、超社会之上存在一种标准，它是人们一切行为的标准，即"天理"。他承接发挥了二程的思想，认为"天理"是宇宙之本，万物之源。他说："未有天地之先，毕竟也只是理。有此理，便有此天地。若无此理，便亦无天地。……有理便有气，流行发育万物。"（《语类》卷一）但他又认为理是本气为末："理也者，形而上之道也，生物之本也。气也者，形而下之器也，生物之具也。"（《文集》卷五十八）这样，他就把"理"抽象为形而上的精神本体。在他的心目中，"理"是万物开始的主宰，是自然界的一切，所有的世间万物，生成于"理"，遵从于"理"，归结于"理"。这种先天存在的精神性的"理"是那么的遥不可及，又是随处可见，时时主宰着人们的生活。

他还用"理一分殊"来说明本体之理与现象之理（万事万物之理）的关系。"理一分殊"本来是佛教的思想，朱熹把它借用来说明"一理"与"万理"的关系。《语类》卷一："……伊川说得好，理一分殊。合天地万物而言，只是一个理。及在人，则又各自有一个理。"这就是"一理摄万理"，"万理归于一理"。虽然世界上有万事万理，但从宇宙本体的高度而言，都是一个总的"天理"的反射。这个总"天理"反射到万事万物上，便是"理一分殊"。他还具体论述到："本只一太极，而万物各有禀受，又自各全具一太极矣。如日月在天，只一而已，及散在江湖，则随处而见，不可谓月已分也。"（《语类》卷九十四）是说"理"只是"一理"，万物分有了"理"，但是这种分有不是把"理"分割，而是在每一个具体事物中体现了完整的"理"，就像"月印万川"一样，天上只有一个月亮，印在江河湖海里的千万个月亮并不是天上月亮的一部分，而是这个月亮的全部、完整的体现。朱熹对"理一分殊"的论证，触及了一般和个别的关系问题，具有辩证法因素。

（二）心性学说。朱熹的心性论，是建立在他的宇宙本体论的基础之上的。他发挥了张载、二程的人性论，提出"天地之性"和"气质之性"，这是他的理本论在人性方面的体现，同时又是为伦理观提供论据。朱熹的"天地之性"不同于张载的"天地之性"。他说："论天地之性，则专指理言；论气质之性，则以理与气杂而言之。"（《语类》卷四）是说"天地之性"指禀受于理而产生的人类共同本质，是纯善的。"气质之性"是指理与气结合而形成的千差万别的个性，有善恶之分。为了更好地说明人性，朱熹还对"心"做了深入考察，提出了"心即理，理即心"。（《语类》卷十八）即心和理是一致的。以理为性，以气为心，性和心便是形上与形下、体与用的关系。他论证了"心统性情"："性是体，情是用，性情皆出于心，故心能统之。"（《语类》卷二十八）还把"心"分为"人心"和"道心"："方寸之间,人欲交杂,则谓之人心;纯然天理,则谓之道心。""气质之性"就是"人心","天地之性"就是"道心"。

(三)修养论。朱熹的修养论大体上是继承二程尤其是程颐的思想而有所发展。其要点大约包括持敬、格物致知及知先行后这样几个方面。在持敬问题上,程颐认为,"涵养须用敬,进学在致知",以此作为修养的两大纲目,朱熹进而发挥为持敬说和格物致知论,以为敬是为学修养的立足处,是圣人第一之要法。《朱子语类》卷十二说:"敬字功夫,乃圣门第一义,彻头彻尾,不可顷刻间断";"敬之一字,真圣门之纲领,存养之要法。一主乎此,更无内外精粗之间"。但是居敬并不是目的,而只是功夫,居敬的目的在于"穷理"。而穷理又是"格物致知"的功夫。朱熹的格物致知大体与二程相通,都旨在强调"穷理"而达到"致知",进而通向"穷天理,明人伦"的目的。他说:"所谓致知在格物者,言欲致吾之知,在即物而穷其理也。"(《大学章句·补格物传》)说明他思想的实质不在"即物"而在"穷理",通过"穷理"达到对"天理"的自觉。在此基础上,他讨论了"知行"关系,其思想要点有三:一是知先于行,"须先知得方行得","圣人教人,必以穷理为先,而力行以终之。"二是行重于知。"学之之博末若知之之要,知之之要末若行之之实";"若曰讲习渐明,便当痛下克己功夫,以践其实,使有以真知其意味之必然,不可只如此说过,则其言为无病矣。"三是强调知行之间的依存性。即行是行其所知;如知而不行,即证明所知未至或知之尚浅。在强调知先行后的同时,也格外重视对传统道德的践履和笃行,主张致知、力行均应予以相当的重视。这一点对中国后来的思想界影响甚大,作为其对立的陆王心学在这个问题上也未能完全摆脱这一思想框架,如王阳明的知行合一说,显然与朱熹的思想有着一定的关联。

(四)天理人欲之辨以及由此引申的尊王贱霸的历史观。在修养方面,朱熹强调所谓"天理人欲之辨",这里的"天理"是指至善的道德标准,而"人欲"则是一切不善行为的根源。在朱熹心目中,"人欲"与恶、私、利划一。只有克服和去掉"人欲",才能保存和恢复"天理"。他不完全赞同二程把"道心"等同于"天理",把"人心"等同于"人欲"的观点,认为"人欲"只是指"人心"中恶的一方面,不包括"人心"中合理的可以为善的欲望。凡有普遍的不得不有的人的自然欲望,都不能叫人欲,而属天理范畴,如饥而求食,寒而求衣,以及男婚女配,都是符合天理的。但是,对于食而求美味,衣而求美服,不安于夫妇之道而别有所求,则是人欲。他举例说:"饮食者,天理也;要求美味,人欲也。"(《语类》卷十三),这样就肯定了人合理(天理)的生存要求。所谓天理人欲之辨实是公私之辨(张岱年:《中国哲学史大纲》,第455页,中国社会科学出版社,1982年),朱熹认为,人的天赋的"明德"往往为"气禀所拘,人欲所蔽",如同明镜蒙上尘垢得昏暗一样,因而需要通过内心修养功夫,即"天理之公"与"去人欲之私",使"本体之明"得到扩展,以达到"复其初"的地步,这样就可由一般人达到"圣贤"的境界。正是在这个意义上,他说:"天理存则人欲亡,人欲胜则天理灭"(同上),要完善道德修养,就必须"穷天理,灭人欲"。

根据"理欲之辨",朱熹更强调所谓"王霸之辨",认为王道推行仁政,这是"义",霸道讲求功利,这是利。根据儒家的基本观点,义与利是对立的、不相容的,它们之间的冲突也是不可调和的。进一步,他认为三代的政治是王道,汉唐等朝代的政治是霸道。在王道政治,最高统治者君主的心目中完全是"天理流行",因而"凡其所行,无一事之不不得其中,而于天下国家无所处而不当"(《答陈同甫》)。而在霸道政治,最高统治者君主的心目中则"未免乎利欲之私"(同上)。因此,他认为三代到秦汉以后在政治道德上是一个退化过程。

七、王安石的新学

王安石是北宋时期著名的政治家、思想家和文学家,曾两次为相,推行新法,旨在摧抑兼并,富国强兵,是中国历史上规模宏大、影响深远的改革运动。王安石为政时,王安石通过改革学校和科举制度,改变传统的以诗赋取士和繁琐的记诵传注经学,改用经义和策论试士,形成了宋代新的学术风气,使宋学得到迅猛发展。他还设立经义局,《诗》、《书》、《周礼》三经义,对儒家经典重新作了诠释,"天下号曰新义"。在王安石亲自诠释《周礼》的《周官新义》序文中,王安石指出其目的是为了"立政造事",改变"士困于俗学久矣"的现状,是以变革旧训诂之三学、立义理之学为标志的。作为新学的主要著作,《三经新义》是王安石在东京主持变法时期完成的,其中《周官新义》由王安石亲自训释,《诗义》、《书义》由王安石的儿子王雱撰写。这些著作都贯穿了王安石的学术思想和政治主张,为其推行改革奠定了理论基础,也成为新学形成的标志。《三经新义》颁行太学,规定为士人必须学习的读本,这些社会政治和学术思想活动为王安石获得了广泛的声誉,号称"通儒"。许多学者慕名而来求学,如陆佃、蔡卞、龚原等,这样就逐渐形成了一个阵容较大的"荆公新学"学派。新学与理学在北宋有着尖锐的对立和冲突,也不可避免地相互影响、吸收。在北宋中后期,新学定于一尊达60年,是居学术界统治地位的派别。南宋以后,新学地位遽然衰落,以至湮没无闻。理学在北宋处于民间私学的地位,甚至屡遭排抑,但在南宋以后,理学逐渐得到统治者的尊崇,从元代开始被定为官学,成为统治思想。

王安石是通过阐释儒家及道家等古代经典而阐述其思想体系的,这就是在许多传统概念、范畴的基础上赋予新意,以表达自己的思想。

(一)王安石的五行说和元气论。王安石以特有的"五行说"阐述宇宙的生成。他认为天地万物是由水、火、木、金、土五种基本元素构成的,五种元素各有自己的属性和特征,这就是王安石概括的时、位、材、气、性、形、事、情、色、声、嗅、味等范畴。但他认为"五行"并非宇宙最初的质体,在它们之上,还有一个更高层次的"天"存在,"五行"只是"天"用以生成万物的原料,"天"才是宇宙的根本。王安石还进一步认为,"天"就是"道"。"道"有双重含义:第一,它是"天下母",世界万物的最高本原和造就者。第二,"道"是物质世界运动变化的规律,万物都必须遵循它而运行。

确立了"道"作为宇宙本原及万物发展变化的规律之后,王安石又用"元气说"深化了他的宇宙生成论。他说:"道有体有用。体者,元气之不动;用者,冲气运行于天地之间。"(《老子注》)"道"的质体正是物质性的"元气",而"道"的用途正是"元气"在宇宙空间的运行往来。因此,"道"的生成实际上就是"元气"生成。"元气"生成的过程是:"元气"分为阴、阳二气,"阳极上,阴极下",阴阳交合之气就是"冲气"。阴阳交合,冲气的流转运行,使"五行"得以产生。五行之中,土是阴阳冲气直接作用的结果,水则由北方阴气所生,金则由西方阴气生燥热后,由燥热所生。阴阳二气由于分布的地理方位不同,性能也产生差别,从而生成不同的物质元素。五行产生之后,又经过复杂的组合,形成万物,王安石称之为"道立于两,成于三,变于无,而天地之数具。"(同上)万物产生之后,任何一个具体的事物都是"元气"所生的暂时形态,在一定的时期和条件下,事物也会消亡,而复归于产生它的"元气"——这就叫"归根复命"。

可以看出,王安石的"元气"说与张载的"气"本体论有共同之处,即都认为世界万物是由物质形态的"气"所构成,不同之处在于王安石以"道"作为宇宙最高本体,否认"道"的社会性因素,把它的一切特征与功能完全归结为自然性。这就是王安石之所以没有成为理学家的思想方法原因。

(二)王安石的辩证法思想。王安石的辩证法思想大致有以下几方面:

第一,承认世界万物是处于不断变化之中。他说:"五行也者,成变化而行鬼神,往来乎天地之间而不穷者也,是故谓之行。"(《洪范传》)把"五行"的"行"解释为变化,是很新颖的。在他看来,物质世界的一草一木都是不断地变化着,一切皆动,一切皆变。变化乃是"道"的本性,由此决定了天地万物的生生不息、变化不止。而变化的最基本的形式是新旧更替,"有阴有阳,新故相除者,天也;有处有辩,新故相除者,人也。"(《字说》)这种热情讴歌新事物代替旧事物的观点,成为他进行变法革新的思想基础之一。

第二,为什么"天道尚变"?为什么事物能够"新故相除"?王安石认为,根本的原因在于每一事物内部均有相互对立又相互统一的两个方面,叫做"耦"。"耦"原指两人并肩而耕的意思,王安石用"耦"表明每一事物内部的两个对立面。认为由五行构成的万事万物都有其对立面相配合("皆各有耦"),人类社会的善恶美丑也是这样,"一柔一刚,一晦一明,故有正有邪,有美有恶,有丑有好,有凶有吉,性命之理,道德之意皆在是矣。"(《洪范传》)他还认为对立面的每一方面,又都包含有对立面的相互作用("耦之中又有耦"),这样,多种多样的对立面的相互作用,事物变化就没有穷尽了("万物之变遂至于无穷")。

王安石还认识到对立双方相互依存的关系,认为轻重、躁静、有无、善恶、春夏与秋冬等双方都以对方作为存在的依据,失去一方,另一方也就失去了存在的价值。他说:"轻者必以重为依,动者必以静为主。""无春夏之荣华,无秋冬之涸零。""善者恶之对也,有善必有恶。"(《老子注》)

第三,王安石把对立双方相互作用的关系概括为相生相克。他说:"其相生也,所以相继也;其相克也,所以相治也。"(同上)相生相继指事物在发展中的生长与延续,相克相治指对立双方的矛盾和斗争。在此基础上,王安石猜测到了对立双方相互转化的规律。

(三)王安石的人性学说。王安石认为人性是人们与生俱来的本性,不可能来源于外在的精神实质,而是在人的形体形成时就天然存在,"性生于诚,诚生于心,心生于气,气生于形。"(《临川集》卷六十六)人性就是人之形体的属性,不具有仁、义、礼、智、信等道德品行。道德品行不同于人性,它是由人的心理能力所产生的,是后天而生的。他认为性没有善恶之分,只有在性产生情之后,善恶才分明起来。性与情既不能混淆,也密切联系在一起。他说:"性情一也。……喜怒哀乐好恶欲,未发于外而存于心,性也。喜怒哀乐好恶欲,发于外而见于形,情也。性者,情之本;情者,性之用。"(同上卷六十七)情原于性,与性不是截然分离的两个范畴,因此性情是统一的。但情又不等同于性,性是人的心理能力,而情则是人的感情、爱好、情趣和欲望的表现。情是性的外在表现形态,是性在具体条件下的反应。性情二者是体用关系。

八、陆九渊的心学思想及朱陆之争

陆九渊,字子静(公元1139—1192年),江西抚州人,孝宗时举进士,曾任主簿、国子正等职,政治上并不显要,学术上也无师承,是南宋著名的哲学家、教育家,心学思潮的奠基人。他在白鹿洞讲学授徒,融合孟子学说与佛教禅宗的思辨,独立形成所谓"心学"。陆九渊一生述而不作,著述很少,这是心学不同于理学的一个重要特点。今天我们能够看到的《陆象山全集》汇集的只是其书信、杂著、讲义、语录和诗作,没有一部注经的书。陆九渊自称他的思想直接得之于孟子,不是从"理"而是从"心"出发建立其心本体论的。他提出"心即理"的命题,与程朱理学划开了界限。他提出了"切己自反","发明本心"的认识论和道德修养论,但在具体方法上简化了繁琐的过程,采取"简易工夫"。

陆九渊的心本论思想并没有否定或取代理学家的最高哲学范畴——"理"。在陆九渊的思想体系中,"理"也是宇宙的本原和万事万物的总秩序。他说:"此理充塞宇宙,天地鬼神且不能违,况于人乎?"(《全集》卷十二)每个人都受"理"的制约,都必须遵循"理"的原则。他的贡献是在理学家这一思想的基础上明确地提出了自己以"心"为本的思想体系。他说:"四方上下曰宇,往古今来曰宙。宇宙便是吾心,吾心便是宇宙。东海有圣人出焉,此心同也,此理同也。西海有圣人出焉,此心同也,此理同也。南海北海有圣人出焉,此心同也,此理同也。"又说:"宇宙内事是己分内事,己分内事是宇宙内事。"(同上卷二十二)这样,他就把宇宙与心等同起来,断言心是永恒的,无所不包的。他继续发挥孟子"万物皆备于我"的说法,认为万物都在我"本心"之中,无须外求,得出了"万物森然于方寸之间"的结论,使得"心"成为宇宙万物的本原。不仅如此,"心"还是社会道德原则的本质,是一种伦理性的实体,道德行为乃是它的外在表现。他说:"仁义者,人心之本也"(同上卷一),"四端者,人心之本也,天之所以与我者,即此心也"(同上卷十一)有了这个"心",人才能够自觉地进行道德践履而不受外界条件的制约。这样,他就把心超越、升华到了宇宙本体的高度。

陆九渊的"心"已经具备了理学天理的基本特征,他同时又承认天理的存在和它的至高无上性。他提出"心"即"理"的命题协调了二者的关系,使心学体系不仅保持"心"本论的基本原则,也容纳了理学的客观天理。他说:"人皆有是心,心皆具是理,心即理也。"(同上卷十一)"万物森然于方寸之间,满心而发,充塞宇宙,无非此理。"(同上卷三十四)这样,心与理就是绝对等同的,天理的所有内涵都在"心"中具备。世界只是一个"心"的世界,而"心"也是一个包容大千世界的"理"。

在认识论上,陆九渊不同意朱熹从事事物物上穷尽天理的观点,他认为"心"中本有真理,只要向反省内求,就可以得到真理。因此,他提出了"切己自反","发明本心"的命题,作为主体获得对"心"体认的唯一途径。这种认识途径,只是一种自我反省、自我认识的过程,它不需要接触事物、参与事物,更不需要通过完成某种践行去实现,它只需要主体意识对自我的神秘感悟;做到这一点,就能达到一悟百悟,一切皆悟的程度,从而在瞬间完成人的认识过程。为什么人需要"切己自反","发明本心"? 陆九渊认为人们的"心"被各种"物欲"损害了,造成了严重的心理障碍,他称之为"心蔽"。他提出解除"心蔽"的方法叫做"剥落"。"心"的弊端,就好像一件洁净的物品被脏污的东西所包裹那样,要使它恢复洁净的本来面目,必须一层一层地剥去这些东西,"心"才能完全地清洁明亮,恢复本然状态。

"切己自反"、"剥落"都是为了完善自身的道德本性,是一种道德修养的手段。认识论是与道德修养论密切联系,这一点陆九渊与理学是一致的,只是具体方法有不同。陆九渊在任何时候,都把道德的自我修养与完善放置于人生的首要地位。在他看来,做一个人就应尽"人道",即按照社会普遍的道德原则约束自身,完善自身,而不是追名逐利。

陆九渊在认识论和修养论方面,与程朱比较起来,大大简化了许多繁琐的过程和程序,其修养功夫,简便易行,人人可为,事事可为,时时可为,处处可为,所以称为"简易功夫"。"简易功夫"是一种简易直接的修养方法,即首先用肯定自己仁义礼智的本心,然后依照本心所认为对的去做,就可以恰到好处。

朱熹和陆九渊是同时代人,私交很好,但在学术见解和治学方法上,又存在着分歧,二人曾进行了长期的辩论。比较集中的有两次:一次是淳熙二年(公元1175年)的鹅湖之会。淳熙二年,应吕祖谦之约,朱熹与陆九渊、陆九龄兄弟会于鹅湖,讲论治学之方。此会是理学史,乃至整个儒学史上的一个重大事件。在此之前,朱陆的思想分歧已相当明显。吕祖谦的本意是要调合朱陆,不料在此会上双方依然各持己见,主要围绕治学方法展开争论。争论的主题是所谓"教人"之法。朱熹主张"即物而穷其理",从博览群书和对外物的观察来启发内心的知识,先博览后归于简约;陆九渊主张用"易知易从"的简易方法发明本心,以立"根本",因为"心即理",不必做读书穷理工夫。因此,他在会上主张:"先发明人之本心而后使之博览"。朱熹指出陆九渊教人太简,陆九渊指出朱熹教人太支离,并作诗说:"易简工夫终久大,支离事业竟浮沉",结果谁也不服输,最后不了了之。黄宗羲后来说朱学"以道问学为主",陆学"以尊德性为宗"。可见,他们的争论表面上是治学方法问题,实际上涉及理学与心学不同的致思路向,说明他们对孔孟学说有不同的理解。

另外一次是淳熙十五年(公元1188年)两人开始的通信往来的争论,是围绕"无极"与"太极"问题展开的,表现了双方在本体论上的分歧。陆九渊与其兄陆九龄认为《太极图说》不是周敦颐所作,不应该在"无极"之上再加上"太极",朱熹则认为"无极而太极"就是"无形而有理","不言太极,则太极同于一物,而不足为万物根本"。朱熹还用形而上形而下区分天理与阴阳、五行、万物,陆氏兄弟则不赞成这种分别。朱熹这样的论证是出于他的理论需要,以为形而上的"理",无形却实有,它存在于万物之先,又流行于万物之中,是永恒的、绝对的宇宙本原和客观的精神实体。阴阳、五行、万物作为形而下者,只能是天理的派生物,这就突出了"理"作为万物的创造者和主宰的地位。陆九渊否认"无极",不论形上形下之别,目的也是为了表达他的宇宙观:世界只是一个"心"的世界,"心"外无理,"心"外无物,一切都可以从"心"中找到,因此没有必要把世界分成形而上与形而下两部分,道与器、理与气都统一于一个"心"中。

从朱陆的争论中可以看出双方思辨的角度的不同,朱熹重在精神性的天理客观化,使之成为独立于主体之外的宇宙本体,而陆九渊则尽力把客观的天理主观化,重在"理"与"心",也就是本体与主体的合一。朱陆的争论加速了理学体系的分化,使理学分为两大派别,各自按照自己的思维方式构建理论体系。陆九渊的学说后来由王阳明继承发展,成为陆王学派。

九、陈亮、叶适的功利学派

理学兴起以后,在南宋朱熹同时,出现了以陈亮、叶适为代表的功利主义思想家,他们分别为永康学派和永嘉学派的代表人物,在思想理论上与朱熹为代表的理学"道德性命"之学展开了激烈的论争,成为当时理学外部反对理学的思想派别。

陈亮,字同父(公元1143—1194年),婺州永康人。陈亮关切政事,在孝宗朝先后呈《中兴五论》和四次《上孝宗皇帝书》,大声疾呼时局的危机,反对对金主和派的苟且偷安,在朝廷引起震动,也触犯了一大批官僚的利益,被视为大逆不道的"怪物"。曾经三次被以莫须有的罪名逮捕入狱,身心遭受极大摧残。陈亮因主抗战而研究军事,提出许多杰出的军事思想。在政治和哲学上,则反对理学或道学。就所谓"王霸义利之辨",与朱熹展开了争论。陈亮没有固定的师承,与他论学最多的有朱熹、吕祖谦、张栻等人,但陈亮与他们在思想观点上存在着本质性的分歧。真正与陈亮见解接近的是诗人辛弃疾,他们都有着恢复中原的壮志,鄙弃空谈,重视实践,而风格的豪放、意气的奋扬更是十分相似。陈亮的思想发展,大致可分为三个时期。第一个时期以《酌古论》为代表,反映了其军事思想。第二个时期以《中兴五论》和四次《上孝宗皇帝书》为代表,反映了其政治思想。第三次以与朱熹辩论"王霸义利"问题的书信为代表,主要反映了其哲学思想。

陈亮的思想观点一般是在对理学的批评或与理学家的争论中提出来的,大致有几方面的内容:

第一,关于"道"的问题。针对朱熹所讲的"理在气先","理在气上",陈亮提出"道在物中"的观点。他说:"夫道非出于形气之表,而常行于事物之间者也。"(《勉强行大道有功论》)这是说,所谓道不是超乎事物之外的,而是贯通于事物之间。那么,道是什么？陈亮说:"天地之间,何物非道。赫日当空,处处光明,闭眼之人,开眼即是。"(《又乙巳秋与朱元晦秘书》)"何物非道",顾名思义,就是什么物都是道,道与物不可分离。针对朱熹道为先天的绝对存在,人有赖于道,而道却不依赖人的观点,陈亮认为:"人不立则天地不能以独运,舍天地则无以为道矣。"(《又乙巳春与朱元晦秘书之一》)强调人与道不可分离,天、地、人三者构成宇宙的统一体,缺一不可;没有人存在,也就没有天地的运行,道也就不存在了。

第二,关于"王霸、义利"的问题。淳熙九年(公元1182年),陈亮与朱熹相互拜访,并于此后五年通过书信往来展开义利、王霸之辨。陈亮为学主致用,极不满当时学术界的主流思想,即所谓性理之说,针对朱熹三代王道是"天理流行"三代以下是霸道"人欲横行"的观点,陈亮批评说,如果"三代专以天理行,汉唐专以人欲行"(《又甲辰秋书》),万物何以繁衍不绝,"道"何以常存不息？他认为汉高祖、唐太宗的立国功业,可与天地并立,他们的"禁暴戢乱,爱人利物"也体现了孟子所讲的恻隐之心。而三代时期也有征伐和谋位之事,王道中也夹杂着霸道。这说明王道之治正是通过霸道而实现的,没有霸道,王道不可能凭空出现。显然,他的基本思想是霸本于王,王霸并用。从王霸的问题,引出义利问题。朱熹认为王道推行仁政,这是"义",霸道讲求功利,这是"利"。义与利是对立的、不相容的。陈亮则基于王霸并用,认为义要体现在利上,义利双行,缺一不可。他所谓"利",并不是一己私利,而是"生民之利"。针对朱熹天理与人欲不两立,"存天理,灭人欲"的观点,陈亮认为人的耳、目、口、鼻的私欲就是性,性是不可违背的,是合理的,不可去的。但他并没有以人欲否定天理,以利否定义。他是既肯定利欲为天性,也要讲义理,其实就是天理与人欲并行不悖。

叶适,字正则(公元1150—1223年),温州永嘉人,学者称水心先生。陈亮号为"永康学派",叶适则号为"永嘉学派"。叶适的政治倾向与陈亮十分接近,在对金战和的问题上,他主张积极图谋收复失地,还批判南宋的弊政。他曾成功地组织了对金兵的抗击。叶适为永嘉学派的传人。南宋初年,洛学传入永嘉,有周行己等"永嘉九先生"传播程氏之学,并创立了永嘉学派。传至薛季宣、陈傅良时,永嘉学派逐渐背离二程的学说,向事功之学转变。

叶适思想直接渊源于薛、陈二人,对事功思想作了进一步的发挥,创立了与程朱理学和陆王心学对立的思想体系。他也批评理学家"理在气先"的观点,继承和发展了陈亮"道在物中"的思想,又论述了"道不离器","离器无道"的思想,"上古圣人之治天下,至矣,其道在于器数,其通在于事物。"(《进卷·总义》)道作为事物的道理或规律,是不能离开具体事物的。"无验于事者,其言不合;无考于器者,其道不化;论高而实违,是又不可也。"(同上)是说没有经过事物检验的言论,与事实不符合,没有考证于具体事物(器)的道,与具体事物不相化,这就是"离器无道"的意思。

叶适反对忽视功利、专尚"义理"的空谈家,批判了董仲舒、朱熹把义与利对立起来的倾向,他主张把"义理"与"功利"统一起来,强调不能离开"功利"而言"道义"。他说:"仁人正谊不谋利,明道不计功,此语初看极好,细看全疏阔。古人以利与人而不自居其功,故道义光明;后世儒者行仲舒之论,既无功利,则道义者乃无用之虚语尔!"(《习学记言》卷二十三)他还托古人之言说:"故古人以利和义,不以义抑利。"(《习学记言序目》)"以利和义",就是使义利相结合,以功利充实义的内容,而反对以义抑制利。

叶适既然强调"义理"与"功利"之不可分,便更注重于探讨现实政治生活中的重大问题。例如,在对金战和的问题上,他一贯主张积极抵抗和收复失地,坚决反对妥协投降。他批判南宋的弊政,如财竭、兵弱、民困、势衰等,要求限制皇室及贵族的特权,以缓和社会矛盾。

十、元代儒学思想简述

蒙古贵族原来处在文化、经济都比宋、金远远落后的阶段。元朝统治者在灭金和灭南宋的过程中,就开始吸取以儒学为主的汉族思想文化。在成吉思汗从欧洲回师征战中原的时候,蒙古统治者就注意网罗汉族知识分子或已严重汉化了的少数民族知识分子以为己用,像耶律楚材、元好问、郝经、姚枢、杨惟中等。元朝建立后,忽必烈本人对儒学大师尊礼有加,除了任命这些儒学大师一些相当重要的职位外,还欣然接受了"儒教大尊师"的称号,并真诚地接受那些儒学知识分子向他传授儒家的"三纲五常"、"正心诚意"等治国平天下的道理。一开始,由于南方的理学还没有传到北方,蒙古人所接触的主要只是北方的经学章句。后来,经过赵复,南方的程朱理学才传到了北方。这样,使得元蒙统治者在后来所尊奉的儒学思想主要就是程朱理学。从当时科举考试的主要内容看,基本是从《大学》、《论语》、《孟子》、《中庸》四书中设问,而标准答案只能是朱熹的《四书章句》和《四书集注》。科举考试明文规定使用朱熹的注释,实自元朝始。这样一来,程朱理学便开始上升到官方学术的地位,思想文化界实际上完成了从经学向理学的重大转折,理学的独尊地位开始确立。

元朝的重要理学家首推赵复。作为南方的儒士,赵复被元朝所俘,随军的姚枢、杨惟中对他加以保护,后来还为他建立了"太极书院",请赵复在此讲授理学。他选取理学著作八千余种,作为教学用目。赵复还编著《传道图》,介绍了从伏羲、尧、舜经孔、颜、孟到周、程、张、朱的理学道统;又著《伊洛发挥》,标明理学宗旨,著《师友图》介绍了朱熹的门人;又取伊尹、颜渊言行,作《希贤录》。这些活动使理学得以在北方传播,成为元代理学的源头。后隐居并终老于北方。程朱理学之所以能在元朝立为官方学术,主要还是因为赵复的传播。

许衡实为北方的一大名儒,他先前所受的儒学教育基本上是章句之学。后来,他从姚枢处得读程朱遗书,大有所得。他长时期位居国子祭酒,以儒家六艺教授蒙古弟子,这对于保存以儒家思想为主体的汉族文化,促进民族间的文化交流,都有积极的意义。另外,他极力劝元朝的统治者力行汉法,促进了蒙古族的汉化进程,对元朝儒学的发展,尤其是宋儒的理学传播影响甚大,死后获得了从祀孔庙的殊荣。许衡的学术宗旨大体上是以朱熹之学为依归。他格外重视朱子的《小学》和《四书集注》,强调进学的次序和践履力行。在为学方法上,他强调"慎思",以为视之所见,听之所闻,一切都可归为一个思字,"要思无邪"。在理欲问题上,他以为天理就在人的心中,以为直求本心即可得天理,表现出朱陆合流的思想倾向,也意味着理学的转折。

与许衡同时,在北方还有一个著名的理学家刘因。他终生未仕,隐居乡野,授徒以终。刘因初受章句之学,但不满章句的训诂疏释之华,以为圣人精义决不在于此。后得赵复传程朱理学后,认为这才是圣人"精义"。他评价理学人物时说:"邵,至大也;周,至精也;程,至正也;朱子,极其大,尽其精,而贯之以正也。"(《元史》本传)于是转向理学,推崇邵雍和朱熹,极力发挥邵雍的象数学和观物思想。至于其理学思想,虽自谓上承朱熹,属于朱学的范畴,但他在服膺程朱理学的同时,并不严守门户,实也杂入陆九渊反求诸己、自求本心的思想因素。他还提出了"古无经史之分"的思想,认为:"《诗》、《书》、《春秋》皆史也,因圣人删定笔削,立大经大典,即为经也。"(《述学》)

许衡、刘因是元初北方的两个较有影响的理学家,吴澄则是南方理学的代表人物。吴澄是江西人,世代业儒,自幼用力于圣贤之学,自以朱熹学术的传承者自居。他的道统说,主张道之大原出于天,突出圣贤之传道本于天的思想。他还根据《周易》元亨利贞的说法,排列道统的历史顺序,表现了其儒学的正统思想。吴澄在儒家经学上的贡献,是继承朱熹未竟的遗业,对五经进行校注,完成了《五经纂言》,尤其是其中"三礼"的编撰,依据朱熹的端绪和规模,以《仪礼》为纲,把大小戴《礼记》核定异同,重新编撰,使之成为《仪礼》的传注,完成了朱熹的夙愿。在编撰"三礼"的同时,他还对其内容用探究"义理"的方法加以疏解,发挥其中"大义",张大朱熹之说,摆脱了汉唐局限于文字训诂的经学方法,完成了从汉唐的典制训诂转入到宋元义理注疏的过程。至于理学思想,他一面祖述程朱之学,一面又主张发现良知,知行兼核,也具有会和朱陆的倾向。他曾说:"朱子于道问学之功居多,而陆子静以尊德性为主。学问不本于德性,则其蔽必偏于言语训释之末,故学必以德性为本,庶几得之。"

元朝儒学的基本特色,是以程朱理学为基本内容而又有所发展,在发展的同时,实际上是以陆九渊的心学去补充朱熹学术思想之不足。这样一来,元代理学便呈现出调和朱陆的倾向,除一部分恪守朱、陆学统的门徒外,不少朱学和陆学的人物,看到朱、陆一个"支离",一个"简易",各走极端的现象,主张打破门户,会综朱陆之长。因此,元代理学虽然没有多少新的思想贡献,但其在思想史上的转折意义却值得重视,它是宋明儒学之间的过渡环节。

元代除理学家之外,还有一些非理学的思想家,他们的思想学说与理学的宗旨格格不入,被视为"异端",邓牧就是其代表人物。他的代表作是《伯牙琴》,其中的篇章多有出世主义的思想,但却包含着对现实政治的批判,贯穿着现实的人道主义精神,寄予着对美好社会的向往。

十一、全真道及其思想

全真道创立于金代大定7年,创始人王嚞(公元1112—1169年)。王嚞原名中孚,字允清,道号重阳子,又称王重阳,陕西咸阳大魏村人。少时在长安读书,通三教经典。青年时两次应举皆未中。47岁时弃家修道,于终南山南时村挖洞而居,自称"活死人墓",内则修炼金丹,外则佯狂装疯,自号"王害风"。全真道是金元时期的新兴教派,也是道教最重要的教派之一,全真也称全真派、全真教等。元以降,全真道与正一道作为道教两大道派,并延续至今。王重阳死后,他的七大弟子马丹阳、郝大通、王处一、孙不二、丘处机、刘处玄、谭处端七人长期在秦、冀、鲁、豫等地传教,使全真道兴盛起来,道教称他们为"全真七子"。全真道又分为龙门、华山等七派,在宗教修持方面宣扬"全神练气","出家修真",主要强调"自我修炼","得道成仙"。道士必须出家,不食荤腥,不结婚,有与佛教相似的"丛林制度"。全真道士解释教名"全真",说就是保全"真性"的意思。也有人说,全真道的宗旨要求个人内修的"真功"与救济社会的"真行"相结合。真功,就是所谓"明心见性"、"除情去欲"之类;真行,就是所谓"忍耻含垢","苦己利人"之类。二者双全,就叫"全真"。

全真道发端于陕西关中,而创立于山东的胶东。王重阳出于对现实生活的失望,转而探讨生死问题和生命的意义,于是走上求道修道之路。但是,由于关中道教老化,王重阳在那里传道并没有多大作为。陕西为道教楼观道之重镇,但宋以后统治者喜符箓而轻炼养,故楼观道衰落,又不能接受新思想,所以王重阳在陕多年,只找到两个同道,收了两三个弟子。王重阳知识渊博,通儒修禅,又了解山东有道教传统而无新道派活动,且地处偏远,非战乱中心,相对安定,易于开展传教活动,故东来山东。胶东地临大海,齐文化有深厚神仙崇拜传统,又有鲁文化与之互补,既传统又开放,有利于新道派生长。王重阳在胶东招收了马钰、谭处端、刘处玄、丘处机、王处一、郝大通、孙不二七大弟子,形成全真骨干,然后又在三州(宁海州、登州、莱州)成立五会,标志着全真道正式创立。大定九年(1169年),王喆率丘、刘、谭、马四大弟子回陕西时,逝于途中。王喆死后,刘处玄、丘处机先后掌教,以山东半岛为中心进一步发展全真教,并很快在各地发展起来。

元一统后,南北文化渐趋融合,全真道渡江南传。江南名画家黄子久,即为全真道士,居苏杭授徒传教。元初江南全真道最大的活动点是湖北武当山,鲁大宥、江贞常等道士于元初入山传全真道,修复宫观,徒众颇多。李道纯原为南宗玉蟾门下王金蟾之徒,居真州长生观,入元后自称全真道士,撰有《全真集玄密要》、《中和集》等,为元初内丹大家。李钰、赵友钦师徒活动于江西、江苏一带,其徒陈致虚遍游夜郎、邛水、沅芷、辰阳、荆南、二鄂、长江、庐阜、江之东西,凡授百余人。所撰《金丹大要》为元代内丹名著。至此,全真道遍传南北,盛大至极,其势力足以与当时渐联合为正一大派的符箓诸派相匹敌。全真教的地位因元室册封全真祖师而荣誉有加。至元六年(1269年),忽必烈诏封全真道所尊东华帝君,钟离权,吕洞宾,刘海蟾,王喆五祖为"真君",后人称"北五祖";册封王喆七大弟子为"真人",世称"七真"。全真道贵盛至极后,教风崇尚奢侈,势力渐减。自元统三年(1335年)完颜德明任全真掌教,其后继者再未见之于史传。

全真教教义受时代思潮影响,力主三教合一,以《道德经》、《般若心经》、《孝经》作为信徒必读经典。修行方术以内丹为主,不尚外丹符箓,主张性命双修,先修性,后修命。认为修真养性是道士修炼唯一正道,除情去欲,识心见性,使心地清静,才能返璞归真,证道成仙。还规定道士必须出家住观,严守戒律,忍耻含垢,苦己利人。对犯戒道士有严厉惩罚,从跪香、逐出直至处死。其思想特色主要有:

一曰修心,全真道认为人生是假是空,真性是本来面目,人生短暂,速修为要,修心要锁心猿意马,去俗行尘情,要忍辱苦行,还要孝行、慈悲、济世、救难。

二曰清净,王重阳认为,"只要心中清净两个字,其余都不是修行",性命双修,而以性功为主。

三曰内丹,马钰的内丹功法,强调无为虚静,一心清净,养气全神;丘处机的丹法体系在《大丹直指》一书中,分九步炼法,有小成、中成、大成三个层次,炼精化气,炼气化神,炼神合道;郝大通则是卦爻周天丹道,用《周易》原理指导炼丹法度火候;孙不二则有女丹功,照顾到女性生理特点。

四曰三教合一,这是全真道的突出特点,全真道吸收儒家的孝行,佛家的见性,在道家内丹功的基础上,融佛摄儒,以达到成仙超度的目的。

五曰平等,在教义方面把平等作为最高的尺度,在处理三教关系方面力主三教平等,在教内则倡导男女平等。

在陕西关中,王重阳革新了道教思想,宣扬三教合一的思想作为创教的宗旨。使道教由鬼神崇拜之教提升为身心解脱之道;王重阳主张在理论、修行上持儒(理)、禅(性)、道(命)三教圆融的道德性命之学,力促三教融合,吸收儒家的忠孝观与释家的心性学说;强调必须先修明心见性之性功,后修命功,全精全气全神,不使亏污,以臻仙(真)境;对外丹及符箓驱鬼之术持保留意见,要求教徒必须奉行"克己、忍辱,""清修、自苦","不妻、素食"的苦行生活,不懈修道,从而最终达到"修身济世,超凡入圣"。三教合一可以说是他以及整个全真道的主导思想。初期的全真道,大略以佛道二教共同的五戒和相近的十戒为主要戒条。《金关玉锁诀》说:"第一先须持戒清净,忍辱慈悲实善,断作十恶。"《重阳教世集》卷三说:"大丹学道,不得杀盗饮酒食肉破戒。"后来,在山东文登等地所建立的五个会,皆冠以"三教"二字。传教时,又劝人诵读佛教《般若心经》、道教《道德经》《清静经》及儒家《孝经》。在他的言论、著作中,三教合一论更是俯拾皆是。如在《金关玉锁诀》中说:"三教者,如鼎三足,……不离真道也。喻曰:似一根树生三枝也。"在《示学道人》诗中说:"心中端正莫生邪,三教搜来做一家。义理显时何有界?妙玄通后更无加。"又有诗云:"儒门释户道相通,三教从来一祖风。"在《答战公问先释后道》中称:"释道从来是一家,两般形貌理无差。"他的这种思想亦为其弟子所接受,而加以广泛宣传。如马钰有诗劝僧道合同,勿相诽谤,其《赠李大乘兼呈净公长老》诗云:"虽有儒生为益友,不成三教不团圆。"《丹阳真人语录》称他"在东牟道上行,僧道往来者,识与不识,必先致拜。"其他弟子也如此。丘处机在《磻溪集》中所体现的正是"三教同源一理"的思想,如卷一有诗云:"儒释道源三教祖,由来千圣古今同。"他在平时兼学三教经书,对儒家诗文广泛借鉴,吸收宋代理学观点,对佛禅也有相当的造诣。

马丹阳原家世为地方大族。王重阳到宁海传布全真道,他抛弃千金家产,皈依其道。自此励行苦节,潜心修炼。王重阳临死以前,将全真秘诀传与丹阳,托为全真传道事业的直接继承人。后来历尽艰辛,矢志宏道,后人赞评他为"启迪全真,发挥玄教者也"。马丹阳继承重阳性命双修理论,以清静无为而定全真修炼风貌,以心合性,以神气释性命而终以静净无为统道。他强调修道者做事,不得欺瞒天地人三才,要谨慎言行,在修道时要"薄滋味所以养气,去嗔怒所以养性,处污辱卑下所以养德,守清净所以养道"。积极倡导苦己利人的美德,并以之作为修道人重要的规范。

七子中的丘处机是全真道兴旺发达的扛鼎人物,1219年,蒙古成吉思汗遣使召见丘处机。他不辞年届七十三岁的高龄,甘冒风沙大雪之苦,于1219年率十八随行弟子登上征途,经历两年多的万里跋涉,终于在1222年到达西域大雪山(今阿富汗境内都库什山)成吉思汗的军营。成吉思汗对丘处机的到来慰勉有加,亲自两三次召见并作长谈,请教道教的炼养长生之术,丘处机以道家清静无为,敬抚爱民之旨劝谕成吉思汗欲得天下必须"止杀",他说:"天道好生而恶杀,止杀保民,乃合天心。顺天者,天必眷佑,保福我家,况民无常怀,惟德是怀,民无常归,惟仁是归。若为子孙计,无如布德推恩,依仁由义,自然六合之业可成,亿兆之洪基可保"(《道家金石略》第635页)这些话感动了成吉思汗,成吉思汗敬而称其为"活神仙",令他"掌管天下的出家人",并赦免全真门下道士的差役赋税。丘处机于1224年东归,住于燕京长春宫。1227年卒后,葬于该宫处顺堂,即今北京白云观。他以超常的见识和巨大的人格魅力,止杀救民,积无量功德,也借着元朝的支持,使全真道发达兴旺。丘处机的西行雪山传道,可与佛教玄奘法师西行印度取经相论,同为中国宗教史上的伟大事件。

谭处端也努力把道教和儒教结合起来,他在《水云集》卷一云:"为官清政同修道,忠孝仁慈胜出家。"托名吕洞宾的《参同经》也说:"凡修道之士,尚须历劫苦行,而后成真证果。惟大忠大孝,命光一谢,遂获生天。"《东园语录》则列以理学家的口吻,给封建伦理以人性论的根据,谓"人之仁义礼智,性使然也。即有仁义理智,惟之则忠孝廉节等端皆性中流出"。如此高标三纲五常,维护封建秩序,与以弘扬纲常为本的儒教确也不相上下,比同样重视封建纲常的佛教则旗帜更为鲜明。后来,王阳明的"知行合一"说就是吸收了全真道的"真功真行"说。

全真道在道教史上的地位,类似于宋明理学在儒学史上的地位和禅宗在佛教史上的地位,理学、禅学和全真道分别代表着儒学、佛教和道教在宋元以后中国思想史的三个理论高峰。

第十章　明代思想与思潮

一、明初朱学

明朝开国之君朱元璋，尊崇儒家思想的实际内容，其实只是程朱理学。早在洪武三年，朱元璋就下令在科举制度的乡试、会试中，一律采用程朱一派理学家对儒家经典的标准注本，竭力提高程朱理学在官方学说中的地位，致使程朱理学出现前所未有的盛况。不过，朱元璋特别反感历史上儒家的反专制传统，就因为看到孟子书中有"伐暴君论"和"民贵君轻"之类的话，就勃然大怒，要把他革出孔庙。

明初朱学统治地位主要在以下两个方面得以确立：

一是明初的科举规定以"四书"、"五经"的内容作为考试的题目，以朱熹的注疏为标准答案。还规定，文章略仿宋经义，代古人语气为之，体裁用排偶，称作"八股"，又统称"制义"。所谓"八股"即答卷作文的格式由破题、承题、起讲、入手、起股、中股、后股、束股这八部分组成，其格式刻板，内容僵化，不可能有自己的思想情感。从此以后至清末500年间，程朱著述，成为士人学子必读之学，八股科举，成为绝大多数士人学子出人头地的必由之路，对于控制士人的思想，使人们的思想程式化、刻板化起了恶劣的作用。

二是明永乐年间三部《大全》的编撰和推行。朱棣诏令儒臣胡广、杨荣、金幼孜等纂修而成《四书大全》、《五经大全》、《性理大全》，并亲自作序，颁行天下。三部《大全》的内容，前二部是"五经"、"四书"的集注汇纂。《性理大全》为程朱学者解释六经的著作和性理方面的言论。其中《四书大全》可以说是朱熹《四书集注》的放大，《五经大全》以朱熹的传注为主，《性理大全》同样充满朱学的痕迹。这说明三部《大全》是朱学著作的汇集，试图把他们作为人们思想和行为的准则。这标志着程朱理学一元化思想统治地位在明代的真正确立，与汉武帝"罢黜百家，独尊儒术"和唐太宗颁布《五经正义》有着同样重大的意义，都是统一思想学术的需要。所不同的是，明代统治者通过三部《大全》所确立的朱学，比起董仲舒所推崇的儒学以及孔颖达的《五经正义》，是一套更加完整系统的哲学和政治思想体系，它与八股科举制度相结合，在封建社会后期的学术思想界以至全社会，都产生了重大的影响。

宣德—成化年间，朱学统治天下，学者奉程、朱为圣人，虽出现了很多有代表性的理学家,但思想创造性不强,思想界的代表人物有宋濂、刘基、方孝孺、曹端、胡居仁、薛瑄、吴与弼等。

宋濂与刘基,在学术师承关系上,都可以上溯到程朱学派。他们虽宗程朱,但不是徒守记诵,而是有所"体认"和发挥。他们曾经在元末乱世中隐居著述,后又为君王所用,在明初统治阶级内部的复杂斗争中求生存,其思想有很深的时代烙印。例如维护"天理"的绝对性,注重学术的修身与用世,强调心与理的统一,在客观上服从于明初统治者的需要。宋濂对明初礼乐制度的制定起过相当大的作用,其理学思想也对后来影响甚巨。他的思想也杂有佛教和道教的因素,甚至公开援佛入儒;另一方面,他又主张用性,立事功,著之民用;他为学还有重经制、典籍的特点。刘基,字伯温,曾著《郁离子》,以寓言的形式抨击元末暴政,表达自己的思想。如《天说》等篇强调"天有所不能而人能之",否定天"能降福祸于人",反对鬼神、卜筮等迷信。提出"畜极则泄,郁极则达,热极则风,雍极则通"的命题,初步猜测到事物在一定条件下向反面转化的道理。

方孝孺是宋濂的学生,其思想见解上承宋濂,而出于朱熹。他一方面遵从朱学博学致知的功夫,同时又主张践履笃实。强调学问要和事功、践履结合起来,主张齐家为治国之本。在对待佛教与道教的态度上,他与宋濂稍有不同。宋濂出入于二教,方孝孺则公开声言要驱逐佛教。方孝孺在明初以身殉国,对明代读书人是一个极大的震动,可以说关系到理学思想家认为重大的名节问题,明末大儒刘宗周对方孝孺有很高的评价,赞扬他"以九死成就一个是,完天下万世之责。其扶持世教,信乎不愧千秋正学也。"(《明儒学案·师说》)方孝孺以身殉道,也是对自己思想的一个实践。方孝孺重视道德的践履与修养,在明初的思想中很有代表性。在方孝孺之后,曹端、薛瑄、吴与弼都是如此,十分强调躬行实践。

曹端是河南渑池人,与方孝孺同时而稍后,是明初北方一大儒。他毕生专心性理,躬行实践,倡明儒学,排斥佛教与道教。他读宋儒《太极图》、《通书》、《西铭》等书,深叹"道在是矣"。遂笃志研究,用力极深。他从维护儒学正统出发,反对佛、老,认为"佛氏以空为性,非天命之性;老氏以虚为道,非率性之道"(《明史》本传)。因此,在思想上他强调躬行实践,对宋代学者所讨论的"孔颜乐处"的问题很感兴趣,但认为程、朱未能把这一问题说破,指出:"学者当深思而实体之,不可但以言语解会而已。"(《通书述解》卷上)这里他的"深思而实体"是在反对凭空讲论,他说"非是乐这仁,仁中自有其乐耳"(同上),强调在躬行实践中体会其乐。

继曹端而起的薛瑄是山西河津人,在北方开"河东之学",门徒遍及晋、豫、关陇一带,蔚为北方朱学之大宗,被清人称为"明初理学之冠"、"开明代道学之基"。其修己教人,以复性为主,强调人伦日用的"下学"功夫,兢兢检点于言行间,被称为尊信朱学宗旨。薛瑄为学,一本程朱,注重恭行,但在思想上没有什么创获。在他看来,儒家学术发展到朱熹,"斯道已大明,无烦著作,直须恭行而已"。认为《四书》、《五经》,周程张朱之书,已将道理说得很明白,道统正传全在于是,舍此而他学,哪里还有什么学问可言呢?

吴与弼是抚州崇仁(今属江西)人,一生在家讲学,不应科举,不应朝廷征召,立志研习理学,发奋读书,虽生活清贫,躬耕自食,然于理学笃志不改。与薛瑄偏于下学,主道德实践有明显不同,吴与弼侧重于"寻向上工夫",求"圣人之心情"。他强调读书治贵在"涵养德性本原"、"反求吾心",以为"人之所异于禽兽者,以其备仁义礼智四端也",故"欲异于物者,亦曰反求吾心之固有之仁义礼智而已,欲实四者于吾身,舍圣贤之书则无所致其力焉"。(《康斋文集》卷八《劝学赠杨德全》)他特别重视"平旦之气"的"静观"和"枕上"的"夜思"冥悟,刘宗周称其学"上无所传",自学自得,"刻苦奋励,我从五更枕上汗流泪下得来"(《明儒学案·师说》)。这种修养为学的方法在其门人陈献章手里,就演化为心学的发端。他认为,圣贤所言、所行,无非是在存天理,去人欲。因此,要学圣贤,就不能舍此而他求。因此,他格外强调以身心的修养去变化人的气质。其方法,就是去读圣贤的书,去体会圣贤的遗言,如有不合,则当下克己复礼的功夫,务使此心湛然虚明,固有之仁义礼智不为外物所胜。这样,即便当不成圣贤,那么应事也可以最大限度减少失误。

明初思想家从注重道德践履与修养出发,还对心性问题进行了论述,如方孝孺就十分强调治心悟道,曹端"一以事心为入道之路",薛瑄就十分注重默识心性的直觉,吴与弼认为心"主宰一身而根底万事"。这些都为理学向心学的转变做着铺垫。

二、陈献章的思想

真正实现明初理学向心学的转变的代表人物是理学家吴与弼的弟子陈献章。程朱理学的独尊,导致了思想僵化,阻碍了社会意识的更新和创造。在这种情况下,陈献章开始背离程朱理学转入陆九渊的"心本"论,赋予心以独立思考的内涵,强调个体意识等思想内容。

陈献章,字公甫,别号石斋,广东新会白沙里人,后学称白沙先生。他是我国十五世纪即明代中叶杰出的思想家。他试图把儒学思想体系内部的理学和心学两种思潮结合起来,同时又从道家、佛教那里汲取了营养,形成了自己的思想体系。但由于时代、社会生活以及他本人的局限,他的融合工作不是十分成功,这就使得他的思想起伏变化较大、内容驳杂,某些思想又与封建正统思想有所抵牾,因而造成学界对其思想的看法存在很大分歧,综合起来约有四种意见,即认为其思想是禅学、是心学、是儒学、是自成一家。著作有《陈献章集》。

陈献章作为吴与弼的学生,在刻苦奋力、注重实践方面,受到吴与弼的很大影响。但他又受到道家、佛教禅宗特别是陆九渊心学的影响,形成了自己的"道论"。他所谓的"道"是指宇宙的根本,并肯定了道的本体性和空间无限性:"道至大,天地亦至大,天地与道可相俟矣。然以天地而视道,则道为天地之本,以道视天地,则天地者太仓之一粟,沧海之一勺耳,曾足与道俟哉!天地之大不得与道谋,故至大者道而已。"(《陈献章集·论前辈言铢视轩冕尘视金玉上篇》)以道为天地之本,与朱熹以理为生物之本的观点十分接近。关于"道"与万物的关系,他认为"道"不是物,"物寓于形",事物因具有一定的形式而受到制约并互相区别,而"道通于物",可以贯通万物,是事物出来的本质性的东西。与此相联系,陈献章还认为"道"是"即物而在"。

陈献章的"道"的另一个含义是"理"。这个"理"在白沙那里并不十分严格,有时(在具体问题上)与"道"是同义语,有时是指"分殊"之"理",即体现于每事物之中的"理"。但总的来说,理是大大主观化了的"道",是得"道"之心所体悟、认识到的人间万象所包含或体现的"道"。因此,他还提出宇宙只是一理的表现,而这理便是心,万物、万理具于一心。他说:"君子一心,万理完具,事物虽多,莫非在物。"(同上)他进一步说:"此理干涉至大,无内外,无始终,无一处不到,无一息不运。会此,则天地我立,万化我出,而宇宙在我矣。"(同上,《与林郡博六》)他这里的"理"与理学的"理"有不同,是属于他的"道论"的,显然与"道"同体,此理乃至天地万物都在我之一心。

关于白沙的"心",过去的研究者有认为就是理,就是道。事实上,白沙认为心是独立的、主动的,它首先是个人感悟、思维的器官,是一身之主宰,同时,这个心又是能受道、得道、舍道的。心与理是两样东西。在《禽兽说》中他说:"人具七尺之躯,除了此心此理,便无可贵,浑是一包脓血,裹一块骨头。"他在自叙求学悟道经历的《复赵提学书》中说:"吾此心与此理,未有凑泊吻合处也。"陈白沙认为,人心是能受道的。得道之心便能使我(君子)有特别的能力:"君子之所得者有如此,则天地之始,吾之始也,而吾之道无所增;天地之终,吾之终也,而吾之道无所损。"(同上,《论前辈言铢视轩冕尘视金玉上篇》)陈白沙又对道和人心的功能对比作了阐述:"天道至无心,比其著于两间者,千怪万状,不复有可及,至巧矣,然皆一元之所为。圣道至无意,比其形于功业者,神妙莫测,不复有可加,亦至巧矣,然皆一心之所致。心乎,其此一元之舍乎。"(同上,《仁术论》)这里陈白沙对天道与圣道,一元之所为与一心之所致区分得很明确,一元是道,心是一元(道)之舍,说得很明白。

陈献章的修养论强调静坐,提出"静中养出端倪"的心学方法,与程朱的主敬有不同。这种方法,是陈献章从切身经验中总结出来的,据他自己说,他从吴与弼处归来之后,杜门不出,专求所以用力之方,不靠师友指引,专靠从书册中反复搜寻,废寝忘食,数年未有收获,"于是舍彼之繁,求吾之约,唯在静坐。久之,然后见吾此心之体,隐然呈露,常若有物。日用间种种应酬,随吾所欲,如马之御衔勒也。体认物理,稽诸圣训,各有头绪来历,如水之有委源也。于是涣然自信曰:作圣之功其在兹乎!"(同上,《复赵提学书》)这里他说的静坐以前是心有未得道的状况,通过静坐,他体悟到了天道、认识到了物理,以得道之心应世、任物,便会随心所欲不逾矩。他甚至把这一方法看成是"作圣之功",是成圣的捷径。这说明,经过静坐,陈献章大开大悟,走出了一条"自得"的成圣之路。这就背离了程朱,开辟了一条心学之路,成为明代心学的开山祖。他还提出:"以我观书,随处得益;以书博我,则释卷茫然。"(同上,《道学传序》)这就包含人不能迷信书本,书要为人所用的思想,同时也是对程朱理学的支离和过分知识化的倾向的批评。

在陈献章的思想中,有一种追求个人精神解脱的意味,这表现在他强调"以自然为宗"的修养目标上。他说:"士从事于学,功深力到,华落实存,乃浩然自得,则不知天地之为大,死生之为变,而况于富贵贫贱、功利得丧、诎信予夺之间哉?"(同上,《李文溪文集序》)这种"浩然自得"的境界,将天地、生死、贫富、功利置之度外,是用消极的形式表达了企图摆脱自然与社会对个人束缚的愿望。陈献章这种思想,有悖于儒家修身、齐家、治国、平天下的为学宗旨,有追求个人精神解放的意味,是明代封建士大夫个体意识萌芽的一个开端。这在明代思想史上是有一定贡献的。

在陈献章之后,其弟子湛若水,将陈献章"静中养出端倪"发挥成"随处体认天理"。"随处体认天理"并非是说到处都是天理,而是说人们对天理的认知,是不受时空的限制。从空间上说,"随心、随意、随家、随国、随天下",无处不可以认知天理;从时间上说,"随其所寂所感时",随动时或静时,无时不可以认知天理。

陈献章的及门弟子,《明儒学案》著录的有12人,湛若水的弟子,《明儒学案》著录的也有10人之多。思想史上称这一派为"江门之学"。这一派的流传时间,从湛若水起,与王守仁(阳明)的"姚江之学"大体同时,但两派的学术命运却不尽相同。陈献章的弟子学旨多变,缺乏一贯的理论,没有得到广泛传播,而"姚江之学"在王守仁及其弟子的推动下,发展为明代中后期思想界的主流。

三、明代心学的集大成者——王守仁

王守仁(公元 1472—1528 年),字伯安,余姚(今浙江)人,因曾筑室绍兴阳明洞,世称"阳明先生"。他死后,诏赠新建侯,谥文成,故后人又称王文成公。其著作被弟子编为《王文成公全书》。

王守仁思想的形成,与他的政治经历有密切关系。他出身于官僚家庭,从小就有慷慨经略四方之志。入仕以后,他一方面为维护明王朝的稳定不惜以武力镇压各地的农民起义,诸王叛乱及少数民族的反叛,另一方面又看到官僚队伍中道德伦理的颓败,社会风气的沉沦,产生了强烈的忧患意识。特别是在政治斗争的旋涡中,感受到功利对人心的毒害,便激发了从思想学术上救治世道人心的责任心。这样,他就给自己确立了"破山中贼"和"破心中贼"两大任务。在思想上,王守仁继承了孟子"万物皆备于我"、陆九渊"心即理"、"宇宙便是吾心,吾心便是宇宙"以及禅宗的"以心法起灭天地"等等,批判程朱理学,构建了一个完整的心学体系,成为中国思想史上心学的集大成者。其基本内容包括"心即理"的宇宙观、"知行合一"的认识论、致良知的道德修养论,还有许多有价值的教育思想等。

就其思想历程看,王阳明在为学的初期并不是反对理学,崇尚心学,而是从程朱理学的阵营中走出来的一位思想家。黄宗羲在谈到王阳明的学术路程时明确指出其学经历了一个"三变"的过程。起初,他泛滥于辞章之学,继而他遍读朱熹之书,循序格物,顾物理吾心,终判为二,无所得入。于是出入于佛老者久之,也无所得。及至在贵州龙场驿处于困顿的环境下,穷荒无书,日绎旧闻,方动心忍性,因念圣人处此更有何道?于是突然悟出格物致知之旨,悟出圣人之道的基本要旨在于吾性自足,不假外求。只需自求诸心,而不需求诸物。于是喟然叹曰:"道在是矣",这就是历史上最为震撼人心的思想性事件——龙场悟道。龙场悟道不仅是王阳明个人心路历程长期探寻转折性的关键事件,而且在整个中国思想上也有巨大的历史象征意义。他在龙场悟道之后,向诸生讲说的"心外无理"、"知行合一"等理论主张,实际就是强调人的生命内部有着道德理性和道德情感,人性内部也潜藏着无穷无尽的德性智慧或价值资源。真理不是与人的生命毫不相关的身外物。知识论应该与人的活泼生命结合,甚至也应该与宇宙论结合,不能离开人的生命行动与有体有用的宇宙大化空谈知识或格物。人所要做的努力,就是本着与天地一体的自强不息的精神,将生命本有的无穷德性智慧显发出来,化为活泼的社会实践行为。

(一)心即理。王守仁直接继承了陆九渊的"心即理"的命题,肯定心对物

的本体性,并以此作为他的"立言宗旨"。他说:"故我说个心即理,要使知心理是一个,便来心上做功夫,不去袭义于外,便是王道之真,此我立言宗旨"(《传习录》下)。他进一步阐发了"心即理"的内涵。首先,他从纠正朱熹二元论的缺陷出发,强调"心理"的不二。认为把心与理分为二会产生许多弊端,甚至走入歧途,由王道变成霸道而不自知,"分心与理为二,其流于伯(霸)道之伪而不自知。"(同上)不仅心与理为一,而且心、性、道、理也是合一的。他说:"夫心之体,性也;性之原,天也。能尽其心,是能尽其性也","心之本体原自不动。心之本性即是性,性即是理。"(同上,中)在这里,王守仁把性看成心之体,性又来自天,尽心即尽性,尽性即知天,心与性,天与人是合一的。同时,心体又是道,明心即是明道,心与道也是合一的。这样,王守仁通过性、理、天、道与心的合一,把"心"提高到宇宙本体的地位,不仅克服了朱熹心理二元论的不彻底性,而且为他的"致良知"心学本体论和理想人格理论奠定了基础。

其次,王守仁从"心即理"的前提出发,通过对心、意、物关系的论证,完成了他的"心外无物"、"心外无理"的心物论体系。他说:

身之主宰便是心,心之所发便是意,意之本体便是知,意之所在便是物。如意在于事亲即事亲便是一物,意在于事君即事君便是一物,意在于仁民爱物即仁民爱物便是一物,意在于视听言动即视听言动便是一物。所以某说无心外理,无心外物。(同上,上)

这里的"意"是指意识、意向、意念。"意之所在"是指意识的对象。这里作为意识对象的"物",主要是指"事",即政治、道德、教育活动,而不是指整个客观世界。概括大意是说,心是身体的主宰,心的本体原本是不动的,心的"发动"、"感通"就是意识,意识所指向的对象就是"物",即"事"。离开了意识的指向性,"事"就不会存在,或没有存在的意义和价值。因此,"心外无物"、"心外无理"。

(二)知行合一。"知行合一"是王守仁在龙场悟道后,于38岁主持贵阳书院时首次提出的。是继"心即理"的本体探索后,对修养方法和成圣途径所作出的回答。王守仁以心即理之说为根底,认为知、行属于心活动的不同方面,其本质是一个,即知行本体合一。他曾说:

古人所以既说一个知、又说一个行者,只为世间有一种人,懵懵懂懂的任意去做,全不解思惟省察,也只是个冥行妄作,所以必说个知,方才行得是;又有一种人,茫茫荡荡悬空去思索,全不肯着实躬行,也只是个揣摩影响,所以必说一个行,方才知得真。此是古人不得已补偏救弊的话,……某今说个知行合一,正是对病的药,又不是某凿空杜撰,知行本体原是如此。(《传习录》上)

他不同意朱熹的"格物致知"说,认为不能"外心以求理",必须"求理于吾心",这就叫做"知行合一"。他说:"外心以求理,此知行所以二;求理于吾心,此圣门知行合一之教。"(《答顾东桥书》,《明儒学案》卷十)应该指出,王守仁的所谓"行"与实践完全不同。我们今天所说的实践是指变革现实的活动,而王守仁的"行"被解释十分宽泛,将学、问、思、辨都包括进去了,这样,知与行的合一倒是完成了,但知与行的界限却变得含糊不清。王守仁还进一步提出了人的"一念发动处便即是行"的观点,这与其说是扩大了行的范畴,不如说是取消了真正的"行"。清初王夫之曾批判王守仁的这种观点,指出"其所谓知者非知,而行者非行也",王守仁的"行"其实是"销行以归知"(《尚书引义》卷三)。

(三)致良知。致良知是王守仁晚年提出的学术宗旨,也是对朱熹"致知"命题的修正。在肯定了"心即理"之后,他进一步说明"理"即是"天理",强调了它的道德性质。他说:"心即理也,此心无私欲之蔽,即是天理,不需外面添一分。"(《传习录》上)既然"天理"就在"心"中,所以"致知"也就不必外求。他给这种"致知"说一个特定的称呼,就叫做"致良知"。王守仁与朱熹不同,朱熹以天理为本体,以"格物致知"为工夫,王守仁以"致良知"为工夫,而认为良知即是天理。他说:"良知是天理之昭明灵觉处,故良知即是天理。"(《传习录》中)把"格物致知"解释为"致良知",并强调"致良知"要有明确的道德目的。他在训释"格物"二字说:"物者,事也。凡意之所发必有其事,意所在之事谓之物。格者,正也。正其不正以归于正之谓也。正其不正者,去恶之谓也;归于正者,为善之谓也。夫是之谓格。"(《大学问》)这就明确地道出了"格物致知"("致良知")的根本目的在于"正人心",在于去恶归善。而且王守仁承认"良知之在人心,不但圣贤,虽常人亦无不如此"(《答陆原静书》),这对于加强人们的道德素质建设是很有意义的。

在这个基础上,他提出为学"惟求得其心","譬之植焉,心其根也。学也者,其培壅之者也,灌溉之者也,扶植而删锄之者也,无非有事于根焉而已"(《紫阳书院集序》),即通过这种反求内心的修养方法,以达到所谓"万物一体"的境界。

(四)万物一体之仁。万物一体之仁说,是与王阳明的"明德、亲民"说相联系和相贯通的;是他把致良知的哲学扩展到社会政治层面,并与《大学》的政治伦理学说结合在一起而成的。他的万物一体之仁说的意义,在于强调天地万物以人为中心,人心便是天地鬼神的主宰,人的良知也是草木瓦皆有的良知。按照他的这个说法,圣人之心便应以天下万物为一体,每一个人都应将自己的良知是非推广到天下,如此便能救社会于水火之中。

在儒学发展史上,陆王心学与程朱理学存在着一定的对立,但是这种对立,只是同一个儒学立场上的有限度的对立,显示的是儒学思想内部的张力,有类于今文经学与古文经学的对立,并非真正的水火不容。

（五）王守仁的教育思想。王守仁不仅是一位思想家,也是一位教育家,他一生对教育十分关注,他将自己的哲学思想贯穿于他的教育研究之中,以非常独特的视角对教育提出了自己的见解与主张,这在整个封建统治时代都是非常大胆和有创见的。在后半生20余年的讲学生涯中,他继承古代的教育传统,提出了一些有价值的教育思想。

第一,重视德育教育,把引导学生"立志"放在教育的首要位置。每当王阳明讲学之初,必先"考德",即检查学生品行,他对学生谆谆告诫"学必立志",他说"夫志,气之帅也,人之命也,木之根也,水之源也。源不浚则流息,根不植则木枯,命不续则人死,志不立则气昏。"（《王阳明全集·悟真录之一》）又说:"志不立,天下无所成之事;志不立,如无舵之舟,无御之马漂荡奔逸,终无所底乎。"（《王阳明全集·悟真录之七》）他还强调:志向既定,处处以"致良知"为主,便能"勤学"。"凡学之不勤,必其志之尚未笃也。"（《王阳明全集·悟真录之七》）可见王阳明认为:如已立志学而圣人,便会全神贯注,克服困难,勇往直前,最终成为"圣人",如志不立,则必将一事无成。

第二,和谐教育思想。这方面主要体现在他对儿童教育的建议上,他认为封建传统教育约束、压抑儿童身心发展,他从快乐是人心之本的观点出发,主张教育儿童首先要从积极方面入手,要顺应儿童性情,鼓舞儿童兴趣,培养其"乐学"的情绪。在教学方法上,要采取"诱"、"导"、"讽"的"栽培涵养之方";在教学内容上,要发挥诗、书、礼等各门课多方面的教育作用;在教学安排上,要注意教学活动以多种形式搭配进行;在学习内容和次序的安排上,规定"每日工夫,先考德,次背书诵书,次习礼或作课仿,次复诵书讲书,次歌诗",这样动静搭配,从而使儿童"乐习不倦"。

第三,独见与自主的治学精神。王守仁强调学贵自得。这里包含了独立思考与敢于自主的精神。他教导学生说:"且以所见者实体诸心,必将有疑,果无疑,必将有得,果无得,又必有见"（《答方叔贤》,《明儒学案》卷十）,指出了独立思考所能得到的三种认识境界:有见,有得,有疑。认为,只要经过独立思考,必能有所得,而对于这种收获（疑、得、见）,又要敢于坚持。

第四,因材施教。王阳明主张施教要照顾学生的心理发展水平。他认为一个人从婴儿到成人有其发展的阶段性,比如种植树木,须栽培得宜,从本原上用力渐渐盈科而进,才能取得成效。他提出人的资质是不同的,施教须随人分限所及,因人而异,不可躐等;人的才能也互不相同,使他们益精其能,是学校教育的重要任务。可见他不仅承认人的不同年龄段接受知识能力的差异,而且承认在同龄段中的人与人之间,才能与资质也不同。他的随人分限所及和益精其能说,拿今天的时髦话来说就是分层教学和发展学生个性特长,让每个学生都得到最优化发展。

第五,静处体悟与事上磨炼的结合。所谓"静处体悟",实际上是静坐澄心,反观内省,摒去一切私虑杂念,体认本心,这是董仲舒"内视反听"与陆九渊"自存本心"思想的继承与发展,也是佛教禅宗的面壁静坐、"明心见性"思想的影响,这是正统理学家的一贯手法。所谓"事上磨炼",王守仁认为如果一味追求静坐澄心,容易使人"喜静厌动,流入枯槁之病",或者使人变成"沉空守寂"的"痴呆汉",故又提出"事上磨炼"。他自己在年轻时就曾亲自去做格竹子的实验,后来他的大部分时间从事政务和军事活动,有丰富的社会阅历,这使得他不把为学仅仅看成是书本上的事,而是强调事上磨炼与身体力行。这种动静结合的观点,从教育学的角度看,有其科学合理的因素。

四、阳明学派与东林学派

阳明学派,即明代中期由王阳明(守仁)所创立,以其思想为宗旨的思想流派,因王阳明是浙江余姚人,故也有人叫做"姚江学派"。明代中期,受王守仁思想、人格和学风影响形成了许多以王学为旗帜的学术派别,他们大都是王阳明的弟子,对王阳明思想的宣扬和发展也各有侧重,这样就在明代中后期逐渐形成了浙中、江右、南中、楚中、北方、粤闽、泰州等七个支派。他们遍及大半个中国,使王学风靡一时。其中影响较大的,是以王畿(龙溪)、钱德洪(绪山)的浙中和王艮的泰州学派。

浙江是王阳明的家乡,因而所谓浙中学派实际上受到王阳明的直接影响。这一源的主要弟子有王畿、钱德洪,以及徐爱等。王畿师从王阳明的时间比较长,后且在吴、楚、闽、越、江、浙一带讲学长达四十年,专心传播王学。所至之处,听者云集,影响极大,莫不以其为王学之宗主。他为学主张大彻大悟,以无念为宗,将儒学的宗旨归为空寂,具有融合儒释道的思想倾向。其学最值得称说者,是他与钱德洪关于王阳明四句教的一番争论。这是在王守仁晚年时,王畿与钱德洪在天泉桥讨论时,钱德洪根据王守仁的致良知思想,通俗地概括为:"无善无恶心之体,有善有恶意之初,知善知恶是良知,为善去恶是格物",四句教确实简洁地概括了王守仁的心学思想体系的核心和实质,当时受到王守仁的肯定。但是,王畿与钱德洪就这四句话的不同理解则发生了争议。王畿认为,心、意、知、物只是一事,若悟得心是无善无恶之心,则意、知、物俱是无善无恶;若说意有善恶,毕竟心体还有善恶在。为此,他强调王学之四句教纯系"权法,未可执定",并由此进一步提出"四元"说,以为为学需"悟得心是无善无恶之心,意即是无善无恶之意,知即是无善无恶之知,物即是无善无恶之物"。主张从先天心体上上根,断言良知一点虚明,便是作圣之机。时时保住此一点虚明,便是致知。由此把王阳明的良知说进一步引向禅学。对于王畿的解释,钱德洪表示无法赞成。他认为,王学的四句教是"定本,不可移易"。因为心体原是无善无恶的,但大有习心,意念上便有善恶在,格物、致知、诚意、正心、修身,正是复那性体的功夫,两人争论不休,遂请王阳明详加解释。王的解释是,"二君之见正好相资为用,不可各执一边。我这里接人原有此二种。利根之人直从本源上悟入。人心本体原是明莹无滞的,原是个未发之中。利根之人一悟本体,即是功夫,人己内外,一齐俱透了。其次不免有习心在,本体受蔽,故且教在意念上实落为善去恶。功夫熟后,渣滓去得尽时,本体亦明尽了。汝中(王畿)之见,是我这里接利根人的;德洪之见,是我这里为其次立法的。二君相取为用,则中人上下皆可引入于道。若各执一边,眼前便有失人,便于道体各有未尽。"(《王阳明全集·知行录之三》)由于此段话说在越城之天泉桥上,故史称"天泉证道"。

徐爱是王阳明的妹夫,也是王阳明最早的及门弟子。他初闻王学,以为和先儒的传统解说有出入,惊异不定,觉得无从下手。既而深入进去,并反身实践,始信王学为孔门之嫡传,由是而成为笃信王学之第一人。王阳明也称他为自己门下之颜渊。他在王学门下的实际地位,也确实有与颜渊相似之处,一是他去世较早,未及得闻王阳明的致良知之说;一是他笃信实践,虽得王学之真,但在理论上却极少发明。他曾根据王阳明讲解《大学》的基本宗旨,编成王阳明最主要的著作《传习录》。徐爱为学的特点在于强调涵养、省察、克治、收放心,以培养心之体。他认为,学者之患在于好名,只有去私才能宜于物。他说,"心德者,人之根源也,而不可少缓;文章名业者,人之枝叶也,而非所汲汲";"夫人所以不宜于物者,私害之也。"

关于泰州学派我们放在下一节介绍。

明末清初,阳明学传播到日本,明治维新以后发展为一个有重要影响的社会思潮。日本阳明学派创始于中江藤树。中江藤树(公元1608—1648年)的学术以推进王守仁"明德"、"慎独"和"格物"为中心,强调"明明德"之道即为儒学,而"明明德"的真正学问便在于"以心读心"的心学,这便是"格物致知"。他认为"心"的本体是"神的实体"。因此,"正心"之"心学",实际上就是"神道"。也就是说,"神道"即为日常道德规范。其后,日本阳明学派基本上分为两大派系,一派为具有强烈内省性格的"德教学派",以渊冈山(公元1617—1686年)为代表；一派是注重行动的"事功学派"，以熊泽蕃山（公元1619—1691年）为代表。阳明学后期的巨匠，可推佐藤一斋。佐藤一斋（公元1772—1859年）曾担任幕府官学昌平学的教官，因此有"阳朱阴王"之称。他认为，天地万物皆气，理气合一，二者乃体用关系。他鼓吹，天地万物变化、人之祸福皆有定数。他从王守仁的无善无恶心之说出发，形成其善恶之说。特别值得重视的是，十九世纪三十年代末，日本阳明学后期学者大盐中斋，以该派"致良知"之说，发动了民众起义，此即日本近世史上的著名的大盐平八郎起义。

明万历年间，顾宪成、高攀龙等人创立东林书院，著书讲学，被称为东林学派。东林学派是明中期以后直接在政治上反对专制政治的群体英雄，也是在思想上力纠空谈心性的虚浮学风的重要学派。明朝自万历以后，国家政权逐渐落入宦官之手，他们把持朝政，专权乱政，在政治上乃至经济上实行残酷的独裁统治，整个社会法纪废弛，民不聊生，内忧外患，与日俱增。面对着朝政腐败、国危民艰的社会危机，以顾宪成、高攀龙为代表的东林名士及其他朝野人士，奋起抨击阉党和权贵们的专权乱政，立志革新朝政、济世救民。"风声、雨声、读书声，声声入耳；家事、国事、天下事，事事关心"，这些东林名士聚众讲学，讽议朝政，不畏邪恶，不屈强暴，以天下为己任，思考救国理民之道。当时还有邹元标、赵南星、冯从吾、周起元、魏大中等在朝正直官员也与东林名士遥相呼应，评议时政，反对阉党。反对派将东林书院讲学及与之有关系或支持同情讲学的朝野人士笼统称之为"东林党"而加以无端攻击诋毁。与东林党对立的有所谓齐、楚、浙党等派别。到天启年间，上述诸党统统趋附于以魏忠贤为首的阉党集团。此时，东林党人与阉党集团之间因朝政争论相互攻击达到不可调和的地步。天启后期，阉党魏忠贤窃权乱政，向全国颁示所谓《东林党人榜》，公开逮捕迫害大批东林党人士。高攀龙力抗权奸，不屈逮辱，投水自沉。同时，由政争迁怒于讲学，魏又下旨拆毁全国各地书院，禁止民间讲学活动。

在思想上，东林大抵以程朱为宗，抨击王学末流的谈空说玄的学风，提倡讲习结合，相互印证的治学观点，以求通过读书、讲学、议政来治国救世的务实之学，以传统儒家学者关心现实社会人生的忧患意识和救世精神，主张社会变革，解救社会危机，开启了中国儒学中早期启蒙思潮的先声。

五、王艮与泰州学派及李贽的思想

泰州学派是受王阳明思想影响而在晚明形成的具有强烈"异端"倾向的思想流派，创始人为王艮，代表人物有王艮的族弟王栋、子王襞、弟子林春、徐樾等。徐樾的弟子颜均，而颜均的弟子有何心隐、罗汝芳，王襞的弟子有李贽等。泰州学派创始人王艮，虽然曾经受学于王阳明，却保持着强烈的自我个性，被王阳明看成"一狂者"(《心斋王先生全集·欧阳德奠文》),其学说也保持着独立性。他一生勤勉,学而不厌,诲人不倦,他的学识博大渊深、包涵很广,在哲学、伦理、社会政治以及教育、文化等方面,都有丰富翔实的论述,构成了泰州学派的基本思想和基本特色。

他主张"百姓日用是道","圣人之道,无异于百姓日用,凡有异者,皆谓之异端"。这样,"百姓日用"就成了检验是"道"还是"异端"的标准。他还这样说:"满街都是圣人"等。这些成为王艮思想的闪光点,也是泰州学派思想的主旨和重要的进步命题,具有鲜明的人民性。他还提出"明哲保身"说,主张尊身、安身、保身、爱身,要"以身为本","修身立本","立本安身","身尊则道尊","知保身者,则必爱身;能爱身,则不敢不爱人;能爱人,则人必爱我;人爱我,则吾身保矣。……知保身而不知爱人,则必至于适己自便,利己害人,人将报我,则吾身不能保矣。"(《心斋王先生全集·语录》)这些都表达了他与封建统治者消极的不合作态度,包含了平等、爱人的内容,反映了市民阶层反对政治专制的呼声,在当时起到了反抗政治压迫的积极作用。

在历史观方面,王艮提出"三种景象"说,即区分上古以来的中国历史为羲皇景象、三代景象、五伯(霸)景象。他十分憧憬、向往"羲皇"、"三代"圣世,深恶痛绝"五伯"社会。在伦理道德方面,王艮提出"以孝悌为本"的"孝悌观",既继承了中国相传数千年的优良传统,又突破了"五经传注"的伦理传统,表达了自己独特的见解。他认为大家对父母孝、对兄长悌,犯上作乱的人就没有了,社会就安定了。但他的"孝"和"悌",不是绝对盲从,而是坚持独立思考,有所选择。在教育思想方面,王艮的"有教无类"的教育学风以及"学而不厌,诲人不倦"的学习和教学态度,也是值得后人学习的。

他还发展了原始儒家师儒的思想,提出"出不为帝者师,是漫然苟出,反累其身,则失其本矣;处而不为天下万世师,是独善其身,而不讲明此学于天下,则遗其本矣。皆非也,皆小成也。"(《心斋王先生全集·语录》)他相信自己有出为帝王师的能力,也相信自己有掌握命运的力量。他说:"我命虽在天造,命却由我。"这就是儒家知天命,尽人事的态度,即客观地认识和承认天命的存在,但要通过积极的发挥人的主观能动性改变命运——造命。"孔子之不遇于春秋之君,亦命也,而周流天下,明道以淑斯人,不谓命矣。若天民则听命矣,故曰大人造命。"(同上)他还为未来社会设计了"人人君子,比屋可封"的理想境界,并追求一种平等和现实的人权,"我之不欲人加诸我",希望别人不要来束缚自己,也不愿去约束别人,这是对儒家思想切合时代的发展,代表了那一时代、那一阶层人们的理想,明显地具有反专制的性质。但是,我们也应看到,王艮由于出身平民和其思想的鲜明的平民立场,使得他的一套人生、政治思想带有明显的实用和功利色彩,是在另一个极端批判理学和发展儒学的,为后来直至今天的功利主义、实用主义开了先河。

泰州学派是一个平民教育的学派,其传授对象有士大夫、商人、僧道,也有一般的劳动人民。如王艮的弟子朱恕是樵夫,朱恕的弟子韩贞是陶瓦工人,焦竑的弟子夏廷美是农民。泰州学派在明代后期流传很广,但其内部又有明显的分化。其中有些人基本上遵循王阳明的学说,并进一步与禅学接近;另外一些人物则成为异端,奔走四方,进行讲学和各种社会活动。他们的思想往往富有神秘主义色彩,其言论行动经常超出封建名教的规范,因而备受道学家以至泰州系统中前一类人物的攻击。总的来讲,由于他们经常在民间讲学,他们中许多人本身及其学生就是劳动者,从而使得这一学派在民间得到广泛传播,起到了统治者所不可能起到的影响。

李贽是明后期著名的异端思想家、文学家,"自幼倔强难化",早年漂泊无定,在游历中结识泰州派学人,深受影响。后来辞官不做,隐居于佛寺。在隐居20多年中,他著书立说,对当时的道学家多有揭露,对封建礼教有尖锐的批判,因而遭到统治者的迫害,被捕入狱,在狱中被迫自杀。李贽平生充满斗争性,为坚持自己的思想置生死于不顾,是世人眼中的"狂者"。

在思想上,他受王学和禅学的影响,发挥了王艮"百姓日用是道"的观点,提出"吃饭穿衣,即是人伦物理;除却吃饭穿衣,无人伦物理矣。世间种种皆衣与饭类耳,故举衣与饭而世间种种自然在其中。"(《焚书·答邓石阳》)依照李贽的意见,人们的道德观念、世间的万物之理,既不是朱熹的"天理",也不是王守仁的"良知",而是人们对"衣"与"饭",即实在的物质资料的需求。因此,他主张重视功利。

李贽的"异端"思想主要表现在对正统儒学,特别是对理学的批判上。他批判了被宋明理学神化了的儒家思想,提出了"是非无定论"。他认为是非之论都是相对的,如昼夜四季的变化,即使孔子复生,也难以判定今日之是非。他的目的是以相对主义的是非观来批判"以孔子是非为是非"的形而上学独断论的,这种批判从根本上来说是错误的,然而批判的实践意义远大于理论意义,其可取之处就在于,李贽并没有绝对地否定孔子思想,而是反对把孔子言论的价值绝对化,这对于帮助人们解脱正统经典的束缚,解放思想有着积极的启发意义。

李贽还用"童心说"批判了封建礼教对人性的扼杀。他说:"童心者,真心也。若以童心为不可,是以真心为不可也。夫童心者,绝假纯真,最初一念之本心也。若失却童心,便失却真心;失却真心,便失却真人;人而非真,全不复有初矣。"既然封建礼教是扼杀"真心"的刽子手,那么,要恢复人之"真心",成为"真人",就要争取个性解放,冲破封建礼教对人性的束缚。(《焚书·童心说》)

李贽还揭露了后世的理学家"存天理,灭人欲"的虚伪性。他说理学家都是"阳为道学,阴为富贵,被服儒雅,行若狗彘"(《续焚书》)的伪君子,这些理学家表面上满口仁义道德,要求人们"存天理,灭人欲",自己则追求名利富贵。他反对理学家把天理与人欲对立起来的观点,认为心即是"真心","真心"也就是"私心",这在伪道学盛行,道学家视"物欲"为怪物的情况下,确实是大胆的反叛。不过,他的"狂"已经有点玩世不恭,尽管在当时是可以理解的,是有积极的反政治专制和思想专制的意义,但从另一方向背离了儒家的中道,也开了后来激烈批孔和激进地批判传统文化的先河,为晚近以来的激进主义反传统者引为同道。

李贽有建树的思想观点就是他的平等观和个性说。他认为人天生是平等的,每一个人都自然具有一般所谓"圣人"的"德性","圣人"所能的,普通男女也能;普通男女所不能的,"圣人"也必不能。这样就否定了理学家强调圣、凡之分的观念。他还强烈地反对用等级权利的封建礼制去束缚个性,而主张自由的个性,"就其力之所能为与心之所欲为、势之所必为者以听之,则千万其人者各得其千万人之心,千万之心者各遂其千万人之欲,是谓物各付物"。这里"物各付物"的要求,比较明显地反映了当时市民阶层的思想意识。

六、罗钦顺、王廷相对理学的批评

明朝中叶以后的学术思想,一方面有王学的兴起,动摇了朱学的正统地位,促进了学术思想上相对自由的气氛;另一方面,在王学之外,也有人敢于批评理学,在思想史上有所建树。罗钦顺、王廷相就是这方面的代表。

罗钦顺在政治上反对权门横征暴敛,体恤民情,主张招贤纳才,随时变法等;在思想上,对理学的理气关系说进行了批评和修正,从理气一元论的观点出发,在关于人的精神(人心)与形体的关系方面他还批评了心学及禅学无限夸大精神作用的一些观点。一般认为罗钦顺的唯物主义思想,构成了从张载到王夫之的中间环节。他的主要著作是《困知记》。

罗钦顺思想的要旨是理气问题,他对理学的批评也由此问题引申而出。理气问题是宋明理学中的重要问题,朱熹是程朱派理气论的集大成者。罗钦顺论理气,与朱熹的一个根本不同,是把着眼点放在"气"上,以"气"为本。他说:

> 理果何物也哉?盖通天地,亘古今,无非一气而已。气本一也,而一动一静,一来一往,一阖一辟,一升一降,循环不已。积微而著,由著而微,为四时之温凉寒暑,为万物之生长收藏,为斯民之日用彝伦,为人事之成败得失,千条万

绪,纷纷胶轕,而卒不可乱。有莫知其所以然而然,是即所谓理也。初非别有一物依于气而立,附于气以行也。或者因《易》有太极一言,乃疑阴阳之变易,类有一物主宰乎其间者,是不然!(《困知记》卷上)

这是罗钦顺理气论的一段集中论述,可以把它归纳为四个主要方面:(1)空间与时间上的气一元论;(2)气表现为无休止(循环不已)的有次序(不可乱)的运动;(3)理不依人的主观意志而存在(莫知其所以然而然);(4)理不是气的主宰。可见,罗钦顺论理气是以气为本,由此表现出与朱熹理气论的根本对立。

针对朱熹以太极为"本体"的观点,罗钦顺还提出了自己对理与太极关系的看法。他认为,理既然在气之中,因而气之上就没有什么主宰,理学家在这个问题上的共同错误,是离"气"认"理",割裂了理与气的联系,把"理"看成是绝对的抽象物。罗钦顺则认为太极与阴阳不能分割为二,理与气亦不能截然分裂,但气是根本的。

在道器方面,罗钦顺强调道器不可分。他指出:"夫器外无道,道外无器。所谓器亦道,道亦器也,而顾可二之乎?"(《困知记·续卷》上)与其理气论比较起来,显然有一点不同,这就是他在论述理气关系时主张"就气认道",以气为本;但他在这里论述道器关系时却不说"就器论道",而说"器亦道,道亦器"。所谓"器亦道,道亦器"是程颢的观点,罗钦顺是借以来阐述自己的道器一元论。

在人性论问题上,罗钦顺不赞成程朱理学的人性论观点,指出:"一性而两名,虽曰二之则不是,而一之又未能也。学者之惑终莫之解,则纷纷之论至今不绝于天下,亦系憾哉?"(《困知记》卷上)"一性而两名"是指程朱将人性划分为"天命之性"与"气质之性"的观点。罗钦顺认为它不但没有解决人性的问题,反而会引起思想的混乱。

这个问题如何解决,罗钦顺进行了许多思考,也没有走出一条新路来,他只好用理学家的"理一分殊"来解释性命问题。他认为,人和物都来源于阴阳二气,此谓之"理一",而世界上人和物各各不同,此谓之"分殊"。既然人和物都来自阴阳二气,所以说人皆可以为尧舜;因为人人各不相同,所以上智与下愚仍有不可逾越的界限。可见,罗钦顺的"理一分殊"说一方面想修正程朱气质之性与天命之性的划分,但另一方面却又要承认先天人性的划分是不可更改的;这两方面的相互矛盾存在于罗钦顺的"理一分殊"说中。罗钦顺试图用气一元论的观点解释人性,但他不能摆脱理学观点的束缚,所以,实际上也就未能从根本上否定朱熹的人性论。

罗钦顺还批评了陆王心学及其重要思想来源的佛教禅宗。他首先批评陆王"心外无物"、"心外无理"的思想。他说:"若谓其心通者,洞见天地人物皆在吾性量之中,而此心可以范围天地,则是心大而天地小矣,是以天地为有限量矣。"又说:"若谓天地万物之变化,皆吾心之变化,而以发育万物归之吾心,是不知有分之殊矣。……盖发育万物,自是造化之功用,人何与焉!"(《困知记·续卷》下)这就是说,如果天地万物就像陆王所说的那样,都在一个人的心中,那么这不就成了心大而天地反而小了吗?这是不可能的。至于天地人物的变化则是大自然的作用,与人的活动是不相干的,因此决不能把万物的变化归结为"吾心"的变化。其次,罗钦顺批评王守仁的良知说。他指出:"今以良知为天理,即不知天地万物皆有良知否?天之高也,未易骤窥,山河大地,吾未见其有良知也;万物众多,未易遍举,草木金石,吾未见其有良知也。"(《答欧阳少司成崇一》)这就是说,良知并不是天理,山河大地、草木金石是没有良知的。

罗钦顺批评陆王心学实为禅学。他说:"(象山)就灵觉以为至道,谓非禅学而何!……舍灵觉即无以为道矣,谓之禅学,夫复何疑,……殊不知象山阳明避其名,而阴用其实也。"(《困知记》卷下)

罗钦顺还对禅宗的顿悟学说加以抨击。他指责这一思想说:"彼禅学者唯以顿悟为主,必欲扫除意见,屏息思虑,将四方八面路关一齐塞住,使其心更无一线可通,牢关固闭,以冀其一旦忽然而有省,终其所见,不过灵觉之光景而已,性命之理实未尝有见也。"(《困知记·续卷》下)这就是说,闭目塞听、摒弃一切感觉与思虑,希求其忽然有得的大觉,其实是一无所知,最终所见到的也只不过是自己的灵觉而已,对于真正的事物的道理是毫无帮助的。

王廷相是一个有远见卓识的政治家、思想家,他敢于正视社会现实,抨击宦官专权,主张改革弊政。他认为社会问题的根源在于吏治不清,贪贿盛行。因为批评社会政治,他一生屡遭罢斥,仍无所顾忌。王廷相一生有多方面的建树,在天文、地理、生物、音律、文学等领域都有很高的造诣。在思想上,他注重实际,反对空谈。他针对当时的学风,提出尖锐的批评,既针对程朱,也针对陆王。他批评朱熹"理于气先"的说法,为学主"思"、"见闻"和"接习"(实行)并重,反对王阳明的"致良知"学说。一般认为王廷相作为明代最重要的唯物主义思想家,与罗钦顺一样,也是张载到王夫之思想发展过程中重要的中间环节之一,起到了承前启后的作用。王廷相在文学上也负有盛名,与著名的文学家李梦阳等并称"七才子"(前七子)。王廷相的著作编为《王氏家藏集》和《内台集》,今天有侯外庐等编著的《王廷相哲学选集》。

王廷相把程朱、陆王的学说归结为"讲求良知,体以天理",是一个精确的概括。王廷相把学术研究的目的归结为"兴道致治",这同他在文学创作问题上主张"文以载道"是一致的。这样的观点虽没有超出儒家治国平天下的传统思想,但在良知天理之说甚嚣尘上的社会环境中,含有重视研究实际的意义,也是明末清初经世致用之学的开端。

王廷相对理学的批判集中在理气论上,重点是程朱学派,特别是朱熹的学说。

第一,他批评了理在气先的本体论,提出"元气为道之本"的观点。王廷相认为天地的本原为"元气","元气者,天地万物之宗统。有元气则有生,有生则道显。故气也者,道之体也;道也者,气之具也。"(《慎言·五行》)这里所说的"道"与"理"同义,因为在王廷相看来,程朱学派所说的理在天地之先与老庄所说的道生天地是一个意思。元气既为天地万物之宗统,那么在元气之上就没有主宰,"道"也只能以元气为本。这样,就坚持了一元论的宇宙观。

第二,王廷相批评程朱"万物一理"的观点,提出"气一则理一,气万则理万"以及"理因时致宜"的思想。他从气本论出发,力图打破理的一统天下,他说:"天地之间,一气生生,而常有变,万有不齐,故气一则理一,气万则理万。世儒专言理一而遗理万,偏矣。"(《雅述·上篇》)这里王廷相把理的常、变建立在气的常、变的基础上,对理学家所讲的理的凝固性和权威性提出了挑战。他说:"天有天之理,地有地之理,人有人之理,幽有幽之理,明有明之理,各各差别。"(同上)这里他不但用理的多样性否定理的凝固不变和神秘性,还用幽明之理的不同表明理在不同场合的变易,这无疑是否定天理至上论。

在人性论方面,王廷相从气一元论的立场出发,反对天命之性与气质之性的区分,指出"论性也,不可以离气"(《横渠理气辩》),"人有二性,此宋儒之大惑也。……余以为人物之性,无非气质所为者;离气言性,则性无处所,与虚同归;离性言气,则气非生动,与死同途。是性与气相资而有,不得离者也。"(《答薛君采论性书》)这是说,性就是气质之性,此外的"天命之性"是不存在的。王廷相主张人性有善有恶,反对传统的性善说。他说:"自世之人观之,善者常一二,不善者常千百;行事合道者常一二,不合者常千百。……故谓人心皆善者,非圣人大观真实之论,而宋儒极力论赞以号召乎天下,惑矣!"(《雅述·上篇》)这里他把多数人看做是"不善"的。他还认为,所谓善与不善,在于气质的不同。他说:"性之善者,莫有过于圣人,而其性亦惟具于气质之中。……圣人之性既不离乎气质,众人可知矣。气有清浊粹驳,则性安得无善恶之杂?"(《答薛君采论性书》)这是说,气质清明纯粹的就性善,昏浊杂驳的就善恶混杂。他反对程朱学派的人性论,但仍然承认有禀气清明纯粹的圣人。

王廷相的认识论观点,是建立在对程朱、陆王认识论观点的批评基础之上的。他称程朱、陆王认识论为"支离"、"禅定",禅定与支离,本是程朱、陆王两派学者的互相批评之辞,而王廷相将二者一齐否定,提出了"知行兼举"的观点。他所谓的"知行兼举",包含有两个层次的内容:一是"思与见闻之会",这是就"知"的来源和过程说的;二是强调笃行实践,这是就"知"的目的和效果说的。

七、吕坤的反理学专制思想

吕坤(公元 1536—1618 年)字叔简、心吾、新吾。宁陵(今属河南)人。官至刑部侍郎,为人刚介峭直,为官清正廉洁,一生不为贫贱富贵所累,不为得失荣辱所困。死后赠刑部尚书。曾著书批判朱熹,临终焚毁。所著有《呻吟语》、《去伪斋文集》等。吕坤在政治上曾上疏陈天下安危,抨击明政府的专制政策,表现了"以理抗势"和"法高于势"的精神,因此遭受打击,不得已称病辞职,隐居乡间二十余年,埋头著书立说二十余年,形成了自己的思想体系。

他把先秦思孟学派"道高于势"的思想发展为"理尊于势",认为天子虽然掌握着天下最高的权势,但也应该有所畏惧。权势尽管高贵,但与"理"比较起来,"势之尊,惟理能屈之"。他说:

故天地间惟理与势为最尊。虽然,理又尊之尊者也。庙堂之上言理,则天子不得以势相夺。即夺焉,而理则常伸于天下万世。故势者,帝王之权;理者,圣人之权也。帝王无圣人之理,则其权有时而屈。然而理也者,又势之所恃以为存亡者也。以莫大之权,无僭窃之禁,此儒者之所不辞,而敢于任斯道之南面也。(《呻吟语》卷四《谈道》)

这是吕坤对"以理抗势"精神较为透彻和完备的表述。这里的"理"与宋明理学的"天理"不同,相当于我们常说的道理,它既是政治理性原则,又是天下人心的公意。"势"指君主所掌握的政治权势。他认为,在现实的政治生活当中,理与势之间常常会产生矛盾和冲突。作为儒者,在这样的冲突中只能"以理抗势",即用"理"来限制皇权君势的过度集权专制。

在学术思想上,吕坤虽然学宗程朱,但他对成为当时思想专制的理学又有许多尖锐、深刻的批评。他立足于气本论,论述"理气"和"道器"的关系,反对理学家以理为天地之本的观点。他公开宣布他的思想不属于道学(即理学),也不属于佛、道二氏,而是"我只是我"。他认为儒道佛三教都不过是一种"边见"(偏见),自己以"一中"名学,凭着他所尊视的理性,超越于三教之上。这与明代一些学者调和三教、杂糅三教的倾向相似,但有本质上的不同,不能混为一谈。

与南宋叶适、陈亮等人的学说相类似,吕坤主张只有能建立事功才是真学问。对当时那些空谈天道性命的道学先生他以"伪"、"腐"二字加以痛斥。"伪"是说他们言行不一,"腐"是说他们空言无用。他指出,"儒者唯有建业立功是难事。自古儒者成名，多是讲学著述人，未尝尽试所言；恐试后，终不邪气，其实成个事功，不狼狈以败者，定不多人。"（《呻吟语》卷四《品藻》）他深深厌恶"开口便讲学派，便说本体"的道学玄谈，把它斥之为"痴人说梦"，对"国家之存亡，百姓之生死，身心之邪正"毫无用处。

吕坤批评宋儒之学的极端繁琐，"议论如茧丝牛毛"，学者如果真想入道，就必须抛弃宋以来道学的传统。从理论渊源上，吕坤揭露宋明道学实际受了禅宗的深刻影响，程颢、王守仁都是"自禅悟入"的明显例证。他特别专著两部书来批判朱熹，第一部书是对朱熹《家礼》的批判，原题《家礼疑》。他在这部书中，认为古礼本来是讲忠信的，而后世讲礼则其实是"忠信之贼"。另一部书是对朱熹《通鉴纲目》的批判，题为《纲目是正》。这部书的原稿已被吕坤自己烧掉，但它的序言还保存在《去伪斋集》里。从中可以看出这部书把《通鉴纲目》与《春秋》经对照，说明许多地方并不合于《春秋》经，批评后学对朱熹这部书"不研文义之实，而震于不敢非议之名"，迷信起来。这在当时够得上是大胆的做法。

对明代盛行的王学，吕坤也十分不满，认为王学最大的弊端是空疏，而对王学的思想核心——知行合一和致良知的批评最尖锐、深刻。他说："知是一双眼，行是一双脚。不知而行，前有渊谷而不见，傍有虎狼而不闻。如中州之人，适燕而南，之粤而北也。虽乘千里之马，愈疾愈远；知而不行，如痿痹之人，数路程尽山水，行了更无多说，只用得一个笃字。……世儒知行不分，直与千古圣人驳难。"（《呻吟语》卷一《谈道》）这就在批评王学的过程中对知行关系进行了辩证的论述。他批评王守仁"说良知，乃在情上立跟脚，认端绪作根本。不思良知之上有性，性之上有天。……"（《去伪斋文集》卷四《答孙冢宰论格物第二书》）这是说王守仁的"良知说"是以情为本，舍本逐末。不过，吕坤有走向另一极端的倾向，把注重事功，讲求有用作为真正的学术道脉，反复宣传其学说是"真实有用之学"，这就又走入功利主义、实用主义之途。

他还批判泰州学派的王艮："王心斋每以乐为学。此等学问是不曾苦的甜瓜。入门就学，乐其乐也，逍遥自在耳！不自深造真积忧勤惕厉中得来。……心着意学乐，便是助长心，几何而不为猖狂自恣也乎！"（《呻吟语》卷二《问学》）

他对李贽"童心"说极为反感，深恶痛绝，批判说："童心最是做人一大病，只脱了童心，便是大人君子。或问之曰：凡炎热念、骄矜念、华美念、欲速念、浮薄念、声名念，皆童心也。"（《呻吟语》卷二《性命》）

他有价值的思想是继承和发挥了儒家的民本思想，认为"天"立"君"的目的是让"君"为"民"服务的，民意是天意的体现，所以君主当以爱民来体现对天意的负责。对于民本君末的关系，吕坤用墙基与墙身、树木与树身等进行比喻，说明民心、民意决不可忽视,它决定着君主的安危,左右着国运的兴衰。"知君身之安危,社稷之存亡,百姓操其权故耳。"(《去伪斋文集》卷一《拟上嘉礼成贺表》)这就有了人民是政治主体的意思。

吕坤还提出"以礼为主,以刑弼教"的治国方策。"礼"泛指礼教、道德,这里指"德治"。"刑"泛指刑法,这里指法治。他实际上是强调治国要以"德治"为主,"法治"为辅,将礼预防犯罪的职能与法镇压犯罪的职能有机地结合起来,以巩固封建国家的长治久安。

针对明中叶由于土地兼并而导致的社会矛盾激化,农民起义时有发生,吕坤提出了以"均平"为核心的社会改革方案,具体的有平均土地(复井田)、平均赋役和一切衣食财产等。

第十一章　明清之际的社会变动与思想变化

一、明清之际的社会变动与实学思潮兴起

明清之际,随着资本主义萌芽的潜滋暗长以及市民阶层的不断成熟和壮大,封建社会的内部格局及利益结构发生了明显变化,中国封建制度迅速进入了一个"天崩地裂"的社会转型时期,民族矛盾、阶级矛盾十分激烈,明王朝因横征暴敛,大小官员的贪污腐败,地主豪绅的土地兼并,最后在李自成农民起义的暴雨中垮台。清人入关,武装抗击不断,清王朝建立后对汉人反抗的镇压,对知识分子大兴文字狱。这一切造成了这一阶段各种社会矛盾的错综复杂和尖锐激烈,中国社会走到了一个新的十字路口,处在由传统社会向近代社会过渡的关键时期,无论是在政治、经济领域还是在思想、文化领域,旧的传统的思想观念与新的先进的价值理念在这一时期发生了激烈的冲击和碰撞,社会面临着一系列令人瞩目的价值冲突和社会转向。在中国思想史上,明清之际是可以与春秋战国之际相媲美的重要时代,如果说春秋战国时期预示着中国漫长封建时代的开始,明清之际则表征着中国封建时代的没落。

明清之际的思想家自觉地对秦汉以来的文化传统及价值观念进行深刻反省和理性批判,在反思和批判宋明理学的过程中,学术思潮的变迁发生了"由虚转实"的演化,至明代后期而蔚然形成了一股内容深刻丰富、影响广泛而又深远的学术思想潮流。这一学术思潮,由17世纪初的明末东林学派开其端绪,至19世纪60年代初的清朝道光、咸丰年间(1821—1861年)遂告结束而进入近代的"新学"思潮。这二百数十年间它经历了三个阶段:明清之际以"经世致用"、倡导"实学"为主要特征的实学思潮的兴盛时期,乾嘉时期实证学风的高度发扬,道咸时期实学思潮的再度高涨。明清实学思潮,是我国学术思想史上特定历史时期的产物,是含有特定历史内容的学术思想形态,将中国儒学由宋明理学推进至又一新的阶段,成为与理学、心学相并立的新的思想观念和价值形态。这是一种积极进步的、有前途有活力的适应社会发展需要的新的思想观念,因而成为一种新的社会时尚,新的学术精神。

明清之际的经世实学思潮其特征概括地讲有以下几点:

(一)对宋明理学的反思和批判。明后期的思想家李贽、吕坤等人已经对理

学和心学的弊端进行了批判。到了明清之际,士大夫中的一批优秀分子如顾宪成、高攀龙、黄宗羲、顾炎武、方以智、王夫之、傅山等,面对当时国危民艰的局面,都把"程朱理学"与"陆王心学"的空疏、教条看做是导致国弱民贫的重要原因。为了救亡图存、济世救民,他们竭力提倡"治国平天下"的有用之"实学"。特别是明王朝的覆亡,朝野志士在痛苦的反思中,清醒地认识到"程朱理学"和"陆王心学"的空疏、教条本质是王朝覆灭的重要祸根,救弊之道在"实学"而不在"空言"。他们还提出自己的主张。在学术上具体表现为两个方面:对理学的空谈心性而言,主张经世致用,其主旨是学问须有益于国事;对理学的束书不观而言,主张回归儒家原典,其主旨是寻求儒家的传统精神。

(二)对封建专制主义的强烈抗争。明清之际,各种矛盾错综复杂,沿袭了近两千年的封建专制制度达到了登峰造极的程度,其弊端已暴露无遗,由于清初特定的社会历史环境,思想家们已经把批判的焦点从一家一姓之兴亡转向对整个封建制度的深层反思。明清之际的思想家对封建君主专制制度进行的大胆揭露和深刻批判,包含有两层含义:一是对"封建君主"的揭露和批判;一是对"封建专制制度"的揭露和批判。他们由批评理学而发展为对封建君主专制主义和封建蒙昧主义的抨击,黄宗羲甚至提出了类似近代君主的议会立宪制度的设想。这一切,都是早期启蒙思想的鲜明表现,形成了实学思潮中具有早期启蒙思想的重要特征。

(三)在经济方面提倡并研究"利用厚生"之学。从"惠商恤民"、"士农工商,生人之本业"到"工商皆本"的提出,积极倡导"利用厚生"的"富民"之学,并且明确提出授民以田和"有田者必自耕"的思想。这就反映了商人、市民阶层和众多百姓的利益和愿望,有利于资本主义生产关系萌芽的发展。

(四)在学术方面扩大研究的规模和范围。明清经世实学思潮以"经世致用"为价值核心,在批判程朱理学"束书不观,游谈无根"的基础上,大力提倡经世致用、实事求是之学,把学术研究的范围从儒家经典扩大到了自然、社会和思想文化领域,对天文、地理、河漕、山岳、风俗、兵革、田赋、典礼、制度等,皆有探讨。大多数明清之际的思想家如黄宗羲、顾炎武、王夫之、颜元、李塨、朱之瑜、方以智、陈确等人,是这一经世实学思潮的参与者与推动者。不过,有的学者的主要活动时间在清代,我们将放在后面讲。

二、黄宗羲的思想与学术

黄宗羲(公元1610—1695年),字太冲,号南雷,学者因称南雷先生,浙江余姚人,是阳明学派刘宗周的高足弟子,明清之际著名的思想家、史学家。父亲黄尊素为阉党所害,他万里寻亲,负骨而归。十九岁入都讼冤,袖藏铁锤,要击杀仇人。他在明曾经作为"复社"成员进行反宦官权贵的斗争,清兵入关后又招募义军进行抵抗,晚年看到明政权恢复无望时,就隐居闭户著书。黄宗羲极为博学,对天文、算术、乐律、经史百家以及释道之书,都有研究。他写《明夷待访录》,所论范围涉及政治、经济、法律、军事、文化各个方面,而其核心思想是对封建专制制度的抨击。在学术上,他批评了理学脱离政治、空洞虚浮的学风,强调人们研究学术(学问之事)必须着眼于现实社会,表现了强烈的求实倾向。这种倾向具体反映在经学和史学的研究上,特别是史学方面对于学术思想史的研究和写作,在中国思想史上贡献甚巨。他编写了《明儒学案》,并进行了《宋元学案》的准备工作和部分编写工作,在"学案体"学术思想史方面具有开创之功。黄宗羲生前整理自己的著作,编成《南雷文案》。新中国成立后中华书局出版了《黄梨洲文集》和《明夷待访录》单行本。

黄宗羲的思想已经超越了自《尚书》、《孟子》以来在君主制度下传统儒家重民、爱民、为民请命的旧民本范式,而开始走向民主、民治、民主监督的新范式。其思想方面最有价值的包括如下几点:

(一)黄宗羲以现实生活作为一面镜子,批评理学的学风。他指出:"尝谓学问之事,析之者愈精,而逃之者愈巧。……今之言心学者,则无事乎读书穷理;言理学者,其所读之书不过为经生之章句,其所穷之理不过字义之从违。……天崩地解,落然无与吾事,犹且说同道异,自附于所谓道学者,岂非逃之者愈巧乎?"(《黄宗羲文集·留别海昌同学序》))这里说明无论是程朱理学还是陆王心学,他们对理论的分析都很仔细,使人抓不住他们的不足之处。但他们有一个共同的缺点是与社会现实脱节,不能回答"天崩地解"的现实生活问题。他强调人们研究学问必须着眼于现实社会,表现了强烈的求实倾向。(张岂之主编:《中国思想史》,第413页,西北大学出版社,1993年)

(二)"民主君客"论。黄宗羲提出了"天下为主,君为客"的命题。这个命题不同于古代儒家所谓"天下为公"与"民贵君轻"的说法,主要是要伸张人民主权、批判君主专制。黄宗羲生活的时代,是激烈动荡即所谓"天崩地解"的时代,他经历了明王朝灭亡、明末农民起义失败、清王朝在血腥镇压南方人民抗清斗争之后重新确立君主专制体制等政治大变动。他"痛定思痛",不仅对明清嬗替而且对整个中国历史的经验教训进行了深刻的反思。于是,他从顺治十年(1653年)到康熙二年(1663年)的十年间,先后写作了《明夷留书》和《明夷待访录》这两部以总结"治乱之故"、"条具为治大法"为宗旨的政治思想专著。在《明夷待访录》中最脍炙人口的两句话,一是"为天下之大害者君而已矣",二是"天下为主,君为客"(均见《原君》)。前一句可概括为"君为民害"论,批判的矛头直指秦王朝以后两千多年来以"敲剥天下之骨髓,离散天下之子女,以奉我一人之淫乐"的君主专制制度。显然,所谓"天下"指的就是人民。后一句可概括为"民主君客"论,伸张的正是主权在民、君须为民服务的思想。因此,黄宗羲在《明夷待访录》中提出的"天下利害之权"在民不在君的思想,显然已经达到了"朴素民主性"的思想高度了。(吴光:《建立现代民主不能忘记黄宗羲的思想遗产》,《北京日报》2005年9月22日)

(三)黄宗羲的民治思想,还体现在他对君臣关系及其职能的阐发上。他批评了"君为臣纲"的伦理纲常,认为,天下之大,事务纷繁复杂,并非一个人能够治理得了,而必须由众多臣工共同治理,于是有君臣的分工。而君臣关系并非像父子那样是不可改变的亲情关系,而是像师友那样可以选择的平等关系。人们出来为臣做官,是"为天下,非为君也;为万民,非为一姓也"(《明夷待访录·原臣》),即并非为君王一人一姓做奴仆,而是对人民负责,为大众服务。"君臣"应该是共同治理天下的人,治天下好比拉大木头,前边的人和后边的人,你呼我应,都要一块儿出力。于是,他提出君臣名异实同的观点,"岂知君与臣,名异而实同耶?"这样,就打破了系统的尊君卑臣的观点,提高了士大夫的地位。他特别强调天下的根本大事,"不在一姓之兴亡,而在万民之忧乐"(《明夷待访录·原臣》),这种以"万民之忧乐"为头等大事的思想,既是对传统儒家民本思想的继承与发扬,也是对君主专制的批判与否定。

(四)主张人民有议政权和监督权。黄宗羲的民主思想不仅突出地表现在其伸张民权、主张民治和批判君主专制方面,而且表现在主张人民有议政权和监督权方面。他把这两项权利归之于学校,在他看来,学校既是培养知识分子的基地,也是评议朝政、实施舆论监督的场所。在君主专制的社会中,不仅普通民众、甚至连一般士子(知识分子)都没有评论政治得失的权利,更没有监督君权和政府行政权(实是君权的延伸)的权利。是非的标准不由客观实践决定,也不由广大士民评判认定,而是"天下之是非一出于朝廷(君主)"。黄宗羲反其道而申之,认为"天子之所是未必是,天子之所非未必非",主张"必使治天下之具皆出于学校","公其非是于学校"(均见《明夷待访录·学校》)。这里的"治天下之具",当指治理国家的根本大纲及其基本制度、发展战略的设计,使之"出于学校",则学校就具有政治设计院的性质,而"公其非是于学校",则学校就具备了舆论监督的功能。尽管黄宗羲笔下的学校与近代西方的议会不可同日而语,但应该承认,这是对"是非一出于朝廷"的君主专制的否定,是对人民议政权和监督权的肯定,因而是具有民主性的政治主张。(吴光:《建立现代民主不能忘记黄宗羲的思想遗产》,《北京日报》2005年9月22日)

（五）在经济思想上，黄宗羲一是主张均田赋，二是主张"工商皆本"。他在《田制》篇中，虽然也说到井田是古代圣王之制，但他并不主张笼统地去恢复古代八家共井的井田制，因为现实的情况已不可能倒退回去，只能取古代井田的遗意，实行均田，打破疆界，"授田于民"。这种均田，要视田土肥瘠不同，分为五等，授上等肥田的数量要少，授下等瘠薄的土地数量要多，这叫做"不齐者从而齐"。所谓以工商为本的"本"，不是像以前把工商视为地主经济附庸，作为地主阶级"声色犬马"的享乐和消费，而是把工商看成是增加社会财富的力量。也就是说，他们的生产不是为了消费，而是为了在"通都之市肆"中交换，他们应当是堂堂正正的"富民"，而不可以把他们列入娼巫、吹鼓手之类。这正如同时期的王夫之所说，"大贾富民，国之司命"，关系到国家的经济命脉，所以应该"纾富民"，"因其自然之利而无以扰之"。这一些思想，正是在他们一百年之后，英国经济学家亚当·斯密所倡导的自由放任的思想。

黄宗羲的思想，是明代中叶以后出现的资本主义生产关系的萌芽在社会意识形态上的反映，它体现出明清之际唯物主义思想高涨和出现近代民主思想萌芽的特点，而且成为近代民主思想萌芽的代表。

黄宗羲的经世思想和求实精神，特别表现在他对经学和史学的研究方面，尤以学术思想史的研究为突出。他编写的《明儒学案》有很高的学术思想价值。该书通过以学派为纲目的编排，比较全面客观地介绍了明代300年间学术思想发展的情况。该书还提出了一些有价值的思想：第一，学术思想史的研究，要紧紧抓住被研究者的学术宗旨。黄宗羲指出："大凡学有宗旨，是其人之得力处，亦是学者入门处。"（《明儒学案·凡例》）说明探讨学术宗旨，是研究学术思想史的关键。第二，黄宗羲认为，学术思想的发展，每每走着相辅相成的道路。因此，学术思想史的编写，就不应以一家之断案，而要兼收并蓄，尤其要注意不同之处。他指出，对于不同的思想观点，"学者于其不同处，正宜着眼理会。"正是由于《明儒学案》有独特的学术思想价值，使它超出了以往的学术思想专著。以前关于这方面的著作，或只收录一家一派之言，如朱熹的《伊洛渊源录》；或虽收录诸家之说，却又只从编撰者主观的学术观点出发，断章取义，以一人宗旨代替多家之宗旨，如汝登的《圣学宗传》；又或杂收并蓄，选材甄别不精，批注不得要领，如孙奇峰《理学宗传》。（张岂之主编：《中国思想史》，第415—416页，西北大学出版社，1993年）

三、顾炎武的思想与学术

顾炎武（公元1613—1682年），初名绛，字宁人，自署蒋山佣。江苏昆山人，学者称亭林先生。少年时曾参加"复社"活动。清兵南下，参加昆山、嘉定人民的抗清起义,嗣母王氏殉国。失败后逃离江南,游历华北,曾十谒明陵。所至访问风俗,搜集材料,尤致力边防和西北地理研究,并垦荒种地,纠合同道,不忘兴复。晚岁卜居华阴,卒于曲沃。顾炎武非常博学,对国家典制、郡邑掌故、天文、河漕、兵农以及经史百家、音韵训诂之学都有研究。晚年治经侧重考证,开清代考据学之风,对后来的吴派、皖派都有影响。主要著作有《天下郡国利病书》、《日知录》等。

（一）在哲学上,顾炎武赞成张载关于"太虚"、"气"、"万物"三者统一的学说,承认"气"是宇宙的实体;"盈天下之间者气也","非器则道无所寓",反对空谈"心、理、性、命",提倡"经世致用"的实际学问,特别注重学术的社会价值。他把理学与魏晋玄学加以比较之后,指出"清谈"的最大危害在于"祸国"、"乱政"。他说:"刘、石乱华,本于清谈之流祸,人人知之;孰知今日清谈,有甚于前代者? 昔之清谈,谈老庄;今之清谈,谈孔孟。"批评理学家"明心见性"就是空谈,说他们"不习六艺之文,不考百王之典,不综当代之务,举夫子论学、论政之大端一切不问,而曰'一贯',曰'无言',以明心见性之空言,代修己治人之实学。"(《日知录·夫子之言性与天道》)这里,他指出理学家不注意研究历史,对于现实问题更为漠视,只是一味宣扬"明心见性"的空谈。他还批评指出,理学家空言"性与天道",不讲出处、去就、辞受、取与,绝非儒学正统,实已堕入禅学。因为古人圣人教人,行在孝悌忠信,职在洒扫应对进退,文在诗书礼易春秋,用于修身则出处、去就、交际,用于天下则政令、教化、刑罚。而理学家空谈心道、性理,背离孔孟之道,实质上就是禅学。

（二）"经学即理学"。顾炎武在批判了空谈心性、不重世务的宋明理学之后,提出了复兴经学的主张。他认为,宋明理学背离圣人之道,堕入禅学异端;要重倡儒学本旨,以救当务之急,必须去务本原之学,亦即复兴经学。并对心学"心即理"的命题提出了"经学即理学"的观点。他说:"古之所谓理学,经学也",提出"舍经学无理学"的命题,认为"六经之旨与当世之务"应该结合,研究关于治国平天下和国计民生问题,而理就是以此为道理和是非标准。真正的理学必须在经学以内谈,在经学中探求义理,乃治学之正途,至于时人所谓理学以及心学之类,都是"不知本"的后儒之学,当在摒弃之列。在顾炎武的思想学术体系里,理学、经学,都可视为实学的代名词。他认为圣人之道并不是超越现实的抽象理论,而是体现在言行、事功、文章里面,故践履圣人之道,就必须将其落实在具体的人事之中,专述圣人之道的经学,也完全可以从繁琐的章句中解脱出来,做到学用结合,经世济民。

（三）天下观。顾炎武"天下兴亡,匹夫有责"的名言最震烁人心,三百余年传诵至今。原话是"有亡国,有亡天下。亡国与亡天下奚辨?曰:易姓改号,谓之亡国;仁义充塞,而至于率兽食人,人将相食,谓之亡天下。……是故知保天下,然后知保其国。保国者,其君其臣肉食者谋之。保天下者,匹夫之贱,与有责焉耳矣。"(《日知录·周末风俗》)顾炎武在这里把"国"和"天下"区分开来。认为一个政权拥有领土,称为"有土";能让老百姓衣食有余而知荣辱礼义,是谓"保民"。有土且保民,方可称之为"保天下"。显然,顾炎武所说的"国"是指一姓一氏的"私天下",而同它相对的则是包括天下人民利益在内的"公天下"。"天下观"的核心是"以民为本",就是我们今天常常说的"以人为本"。他的《文集》卷三中有一封《与友人论学书》说:"耻之于人大矣!不耻恶衣恶食,而耻匹夫匹妇之不被其泽。"在先生看来,使"匹夫匹妇被其泽",是"圣人之道"的根本;"士而不先言耻",不为生民着想,就是"无本之人",离"圣人之道"会越来越远。

(四)"明道救世"的学术思想。顾炎武的学术研究,其志亦在于"明道救世"。顾炎武的学术领域非常广博,他在经学、史学、地理、音韵、辞章和金石文字等方面都有重要的成就。这些成就不是与他的政治思想相脱离,也不是为他的政治思想作掩护,而是与他的政治思想密切结合。例如,他著《音学五书》,考证古今音韵的流变,希望"圣人复起,举今日之音而还之淳古者",这同他著《日知录》一样,都是为了"跻斯世于治古之隆"(《日知录》《初刻自序》)。《四库全书总目提要》称顾炎武"生于明末,喜谈经世之务,激于时事,慨然以复古为志,其说或迂而难行,或愎而过锐"。他在《答徐甥公肃书》中说:"夫史书之作,鉴往所以训今。"撰著史书的目的,是为了总结历史经验教训,作为当今的借鉴。因此,顾炎武治史,自然采取历史与现实相结合的立场,而对一系列有关国计民生的问题进行深入思考,即"凡关家国之制,皆洞悉其所由盛衰利弊,而慨然著其化裁通变之道"。

(五)"博学于文,行己有耻"的圣人之道。顾炎武的学术实践即在于开创务实学风,提倡崇实致用。对此,他归纳出"博学于文"、"行己有耻"二语,并称之为"圣人之道"。他说:

愚所谓圣人之道者如之何?曰"博学于文",曰"行己有耻"。自一身以至于天下国家,皆学之事也;自子臣弟友以至出入、往来、辞受、取与之间,皆有耻之事也。耻之于人大矣!不耻恶衣恶食,而耻匹夫匹妇之不被其泽。故曰"万物皆备于我矣,反身而诚"。呜呼!士而不先言耻,则为无本之人;非好古而多闻,则为空虚之学。以无本之人,而讲空虚之学,吾见其日从事于圣人而去之弥远也。(《亭林文集》卷三,《与友人论学书》)

"博学于文"和"行己有耻",源于《论语》的《颜渊篇》和《子路篇》,是孔子答门人问时而提出的两个主张,体现了儒家为学做人的传统观点。顾炎武将此二者结合起来,以表达自己的治学之道。他的"博学于文"主要是从为学方法上讲的,认为治学要鄙俗学而求《六经》,"尤务本原之学"(《亭林文集》卷四,《与周籀书》),广泛学习"自身而至于家国天下"的各种社会知识,以求达到经世致用的目的。"行己有耻"则主要是从个人道德修养和节操方面讲的,意在力斥晚明士大夫寡廉鲜耻、趋炎附势的失节行径。他指出,为学要博学于文,做人要行己有耻,二者结合起来始为圣人之道,才能摒弃明心见性之空言,代之以修己治人之实学。

四、西教、西学与中国传统思想

明清之际以耶稣会为先驱的西方天主教传入中国,开启了西教、西学与中国传统思想相互沟通、交流冲突的历史。众所周知,在中国古代历史上,曾出现过两次大规模的外来文化的传入:一次是汉唐时期印度佛教文化的传入;另一次是明清之际西方基督教文化的传入。这两次外来文化的传入,对中国本土文化学术格局的变化与调整产生了极为重要的影响。基督教最早传入中国是在唐朝,当时被称为"景教";元代时再度传入,被称为"十字教"。但这两次不同时期传入的基督教对中国固有的文化格局并没有产生重大的影响。自明朝中后期到清朝前期,大批西方传教士来到中国,他们在进行宗教活动的同时,也把西方的科学,如天文、地理、数学、物理、化学等介绍到了中国,从而开始了自唐、元以来第三次大规模的西学东渐的过程以及中西文化的沟通与交流。

利玛窦为代表的耶稣会士所宣传的思想理论,是欧洲中世纪正宗的天主教神学,主要是阿奎那为代表的官方神学体系,所谓的经院哲学。但是,为了顺利地传教,传教士们采取了一些策略,其中最重要的就是在天主教允许的范围内传来西学,即通过介绍西方自然科学、哲学、逻辑学和艺术等知识,来吸引中国官员和士人,这样就客观上起到了传播西方近代思想学术的作用。西方传教士对西方自然科学知识的介绍,使中国固有的文化结构和思维模式发生了重大变化,中国文化重道德伦理、重修身养性,轻自然科技等特点决定了中国文化自先秦以来几乎一成不变的发展理路和格局随着西方科学知识的传入被打开了一个缺口,它使中国知识界在孜孜沉浸于儒家经典的同时,开始接触和吸纳西方的一些新知识、新思想、新领域,扩大和丰富了中国文化的内容和内涵。从明中后期到清中期,由于有当时一大批站在时代前沿的经世实学思想家的宣传、翻译、介绍与引进,西方机械、物理、测绘、历算等门类繁多的科学知识不断传入中国。据统计,至今能够搜集到的西方传到中国的科技书目约为 1500 种左右。

但是,应该看到,传教士所传入的西学以不超出天主教神学世界观所允许的范围为限。由于当时这批西方传教士自身的传教目的和学术偏见,他们对欧洲文艺复兴思潮以来的新思想、新成就讳莫如深,对当时西方最先进的自然科学思想如哥白尼的太阳中心说,伽利略—牛顿的经典力学,笛卡儿的解析几何,波义耳的新元素说以及先进的实验法、归纳法、演绎法等大多只字未提,相反,他们都把中世纪的经院哲学大师托马斯—阿奎那奉为圭臬,他们介绍到中国的只是托勒密的地心说,欧几里得的几何学,亚里士多德的四元素说等,因此,有的学者认为中国知识界所能接触到的还只是西方中世纪的科学思想体系,不可夸大当时西方科学思想对中国文化的影响。

天主教的进入,与中国传统的思想必然发生冲突。天主教对儒、道、佛采取了分别对待的方式,对儒学他们采取的是"合儒"、"补儒"、"易儒"的策略,以天主教神学附会儒学,宣称他们所传播的是"天学",其"天主"就是"天"或"上帝",从而把中国的儒学说成是"天学"发育不全的旁支。而对佛、道就进行公然的指责,如利马窦《天主实义》便说:"二氏(佛、道)之谓曰无曰空,于天主理大相剌谬,其不可崇尚明矣;夫儒者之谓曰有曰诚,虽未尽闻其释,固庶几乎!"于是就引起了佛、道的反击,发生了激烈的争论。如当时有一个叫黄贞的学者,他是儒生,但又信奉佛教,自称"天香居士"、"白衣弟子"。为了从气势上压倒耶稣会士,在伦理上驳倒耶稣会士,他鼓动大批儒生、佛教徒,组成统一战线,共同围剿天主教神学。当时有许多佛教徒写了大量文章,回应天主教的辩难,如普润的《诛左集》、密云的《辩天三说》,圆悟的《辩天说》,通容的《原道辟邪说》等。黄贞为了壮大声势,还把这些作品汇编成册,名之曰《破邪集》。

至于儒学方面,中国士大夫中有一部分人站在维护封建正统立场,把天主教视为"异端邪说",甚至发动教案。还有一些人是站在传统立场上,像辟佛、辟道一样地排斥天主教。还有一部分士大夫认为天主教的理论可以"补儒易佛",补益王化。这种观点,代表了当时向西方寻求新思想的某些士大夫知识分子的立场,他们真正感兴趣的是西方的思想学术。

明清之际欢迎西教、西学的人士中著名的有徐光启、李之藻、杨廷筠等。他们之所以欢迎西教、西学,与他们的政治、学术主张有密切关系。他们信奉天主教的最大原因,是认为天主教与中国传统的儒教不存在任何歧异与矛盾。李之藻以天主教为"天学","不脱'六经'之旨",是为"天儒合一";杨廷筠也以天主教教义与儒学"脉脉同符","吾人不必疑为异端";徐光启表达的更明确:"余尚谓其教必可以补儒易佛。"(《泰西水法序》)"(天主教)真可以补益王化,左右儒学,救正佛法者也。"(《辨学章疏》)他们信奉西学,是因为明代后期王学派的末流在禅中走向空疏,社会上盛行空谈心性的风气,促使他们把目光投向经世致用的实际问题和理论问题。正当他们从古圣贤那里寻找实学的理论依据时,他们惊奇地发现耶稣会士传入的西学也是一种"实学",于是西方科技精神成为他们批判空疏学风的又一有力武器。他们不仅热烈赞扬西学的务实精神,而且将介绍、传播西学作为他们挽救时艰、富国强兵的一项重要内容。徐光启之所以翻译《勾股义》,就是因为他看到"西北治河,东南治水利,皆目前救时至计",因此有必要吸取西方有关学术,"广其术而以之治水治田之为利巨、为急务也,故先之"(《勾股义序》)。

五、方以智的学术思想

方以智(公元 1611—1671 年),字密之,号曼公。桐城(今属安徽)人。少年时代和陈贞慧、吴应箕、侯方域等参与东林、复社的政治活动,有"明季四公子"之称。崇祯进士,任翰林院检讨。清兵下广东,出家为僧。康熙十年,赴吉安谒文天祥墓,卒于道。对天文、地理、历史、物理、生物、医药、文学、音韵等都有研究。在政治思想上他向往一种开明专制。在学术上,他著述丰富,博采众家,不以一说为限,贯穿着"坐集千古之智"的精神,这是方以智与宋明正宗学者有明显区别的一点。方以智的主要著作有《通雅》、《物理小识》、《东西均》、《药地炮庄》等。

作为明清之际的思想家、科学家,方以智从"坐集千古之智"出发,他主张打破儒、佛、道的界限,说:"教无谓三也,一而三,三而一者也。譬之大宅然,虽有堂奥楼阁之区分,其实一宅也,门径相殊而通相为用者也。"(施润章《愚山文集》卷九《无可大师六十序》引)但与明代流行的三教合一论表面相似,实际却有区别:他对佛、道是有批评也有继承的。

他批评禅宗的虚妄说:"禅宗笑理学,而禅宗之汩没于机锋也,犹辞章训诂也。所谓切者槁木耳,自谓脱者野兽耳。夫岂知一张一弛、外皆是内之真易简,绝待贯待、以公统私之真无碍乎?"(《东西均·道艺》)这是说,禅宗专讲所谓机锋,自谓明心见性,实不过自欺欺人而已,并不理解内外、绝对相对的统一关系。他坚决反对脱离事物的空虚之学。他说:"博学之病,病不过老牖下,孰与悟门之病,诳惑横行,而僭第一坐乎?"(同上)博学之士虽不免肤浅,但不会像自以为明心见性的人那样妄自尊大。

方以智继承了佛教思想资源以及张载"动静合一"、"阴阳合一"的思想,在《东西均》中提出了"合二而一"的命题,而与邵雍到朱熹的"一分为二"思想相补充,各从"分二"与"合一"两个方面发展了宋明时期的辩证思维,把中国辩证法思想推向了一个新的阶段。方以智认为,变化发展是物质性本体——水火二

第十一章 明清之际的社会变动与思想变化

者的矛盾运动。他说:"谓是水火二行可也,谓是虚气实形二者可也,虚固是气,实形亦气所凝成,直是一气而两行交济耳。"(《物理小识》卷一)即认为水火分属阴阳二气,是气的两种不同性质的表现形态,二者的相互矛盾,便是事物由无形的虚气到有形的实体之间相互转化的过程。这是其"火——气"一元论唯物自然观的合乎逻辑的发展。

方以智提出"一切法皆偶"的"一而二"的思想,明确肯定宇宙间的一切事物都是由两个相互排斥的对立面组成的,世界上没有脱离对立面而独立存在的事物。"丧二求一"与"执二迷一"都是错误的,前者抹杀矛盾,追求同一,如同"头上安头"一样,这就批判了理学家片面追求"理"、"道"、"太极"等没有对立面的形而上学的宇宙观。后者则偏执于事物的矛盾对立而否认了双方的相互依存,看不到事物不能脱离对立面而存在,这样做的结果,就宰杀了事物活的灵魂,使事物陷入"无头求活"的境地。

在强调事物对立的同时,方以智对矛盾的同一性也有深刻认识,提出了"合二而一"的观点。他说:"交也者,合二而一也;轮也者,首尾衔也。凡有动静往来,无不交轮,则真常贯合,于几可征矣"。(《东西均·三征》)是说任何事物都是同一的,而且包含对立面的统一,"合二而一"就是指对立面的统一。他还说:"有一必有二,二本于一,岂非天地间之至相反者,本同处于一原乎哉?"(《东西均·反因》)对立事物"本于一",处于对立的统一之中,他举了许多自然界的客观事实,证明统一性的重要,如"天之为天也,以有大地之山川动植,而后日月之,风之,雨之,雷之。使无地,何能天?使无日月风雨,安能独雷?"(《东西均·张弛》)这表明方以智讲的"合二而一"并不是只强调统一而否定对立,也不是毫无原则地调和一切矛盾而为一,他讲的是对立面的统一,是辩证法思想。因此,这一思想在中国思想史上有相当重要的意义。

方以智的最重要的学术思想贡献是在科学和哲学方面,他论证"质测"与"通几"的关系:"质测即藏通几"、"通几护质测之穷","或质测、或通几,不相坏也"。这里所谓"质测"即实测,以实际事物的通理为对象,概指自然科学;所谓"通几",以隐藏在天地万物中的发展契机和内在本质为对象,亦即哲学。所谓"质测即藏通几"是说"质测"是"通几"的前提、基础,离开"质测"而言"通几",将流于空谈;"通几"又反过来指导"质测","质测"离开"通几"就无法把握事物之间的普遍联系和运动规律。用今天的话说,就是哲学不能离开科学,科学应以哲学为指导。根据这一深刻的科学哲学观,他在接受西学中科学知识的同时,对西学进行了独具慧眼的剖析,指出西学"详于言质测,而拙于言通几"(《物理小识·自序》),"泰西质测颇精,通几未举。"(《通雅》卷首二),所以应该吸取西学中的科学内容。他还看到西学"质测犹未备也",西方自然科学也有缺点,有不完备的地方。这说明,方以智对西学的看法,远远超越了当时同辈学者,在世界观上达到了唯物主义的高度。他还在自己的著名自然科学著作《通雅》、《物理小识》中广泛介绍了物理、化学、历算、医学、水利、火器、仪表等西方自然科学知识及工艺技术。

六、陈确、唐甄的思想倾向

陈确与黄宗羲都是刘宗周的学生,明亡后隐居著述,主要著作有《大学辨》、《葬书》、《瞽言》等。中华书局出版有《陈确集》。他一生对宋明理学和佛教进行了激烈的批判。他把怀疑矛头指向程朱理学数百年立论的根基之一《大学》,作《大学辨》,阐明《大学》非圣经贤传。他的批《大学》实际上是批到了理学的头上,使理学存在的根基被动摇。因此,得到了理学卫道者的围攻,却得到了黄宗羲的支持,赞扬他的《大学辨》"与剿袭成说者相去远矣",有创新精神。

该书还从否定《大学》入手,批判理学的许多观点。

(一)批判理学的直觉主义认识论。《大学》中有八个条目,即格物、致知、诚意、正心、修身、齐家、治国、平天下,所谓的"八目"这是儒家的理想和实现理想的途径。理学家借用"格物致知"来阐述他们自己的哲学观点。朱熹说,人们通过"格物",一次再一次地接触那最高的本体"理",以期"一旦豁然贯通,则众物之表里精粗无不到,而吾心之全体大用无不明"。陈确则认为,朱熹的这种直觉论脱胎于禅宗的"顿悟"说,其实是不可能的。因为,一方面,知识没有穷尽,不可能达到尽头;另一方面,知识是在知与行的相互联系中逐渐增进、不断发展的,不可能一下就贯通全部知识。他强调"行"在人们认识中的作用,"行到然后知到"(《大学辨》三),提倡行以致知。

(二)批判理学在认识上的僵化观点。《大学》云:"大学之道,在明明德,在亲民,在止于至善。"朱熹援释入儒,以"存天理,灭人欲"解"明明德",以为人们这样做,其认识与行动即可"止于至善"。陈确反驳说,"有善之中又有善焉,至善之中又有至善","今日有今日之至善,明日又有明日之至善",根本没有绝对不变的所谓"至善"标准。

(三)反对宋儒关于"天地之性"与"气质之性"或"天理"与"人欲"对立的说教。他说:"天理正从人欲中见,人欲恰到好处,即天理也;向无人欲,则亦并无天理之可言矣。"(《瞽言·无欲作圣辨》)他认为,"富贵福泽,人之所欲",圣人也不能例外。这样,"天理"就不是那么纯洁,"人欲"也不是那么肮脏。他进一步把天理与人欲的抽象思辨还原为社会问题,提出"君子小人别辨太严","君子中亦有小人"(《瞽言·近言集》)。他还从反对禁欲思想方面,抨击佛教,指出所谓"度尽众生"的实质,不过是要"灭绝众生"。

唐甄积三十年之久才写成《潜书》九十七篇,分上下编,上编谈学术,下编谈政治。《潜书》原名《衡书》,含有"权衡天下"的意思。他反对理学的空谈性命,不讲事功,认为"事功"出于"心性"修养,"心性"修养应表现为"事功",二者是互相结合的。

他大胆而猛烈地抨击了秦以后两千年来的封建君主专制制度,指出:"自秦以来,凡为帝王者,皆贼也。"唐甄这样论证说:"杀一人而取其匹布斗粟,犹谓之贼,杀天下之人而尽有其布粟之富,而反不谓贼乎?"(《潜书·室语》)宣称历史上的大多数君主都是残害百姓的,一代之中,治世不过占十分之一二,而乱世则占十分之八九。这些乱世的帝王,或为"懦君"而"畜乱",或为"辟君"而"生乱",或为"暗君"而"召乱",或为"暴君"而"激乱"。但是,他并没有明白主张君主制度应当革除,只是要求加重宰相、六卿的职权,来改良政治。他还对封建伦理道德的虚伪进行了控诉,认为忠孝仁义诸道德都可以"置人于死",都可以"成祟"。

在经济上主张富民,认为"为治者不以富民为功,而欲幸致太平,是适燕而马首南指也"。(《潜书·考功》)即是说不能富民而要想达到太平简直是南辕北辙。他又说:"尧舜之道无他,耕耨(nòu)是也,桑蚕是也,鸡豚狗彘是也。"(《潜书·宗孟》)

他在军事上也有一些有价值的思想。他从军事学的领域发挥了"经世致用"之学的内容,例如,强调正确的作战计划决不是凭借主观想象所能制订的,必须对客观情况有深切的了解,用他的话说,"熟知地利"、"熟知人心"、"熟知敌隐"、"熟知将能"、"熟知卒用",才能取得"谋可效,功可成"的胜利结果。又如,他讲攻势战略,主张奇袭与包抄的战术,乘敌之不备,猛烈进攻,"善用兵者,不出所当出,出所不当出……善用兵者,不攻所当攻,攻所不当攻。欲取其东,必击其西;……欲取其后,必击其前。"他还指出用兵贵于"神奇":"即显即隐,即常即变,使敌莫知所从,莫知所避,斯为神矣。"(《潜书·五形》)

七、王夫之的思想观点

王夫之(公元1619—1692年),字而农,号薑斋,湖南衡阳人。晚年居于湘水之西的石船山,故学者称他为船山先生。王夫之自小随父兄读四书五经、诸子百家、汉赋唐诗,文名重于乡里,但科举考试一再落第。在清兵入关后即举兵抗击,辗转各地,失败后隐居湘西瑶族地区的荒山野岭之间,在艰难困苦之中,奋发自励,从事著述,垂四十年,得"完发以终"(始终未雉发),成为伟大的思想家、学者。王夫之知识渊博,学术成就很大,对天文、地理、历法、数学都有研究,尤精于经学、史学、文学,对明末传入的西学也有所述评。王夫之一生著述丰富,清同治年间,曾国藩、曾国荃兄弟刊刻《船山遗书》,这是目前能见到的最全的版本。主要著作有《思文录》、《周易外传》、《尚书引义》、《读四书大全说》、《张子正蒙注》、《读通鉴论》等。

  王夫之作为一个伟大的思想家,在中国思想史上居有崇高地位。谭嗣同说:"五百年来学者,真通天人之故者,船山一人而已。"当代学术大师侯外庐先生也认为王夫之的思想,"蕴含了中国学术史的全部传统"。他不止是将湖湘文化,而且将整个中国学术思想文化发展到了一个新的高峰。

  王夫之作为明清经世实学思潮的代表人物,比其他思想家更为全面、深刻地批判总结了中国思想史上各种各样的虚妄迷信思想和空疏不实学风,如对老庄学说的批判改造,对汉代天人感应、魏晋玄学、佛教、宋明理学等都有比较深入的剖析和批判,把中国思想学术真正导向唯物主义。他批判法家、道家和佛教的思想说:"古今之大害有三:老庄也,浮屠也,申韩也。"(《读通鉴论》卷十七)"其上申韩者,其下必佛老。……何也?夫人重足以立,则退托于虚玄以逃咎责,法急而下怨其上,则乐叛弃君亲之说以自便。"(同上)这就是说,在专制政治的淫威下,人人自威,就退而谈虚玄,在佛老中寻求安慰。这样的虚无主义最终会使人们"叛弃君亲",进而使国家瓦解。他批判理学家在"天理"与"人欲"关系上"存天理,灭人欲"的观点,说:"人欲之各得,即天理之大同。"(《读四书大全说·论语·里仁》)"人欲之大公,即天理之至正。"(《四书训义·中庸二》)就是说,不能离开"人欲"谈"天理","天理"即在"人欲"之中。同时,他更是对封建君主专制制度进行了大胆揭露和批判,指出:"天下者,非一姓之私也。""一姓之兴亡,私也;而生民之生死,公也。"(《读通鉴论》卷11、17)主张"不以一人疑天下,不以天下私一人"。(《黄书·宰制》)正如他对儿子王敔(yú)说的:"欲尽废古今虚妙之说,而反之实。"(《薑斋公行述》)他批判法家作为封建专制主义的理论。

  王夫之的自然观受张载的影响很大,并有许多补充和发挥,集中在《张子正蒙注》一书中,此外还有与该书互相发明的《思问录》内、外以及《周易外传》等。他特别感兴趣与认真钻研的也正是宇宙生成与万物变化等哲学问题,具体地说,主要是元气本体论与理气、道器论。

  元气本体论是张载哲学体系的一个重要基础,表现了他对宇宙生成与存在的基本看法。张载在自然观上提出"太虚即气"的观点,被王夫之进行了更为详尽的发挥。他以张载"知太虚即气则无'无'"的命题为出发点,论证气的物质性、普遍性和无限性。他说:"天人之蕴,一气而已。"(《读四书大全说》卷十)认

第十一章 明清之际的社会变动与思想变化

为自然界和人类社会的实际内容,就是气。"虚空者,气之量……凡虚空皆气也。"(《正蒙·太和注》)整个宇宙"虚涵气,气充虚",充满着"弥沦无涯"、"通一无二"的气,"此外更无他物,亦无间隙"。(同上)这就是说,充塞宇宙的、包罗万象的都是气,从无形的太空、有形的大地,众多的万物,都是气的各种存在形式,它们都统一于物质性的气。气的普遍无限性,表明了物质世界的无限性。

王夫之在对元气本体论的阐述中,始终把"气"的存在与运动紧密结合起来,特别是在运动问题的论证上具有独到的成就,发展了张载哲学中的辩证法思想。从上面的论述中,我们可以看到,王夫之在论证"气"的存在的绝对性时,始终不脱离阴阳对立的关系,如聚散、清浊、动静等等,这无异于承认物质世界不能脱离运动而存在。他在批评理学家"太极本末有阴阳"的观点时说:"误解太极图者,谓太极本末有阴阳,因动而始生阳,静而始生阴。不知动静所生之阴阳,如寒暑、润燥、男女之情质,乃固有之蕴。"(《正蒙注》卷一)这样看来,不仅"气"为"固有",运动亦为"固有"。他把运动当作事物存在的一种方式,因此,他提出如下著名观点:

止而行之,动动也;行而止之,静亦动也;一也。而动有动之用,静有静之质,其体分也。(同上)

在这里,静与动既是统一的,动亦动也,静亦动也,二者都是动的表现,又是有区分而不能混同的,这就用古代的语言说出了运动的绝对性与静止的相对性的道理,表现出深刻的洞察力。

在理气论上,王夫之在张载气一元论的基础上认为,气是世界的唯一的实体,所谓理乃是气的内在规律,是依凭于气的;气是有理的,然而没有离开气而自己存在的理。他说:"气外更无虚托孤立之理也。""天下岂别有所谓理?气得其理之谓理也。气原是有理底。尽天地之间,无不是气,即无不是理也。"(《读四书大全说》卷十)他肯定理在气中,理依凭于气,"气者,理之依也"(《思问录·内篇》),没有离开气而独立存在的理。

王夫之从理气的关系,又进一步谈到道与器,也就是哲学上说的一般和个别的关系问题。和理学的道器论相对立,王夫之提出"道寓于器以用"的道器论,其主要观点是:不存在离开"形器"之上的"道";具体的器物由阴阳二气凝聚而成,而"道"则存在于器物之中。

在王夫之的思想中,"道"是从三种意义上去使用的:(1)具体器物尚未形成以前,阴阳二气和合未分时的状态;(2)隐于具体器物之中的法则;(3)封建社会中人们之间的伦理规范。王夫之强调:"道"是"器之道",不能颠倒说"道之器",因此,"据器而道存",研究具体的器物,才能掌握其中之"道"。

在历史观方面,王夫之提出了许多超越前人的新见解。他阐发了历史进化的观点。他指出,历史是发展的过程,后来胜于往古,上古时代并不是理想的境界,秦汉以后的情况事实上比三代更好些。他根据历史实际情况的研究,批驳了理学家认为尧舜及三代是最好的时代,以后是一代不如一代的观点,认为尧舜以前,文化未开,衣服还不完整,婚姻制度也没有建立起来,人民生活与鸟兽相去不远。到了春秋时代,社会道德还很低下,杀君杀父的事情屡见不鲜,孔子提倡礼乐教化以后,情况才变得好些。

王夫之断定今胜于古,打破了上古时代是理想境界的神话。他进一步从政治制度上考察,认为三代是分封诸侯,贵族世袭;秦汉以后改为郡县制度,地方官吏不能世袭。官吏选择不当会残害人民,但可以随时撤换,比起世袭的贵族来说总是好多了。秦汉以后,每一朝代的年数比三代为短,所以郡县制度并非于天子有利,但对于人民的害处是比较轻些了。这样,他肯定秦汉以后比上古三代好,历史是前进的发展过程。

王夫之进一步肯定,在历史的发展过程中,有其必然的发展趋势,而这发展趋势重要是其内在的规律。他是通过讨论"理"与"势"的问题提出理势统一的观点,认为历史的固有规律与历史的必然趋势是相互统一的。他说:"势者事之所因,事者势之所就,故离事无理,离理无势。势之难易,理之顺逆为之也。理顺斯势顺矣,理逆斯势逆矣。"(《尚书引义》卷四)历史的发展过程,每一时期有它的必然趋势,这趋势就是理的表现。历史事件是由于必然趋势形成的,而趋势表现了事物中固有的规律。没有脱离势的理,也没有不表现理的势。那么,这种历史的必然趋势是从那里来的呢?他说:"势之精微,理字广大,合而名之曰天。"(《读四书大全说》卷九)势和理的合一就是天,天就是自然的力量。在王夫之看来,历史的必然趋势是自然的,并非有意志的神的支配。

第十二章 清代的思想和学术

一、乾嘉时期的中国社会与思潮

十八世纪中叶是我国历史上所谓的"乾嘉盛世",实际上是中国清代社会由盛而衰的转变时期。中国封建社会的经济,在清初一度遭到破坏。到了康熙时期,由于采取了一系列措施,社会经济得到恢复。从十八世纪初即康熙后期至乾隆朝,社会经济又有了进一步的发展;同时,资本主义经济因素也有所滋长。但是,它并没有突破封建经济的桎梏。

农业方面,清朝政府为了增加财政收入,刺激农民的生产积极性,改变了清初的圈地政策,转而推行"更名田"制度,即把明代原有的皇庄、官田划分给农民耕种;同时,又改变原来的赋税制度,把人税归入地税一并征收。这样,就免除了农民的徭役负担,松懈了封建的人身依附关系,客观上有利于小农经济的发展。然而,小农经济的发展又为更大规模的土地兼并提供了条件,乾隆时,许多富户占有大量土地,而过去有地之人又变成了佃农,地主与农民的矛盾日益加深。

工商业方面,基本上恢复到了明末的水平,而在纺织、陶瓷、采矿等方面有更进一步的发展。当时,南方沿江沿海的一些城市工商业还相当繁荣。更重要的是,纺织、陶瓷这些手工业已经具有工场手工业的性质,手工劳动在一些地区已带有雇佣劳动性质。在手工业特别发达的地方,如南京、苏州、上海等,也是商业发达的城市。此外,还有在交通要道或对外贸易的口岸形成的商业城市。工商业的发展,也带动了运输业和钱庄(金融)的发展。

但是,由于清政府对工商业采取的压制政策,使工商业中的资本主义因素始终不能得到迅速发展,走向近代社会。

这个时期的中国社会,一方面有社会矛盾和民族矛盾的交错,另一方面则有资本主义因素的滋长和市民阶层的力量缓慢地增长。从当时的形势看来,清王朝处于相对稳定的时期;但由于社会矛盾的演化,农民的反抗活动在不断地加强,与资本主义因素的发展相联系的市民阶层的力量正在缓慢地增长起来。

在这样的历史形势下,思想文化界,就有理学的再昌和专门汉学的兴起。理学的盛行与清廷的大力提倡是分不开的。从康熙到乾隆前期,程朱理学一直成为科举考试的依据。"理学名臣"李光地曾秉康熙的谕旨,编纂了《性理精义》、《周易折中》等书。乾隆把《朱子全书》和其他宋儒著作颁行太学,刊示诸生。这样,在清廷的倡导下,理学一度盛行起来。

专门汉学的兴起则与清廷推行文化高压政策有密切关系。自清初以来,统治者在镇压汉人的武装抗击的同时,在思想文化领域也实行严厉的镇压政策,焚毁"禁书",制造一系列株连极广的文字狱。文网严密,使学者动辄得咎,甚至惨遭杀身之祸。文禁森严,制约着整个学术思想界。这里仅举几例。康熙年间,礼部尚书沈德潜作诗《咏黑牡丹》,其中有"夺朱非正色,异种也称王"两句,被认为是影射清王朝以异族夺得朱明王权,令发棺戮尸。此外,由"清风不识字,何得乱翻书"诗句所造成的文字狱,也是乾隆由于疑心汉人嘲讽满清而造成的著名案件。雍正年间,有著名的"吕留良文选案"。吕留良是一位民族主义的鼓吹者。雍正初年,湖南人曾静偶尔看到吕留良的文选,为其"夷夏之防"的思想激发,便从吕家访得遗书,并与其徒张熙策动川陕总督岳钟琪起事反清。岳钟琪假意同意,然后秘报朝廷,清廷立即将曾、张逮捕。雍正对这一案件十分重视,亲自审问,并对吕留良的华夷之辨加以驳斥,说得头头是道,连曾、张师徒都被说服了。后来,他还把曾静辩论文字经过加工,写成《大义觉迷录》,广泛刊行,以消除汉人的民族主义思想。为了利用曾、张师徒现身说法,宣传《大义觉迷录》,雍正精心策划,将曾、张二人释放,发配到江南各地巡回宣讲。但是,与此同时,雍正把曾、张的精神导师吕留良发棺戮尸,全家杀尽,著作毁版查禁。吕留良的学生以及刊刻吕留良著作的人都被抄斩,从而酿成牵涉广泛的文字案。所以,许多学者为避祸,就被迫躲进了故纸堆中。这些都成为汉学兴起的社会文化背景。

二、专门汉学的形成与发展

自明末清初顾炎武等批判理学,提倡实学以后,在学术上就出现了"汉学"与"宋学"之争,理学逐渐衰微,汉学日渐抬头,到了乾嘉时代已经成为学术主流,皮锡瑞又把清代汉学称为"专门汉学"。他说:"乾隆之后,许(慎)、郑(玄)之学大明,治宋学者已鲜,说经者皆主实证,不空谈义理,是为专门汉学。"(《经学历史》)说明汉学之称,是为了对抗宋学而得名的,因此,专门汉学是对宋明理学治学方式的反动,又是汉代古文经学的复归。汉学家推崇两汉经学,特别是贾逵、马融、郑玄等人的东汉经学;又因为他们追求一种朴实无华的学风,有人称这一时期的学术思想为"朴学"。清代乾隆、嘉庆时期重训诂考据的研究,这一时期的学术思想又被称为"乾嘉学术"、"考据学"等。

专门汉学的流行有复杂的社会文化原因。从社会方面看,清统治者用武力统一全国以后,实行了恢复和发展生产的政策,社会安定,经济发展为学术的发展创造了良好的条件;同时,清政府又对汉族知识分子实行软硬兼施的政策,使士人的思想不能逾越一定的范围。

专门汉学的兴起也是学术思想自身发展的结果。从学术思想自身发展的轨迹来看,宋明理学风行已有六七百年之久,空疏之弊越来越明显,晚明以来遭遇了许多思想家的批评,反理学的思潮在明末清初之际已经成为学术潮流中的主流。即使统治者大力提倡理学,也是一种回光返照,理学已经走到了生命的尽头。同时,尽管明清之际有许多思想家在对理学的批评中闪现出具有启蒙因素的新思想,但这些思想在清代始终得不到继续成长发育的土壤。这与清朝统治者实行专制政策以及压制资本主义因素的成长政策有密切关系。在这样的情况下,清代的思想家和学者在否定理学之后,只有回头看,把目光转向遥远的古代。汉代的学术就成为他们最佳的选择,他们试图因循汉儒的途径,从经学的研究中找到治世的真理和方法。

专门汉学兴起的深层原因实际上存在于宋明理学内部的矛盾冲突。众所周知,在宋明理学内部始终存在着朱陆之争,这实质上是两种不同的致思倾向、学术风格和研究理路。朱陆之争旷日持久,无法在纯理论上得到解决,于是,有一些理学家转而从经典中寻找依据。程朱一派的罗钦顺"取圣人之书潜玩,久之渐觉其实"(《四库全书总目》卷93《困知录》条),从而悟出"取证于经书"之理。他将此体悟付诸学术论战实践,在《困知录》中屡以"孟子之言"与"象山之学"比较。王守仁为解决朱陆之争,也据古本《大学》立论,以为古本《大学》为孔门真传,从而论证朱子"改正补辑"的今本《大学》实际上背离了真实的孔学义理。陈确也以《大学辨》的考证,断论"《大学》非圣经",乃后世伪作。清初许多学者更全力以经学考证展开义理之争。顾炎武、阎若璩的考证具有反陆王的意味,而黄宗羲、毛奇龄的《易》考证则蕴有反程朱的旨意。这样,理学两派的争斗从义理转移到考证方面,就合乎逻辑地推出了考据学。

专门汉学的兴起还与清代文化典籍的富饶很有关系。清代图书事业在前代出版事业的基础上有飞跃的发展,康、雍、乾三朝的君主,都十分重视书籍的编纂,曾经动员巨大的财力、物力编纂规模巨大的丛书、类书以及其他"钦定"书籍,私人购书、钞书、校书、刻书、编书也蔚为风气。这种风气影响学术界,必然导出专注于校勘、辨伪、史料搜补、文字训诂的专门学问。

考据学既不触动清政府的专制统治,又有较强的学术吸引力,符合清朝的需要。这样,到了乾嘉时代,在学术界就出现了迥然有别于宋学的新思潮,这就是"专门汉学"的兴起。

专门汉学导源于明清之际的顾炎武等人,但是,他们具有进步的哲学思想和社会政治思想作为学术的主导,考据在他们的学术体系中并不占有主要地位,只是他们阐发自己思想理论的一种手段。乾嘉时期一些汉学家则恰恰相反,他们把重要精力放在考据上,片面夸大考据的作用,以此为学术的唯一追求。

到乾嘉时期,学者们从校订经书扩大到史籍和诸子,从解释经义扩大到考究历史、地理、天文、历法、音律、典章制度,对古籍和史料的整理有较大贡献。清朝统治者看中了汉学不问世事的弱点,开始转变态度,一反原先尊朱学的策略,改而大力提倡考据学,还组织人力物力,对中国古代浩如烟海的典籍文物进行收集、整理、考辨,编撰了大型字典《康熙字典》,大型丛书《四库全书》等。在整理编纂《四库全书》过程中,清王朝一方面禁止和抽毁了大批对其封建统治不利的书籍,其中大多是明、清之际学者著作;一方面崇奖汉学,使之成为汉学的"大本营"。于是,在乾嘉两朝,专门汉学便繁荣起来,在学术界几乎占了统治地位。

专门汉学的先驱者是阎若璩、胡渭、毛奇龄、万斯大、万斯同等人。他们的一些著作通过考证,纠正了前人尤其是宋学的谬误。例如,阎若璩著《古文尚书疏证》,证明今本《尚书》中的古文各篇都是后世伪造的,这就使理学家奉为道统依据的"十六字心传"就成为赝品。胡渭著《易图明辨》,揭露宋儒所传"太极图"是华山道士陈抟的作品,而与儒家典籍无关。这对宋儒的象数之学是一次严重的打击。毛奇龄作《四书改错》,从考据、训诂的角度对朱熹的《四书集注》进行批评,认为该书"无一不错"。万斯大深通三《礼》,他的治经方法,不盲从,重裁断,比较归纳,以经释经,不轻言传注,实开后来专门汉学的方法论的先河,更是戴震以至阮元的训诂注疏的前导。万斯同对于史料整理的态度,对后来章学诚史学也有显著的影响。这些著作在打破宋学的思想统治,动摇人们对于道学偶像的信仰,以及开启专门汉学的学风等方面是有贡献的。

乾嘉时期的考据学大体可分为吴派和皖派:吴派以江苏人惠栋为代表,代表人物有江声、钱大昕、王鸣盛、江藩等。吴派主张搜集汉儒经说,加以疏通,而旁及史学和文学。其治学方法从研究古文字入手,重视音训,以求经义,此即"有文字而后有诂训,有诂训而后有义理"(钱大昕:《潜研堂文集·经籍纂说序》),认为"凡古必真,凡汉皆好",以保守汉人学说为特点,目的在于重新发掘汉学来对抗宋学;皖派以安徽休宁人戴震为代表,代表人物有程瑶田、段玉裁、王念孙、王引之等。皖派主张以文字为基点,从训诂、音韵、典章制度等方面阐明经典大义和哲理,治学方法从小学、音韵入手,了解和判断经学的含义,此即"由声音文字以求训诂,由训诂以求义理,实事求是,不偏一家"(钱大昕:《潜研堂文集·戴先生传》），不但信汉，且也疑汉，其学贵在心得。他们以考据详博见长，但有时流于琐细。吴派与皖派的不同正如后世学者所言，"惠君之治经求其古，戴君求其是。"（洪榜：《初堂遗稿》卷1，《戴先生行状》）两派总体学风，梁启超在《清代学术概论》中曾鲜明指出：

一、凡立一义，必凭证据。无证据而以臆度者，在所必摈。

二、选择证据，以古为尚，以汉、唐证据难宋、明，不以宋、明证据难汉、唐。据汉、魏可以难唐，据汉可以难魏、晋，据先秦、西汉可以难东汉。以经证经，可以难一切传记。

三、孤证不为定说。其无反证者姑存之，得有续证则渐信之，遇有力之反证则弃之。

四、隐匿证据或曲解证据，皆认为不德。

五、最喜罗列事项之同类者，为比较的研究，而求得其公则。

六、凡采用旧说，必明引之，剿说认为大不德。

七、所见不合，则相辩诘，虽弟子驳难本师，亦所不避，受之者从不以忤。

八、辩诘以本问题为范围，词旨务笃实温厚，虽不肯枉自己意见，同时仍尊重他人意见，有盛气凌轹或支离牵涉或影射讥笑者，认为不德。

九、喜专治一业，为"窄而深"的研究。

十、文体贵朴实简洁，最忌"言有枝叶"。

在吴派和皖派之外，比较有影响的学术派别还有扬州学派。扬州学派继承了吴派和皖派的学术传统而又有所创新，并形成了自己独特的学术风格，具有相当浓厚的近代气息，在清代儒学发展史上具有承前启后的作用。就学术源流而言，扬州学派是从皖派和吴派发展而来。一方面，吴派的学术领袖惠栋、皖派的学术领袖戴震都曾久居扬州，其学术思想和学术活动不能不在当地发生影响。另一方面，扬州学派的中心人物王念孙、王引之、汪中、任大椿、阮元、焦循、刘台拱、凌廷堪等都曾出入于吴、皖学术之门，和皖派学者戴震或吴派学者王鸣盛、钱大昕等都有或多或少的学术渊源。也正是他们构成了扬州学派的中坚，他们在学术研究范围上的广博，在学术研究深度上的贡献不亚于吴、皖两派的任何学者。在某种程度上诚如张舜徽在《清代扬州学记》中所分析的那样，吴派最专，皖派最精，扬州之学最通。焦循曾明确地说过，古学未兴，道在在其学；古学大兴，道在求其通。因此说，如果没有吴、皖两派之专精，则乾嘉汉学不能兴盛，然而如果没有扬州之通学，那么乾嘉汉学也不能广大。不过，吴学专宗汉儒遗说，排斥其他各家，其失也固；皖派实事求是，但除戴震之外，似乎仅知详于名物度数，不及称举大义，其失也偏；只有扬州诸儒，承二派以起，始由专精汇为通学,中正无弊,最为近之。正是由于他们的努力,才使乾嘉汉学达到了学术上的高峰。

三、专门汉学的历史影响与评价

专门汉学继承古代经学家考据训诂的方法,加以条理发展,治学以经学为主,以汉儒经注为宗,学风平实、严谨,不尚空谈。专门汉学学者,无论在经学、史学、音韵、文字、训诂,还是金石、地理、天文、历法、数学等方面,都取得了当时最好的成就。其平实、严谨的学风以及精湛的业绩,是值得肯定的。

专门汉学对后来的思想学术有深远的历史影响,梁启超在《清代学术概论》中曾概括其直接效果和间接效果云:

其直接之效果:一、吾辈向觉难解难读之古书,自此可以读可以解。二、许多伪书及书中串乱芜秽者,吾辈可以知所别择,不复虚糜精力。三、有久坠之哲学,或前人向不注意之学,自此皆卓然成一专门学科,使吾辈学问之内容,日益丰富。

其间接之效果:一、读诸大师之传记及著述,见其"为学问而学问",治一业终身以之,铢积寸累,先难后获,无形中受人格的观感,使吾辈奋兴向学。二、因此种研究法以治学,能使吾辈心细,读书得间;能使吾辈忠实,不欺饰;能使吾辈独立,不雷同;能使吾辈虚受,不敢执一自是。

专门汉学在中国学术思想史上的重大贡献就是对中国历史文化进行了空前规模的总结,在古代文献的整理、考订、校勘、辨伪和集佚方面成就辉煌。段玉裁的《说文解字注》和朱骏声的《说文通训定声》及王引之的《经传释词》,都是关于中国古文字学研究的重要成果。段玉裁由音韵考订文字,并对中国文字构造原则的"六书"(象形、指事、形声、会意、转注、假借)的意义作了进一步阐明。王引之从古书中归纳了 160 个虚词,并考订了它们的渊源、演变,对其意义与用途加以解说。江永的《古韵标准》、戴震的《声类表》、《声韵考》,段玉裁的《六书音韵表》对古韵学都有卓识和创见。学者们整理和考订的论著很多,仅阮元辑的《皇清经解》及王先谦辑的《皇清经解续编》所收古籍就达 389 种 727 卷之多。还有一些学者专门从事古籍的校勘和辨伪工作,对《荀子》、《墨子》、《管子》、《逸周书》、《战国策》、《竹书纪年》、《山海经》和《水经注》等著名的古书进行了认真的校勘,订正了许多脱漏和错误。散佚古籍的辑佚也获得了丰硕成果,仅从《永乐大典》中就辑出已佚古籍三百余种。因此,梁启超曾评价专门汉学云:"固无益于人国,然为群经忠仆,使后治此国学者,省无量精力,其勤固不可诬也。"(《论中国学术思想变迁之大势·近世之学术》)

专门汉学在其后的重要影响是直接导致了诸子学在清代的兴起,并对后来五四新文化运动产生了重大影响。专门汉学要研究经学必须依赖他种古籍作辅助,结果引起许多古书的复活,于是有许多人对诸子书也进行校刻和研究,如汪中、俞樾、孙诒让等人对诸子学就进行了深入研究,一时蔚为大观。降至晚清,西学输入,宿儒考其实际,觉得多与诸子相符,诸子学的地位再次提高,中经康有为、梁启超等人的提倡,到章太炎,诸子学俨然成了一门有系统有条理的专门学问。胡适把这一现象形象地比喻为"婢作夫人"。清代诸子学的复活,实际上成为近代思想解放的一个关键因素,对后来的五四新文化运动影响很大,以至影响到现代。中国现代学术思想史上第一部开山的哲学史著作《中国哲学史大纲》(上卷),就是胡适以西方的哲学范式对中国古代思想进行重新整理的结果,其基本态度是对先秦诸子以平等眼光试图恢复其在历史上的本来面目。这后来进一步影响到一大批研究中国思想史的学者,形成了以西方哲学理路研究中国哲学史的强大力量和势力,一直到今天。

专门汉学的研究方法和思维方法与某些现代哲学流派的致思趋向有惊人的相似。把专门汉学推向高峰的戴震,曾谈到清代考据学的旨趣:"经之至者,道也;所以明道者,辞也;所以成辞者,字也。必由字以通其辞,由辞以通其道,乃可得之。"(《国学汉学师承记·戴震》)《四库全书总目》在《凡例》中也着重强调了专门汉学的核心主张:"说经主于明义理,然不得其文字之训诂,则义理何自而推?"这种从理解、阐释文字形、音、义源流变化进而把握经典意蕴的路径,是一种颇具特色的语言分析方法,与现代西方的分析哲学的思维逻辑颇为接近。分析哲学认为,哲学问题与语言问题密切相关,要解决哲学问题,需从分析语言入手。维特根斯坦更宣布:"不弄清语言的意义,即无资格讨论哲学。"两者之间有非常惊人的相似之处。当然,这种相似并不表明专门汉学便是一种真正意义上的现代学问,具有现代科学精神。后来,清末乃至民国的许多学者在新的历史条件下继承和发挥了其中的科学因素,也有许多学者把这样的学风作为自己逃避社会政治的借口。

专门汉学的最大弱点是脱离实际而缺乏现实感,因埋头于繁琐考据而缺乏理论思维和理论批判的能力。清统治者正是看中了这一弱点,到了乾隆时期,就一反前朝尊朱学黜汉学的态度,转而大力提倡考据,以作为理学的补充。专门汉学造成了一种相当普遍的现象:学术与思想的分裂,使学术失去了思想性的追求,变成了为学术而学术;而思想也失去了学术的支持,变成了虚悬的道学教条。这样,在思想文化界就出现了两张皮:一方面是很具体很"科学"的文献学或语言学的考据,另一方面则是习惯性地反复重申的道德训诫。不过,也有相当一部分学者有意识地借用学术研究在考据当中非常艰难而隐晦地表达自己的思想。他们通过对一些经典的辨伪来消解正统思想的依据,用文字训诂的方法来清理一些思想观念的演变,并在这个过程中确立新的思想观念。

四、颜李学派的思想特点及其重要观点

颜李学派指颜元、李塨合创的学派,是清初一个重要的学术派别。颜元年轻时就不喜科举而热衷于经世之学,喜读《七家兵书》并研究军事、技击之术。24岁时,他开始在家中开馆授徒,这一年,他著《王道论》(即后来《四存编》之一《存治编》),主张恢复古代的井田、封建、学校,建立乡举里选和兵农合一的军事政治制度。

颜元对理学心学都进行过研究,开始一心一意地尊奉朱学,后来又深感朱学不能解决实际问题,便更加重视对实际问题的研究,他把他所居"思古斋"改为"习斋",同时撰述《存性编》与《存学编》。后来,他在漫游过程中,发现理学的影响非常深,"人人禅子,家家虚文",更加强了他必破程朱陆王的决心,结果走上批判程朱陆王的道路,其态度比黄宗羲、顾炎武、甚至王夫之还要激烈些。在他看来,无论理学心学都是"心头玩弄"的概念游戏,教人死读书,使人耗尽身心,无利于国家人民,都是杀人之学。针对当时流行的这一套"虚学",他提出"实学"。他所谓的"实学",是指救世济民的农工兵政之学,认为这才是周孔的"六艺",提倡恢复这样的"周孔正学"。

颜元为学最强调实学实用,他认为,自汉晋章句泛滥以来,清谈虚浮日盛,尤其是宋儒"著述讲论之功多,而实学实教之力少"。(《存学篇》卷一)其为学之要旨是"习行于身者多,劳枯于心者少。……为做事故求学问,做事即是学问"。(《颜习斋先生年谱》卷下)颜元认为,要看一件事有无实用价值,实践是最好的检验标准。他把理学家空谈的"正其谊不谋其利,明其道不计其功",予以根本扭转,针锋相对地提出了"正其谊以谋其利,明其道而计其功"。并把自己的治学之道归结为实学、实习、实行。梁启超说他"举朱陆汉宋诸派所凭借者一切摧陷廓清之,对于二千年来思想界,为极猛烈极诚挚的大革命运动"。(梁启超:《中国近三百年学术史》,第105页)

颜元强调经世致用,但与当时其他思想家(如顾炎武)不同,他不是通过读经史、订群书以求道之所在,而是认为"以读经史、订群书为穷理处事以求道之功,则相隔千里;以读经史、订群书为即穷理处事而曰道在是焉,则相隔万里矣"。(《存学编》卷二《性理书评》)可见,他反对于经典中求道,更反对把经典本身当作道。这种从实事实物中求道的主张,是颜李学派的特色。颜元的著作主要有《四存编》(包括《存治编》、《存性编》、《存学编》、《存人编》)、《习斋记余》、《四书正误》及后人所辑的《颜习斋先生言行录》等。

李塨少从学于颜元,32岁中举人,以后多次入京师,结交海内名士,宣传颜元的思想学术观点,发挥颜氏学说,与颜元倡导一种注重实学,反对死读书,强调"习行"、"习动",主张在实事实物中求道的学风,世称"颜李学派"。李塨在经世思想上,一度比颜元还要激进一些。李塨对理学的空疏无用作了揭露和斥责,他指出:"承南宋道学后,守章句,以时文应比,高者谈性天,纂语书,卑者疲精敝神于八股,不唯圣道之礼乐兵农不务,即当世刑名钱谷,懵然罔知,而搦管呻吟,遂曰道学。"(《恕谷后集》卷九《书明刘户郎墓表后》)认为理学家空谈"致虚守寂"之害,是宋明亡国的原因。批判程朱的理气观,提出"理在事中"的命题。颜元托周孔之名来表达他的思想,而李塨则提出"不必袭古之迹"。李塨晚年受阎若璩、毛奇龄的影响,逐渐背离其师颜元的求学济世精神和他早年的激进思想,走上了考据之路。其主要著作有《大学辨业》、《四书传注》、《拟太平策》、《恕谷后集》等,收入《颜李丛书》。

颜元的另一名弟子王源,在年轻时就喜好兵书,自比诸葛亮与陈亮,他认为程朱"迂阔实不足有为",王守仁"学入于禅",皆不足取。经李塨介绍师事颜元,从学时间虽然不长,但思想上继承了颜元经世与求实精神。王源曾著有《易传》、《兵法要略》、《平书》等,多已亡佚,世传有《居业堂文集》。

颜李学派的重要观点是人性论与伦理观。

在人性论问题上,颜元反对理学家轻视"气质之性"的观点,肯定"生之谓性"的命题,倾向于自然人性论。他说:"诸儒多以水喻性,以土喻气,以浊喻恶,将天地予人至尊至贵至有用之气质,反似为性之累者,然不知若无气质,理将安附?若去此气质,则性反为两间无作用之虚理矣。"(《存性编》卷一,《棉桃喻性》)不难看出,颜元认为所谓"气质之性",也就是人的自然之性,是人生存的基础,也是人伦道德的根基。

朱熹为贬低气质之性而抬高义理之性,用了许多譬喻。如,朱熹以罩灯纸喻气质,以灯光喻性,认为"拆去了纸便是光。"颜元驳斥说:"此纸原是罩灯火者,欲灯火明,必拆去纸。气质则不然,气质拘此性,即从此气质明此性,还用此气质发用此性,何为拆去,且何以拆去?"(同上,《性理评》)这里仍然强调义理之性不能离开气质之性,扩而言之,在他看来,人如果离开了人的自然属性,也就不存在道德属性。这种观点带有自然人性论的特色。

程朱理学把"义理之性"与天理相联系,把"气质之性"与物欲相联系,因此,他们人性论的归宿就是"存天理,去人欲"。而颜元则从自然人性论出发,对人的欲望加以肯定。他说:"故礼乐缤纷,极耳目之娱而非欲也";"人为万物之灵,而独无情乎?故男女者人之大欲也,亦人之真情至性也。"(《存人编》卷一,

《第一唤》)这样就肯定了人们享受生活的正当愿望和男女之间的真情至性,这在理学占统治地位的封建社会是十分难得的。不过,颜元也接受了宋明以来区分天理人欲的思想,他说:"理欲之界,若一毫不清,则明德一义先失。"(《言行录·理欲》)在这一点上,他与理学的界限并不完全清楚。他认为由气质变化而产生不好的人欲,不是人的气质本然如此,而是后天"引蔽习染"造成的。他所说的人欲的具体内容比较严格,不像朱熹那样广泛。他还特别强调劳动可以克服"邪妄之念"的人欲。他说:"吾用力农事,不遑食寝,邪妄之念,亦自不起。若用十分心力,时时往天理上做,则人欲何自生哉。信乎,力行近乎仁也。"(同上)

颜元还褒扬人的价值,显示出与理学家不同的伦理观。在《人论》中,颜元把由天地万物到人的出现描述为一个自然过程,在这个自然演进的过程中,人是天地的产物,又是万物中最贵重者。人产生于自然,禀赋了天地的精华,与自然有着某种一致性,故称之为"肖子"。与此同时,人贵于万物之处,在于人能够役物、改造自然,使自然能为人所用,这就有功于自然,故称之为"孝子"。这就是颜元在《人论》中阐述的"肖子——孝子"论。这种文化人类观有质朴的合理性,但它缺乏实证科学的论证,因此学术价值不高。但值得注意的是,在颜元借用的宗法语言(天地、父母、孝子)背后,表述了人与自然的对立统一关系。他所论的"人",虽然还不是历史的人,但却含有天下人人平等的意味;他强调人有功于天地的独特价值,提出"天地因人而号著",肯定了人的作用,这是一篇关于"人"的颂歌。

李塨继承了颜元的人性论和伦理观方面的基本观点,并有进一步的发挥。在理欲论方面,他与师说一致,主张情欲的正当合理性,并直接批评了王阳明的"格去物欲"之说。

颜李学派强调"理在欲中",是以"理在事中"的哲学观作为基础的。李塨不仅阐述"理在事中",还从历史进化角度阐明"道在事中"的历史观,用来解释伦理道德问题。他说:世上刚有人类的时候,混混沌沌,后来有了夫妇、父子、兄弟、朋友的人伦分别,在此之后又有了君臣,即使是诛取禽兽,茹毛饮血这些事情也有先后的次序,这就形成了"礼";与上述活动相适应的前呼后应、鼓舞相从就形成了"乐",于是射、御也随之出现;又由于统计、记录等等的需要,书册也出现了。久而久之,上述因社会生活需要而出现的仪式规矩制度化,并为人们所遵守和习用,这就是所谓"道"。"伦,实事也;道,虚名也。"(《恕谷后集》卷十二,《原道》)这样的看法阐发了道产生的历史过程,把人类社会生活的演进当作道产生的基础和根据。

王源发挥了颜元高扬人的价值的观点,强调人能战胜自然。他说:"夫天地之判也,初有风雷,水火次之,山泽又次之,而后草木生焉,鸟兽育焉,最后生人。生人而天地之责毕矣。何也? 天地无为而知能尽付于人,则惟静静以运其日月寒暑,而成天平地皆人之所为,而天地无与焉矣。"这就是说,有智慧的人是物质世界进化发展的最高阶段,人有着"成天平地"即改造自然的能力,而天地并没有主宰人的命运的神性。这是古代"人定胜天"的思想的发展。

五、戴震的学术思想

戴震(公元1724—1777年),字慎修,又字东原。安徽休宁(今属屯溪市)人。家境贫寒,曾随父经商,后来靠教书维持生计。曾受到文字狱的牵连,到扬州、北京等地避难。38岁中举,后来仕途一直不顺,51岁任《四库全书》纂修,致力于编撰工作直至病逝。

戴震作为我国十八世纪中叶的著名学术宗师和思想巨擘,在对传统经典诠释的基础上建构了其义理之学的思想体系。在乾嘉考据学者中,戴震是出类拔萃的人物,他对经学、语言学有重要的贡献,尤精于名物训诂,从训诂探讨古书义理。他一生著述很多,包括音韵、算术、几何、考据、天文、地理、方志等各个方面。在哲学方面最重要的著作是《原善》、《孟子字义疏证》。《孟子字义疏证》一书是他一生最重要的著作,直到临终才最后定稿。戴震的学术思想,以他对宋学态度的变化,大体可以四十岁为界限,分为前后两个时期:前期虽力倡汉学,但不排斥宋学;后期独标经书新义以力攻宋学。他批判宋儒义理的"凿空"之弊,晚年更对理学进行了有力的清算。可以说他是中国古代思想史上最后一位思想大师,成为中国传统思想向近代思想转化的重要桥梁,启导了近代启蒙思想的曙光。

戴震在《孟子字义疏证》中所阐述的自然哲学,以"气"作为世界的本源,以"道"作为世界万物的基本规律,并对"道"与"理"的范畴进行了区分,把"道"作为万物的基本规律,而把"理"视为"物之质"。他说:

> 理者,察之而几微必区别之名也,是故谓之分理;在物之质,曰肌理,曰腠理,曰文理。得其分则有条而不紊,谓之条理。……古人所谓理,未有如后儒之所谓理者矣。(《孟子字义疏证》卷上)

他强调"理"是事物互相区别的特性,认为由于事物各有特质,所以它们才能互相区分。"理"在戴震的哲学体系中,相当于"本质",它体现在事物内部,所以称为"肌理"、"腠理"、"文理"。戴震对"道"与"理"的范畴的区分,是在吸取韩非"万物各异理而道尽稽万物之理"(《解老》)思想的基础之上,对"理"再次进行的缜密分析。此种分析与理学不同。在理学家的思想体系中,"理"与"道"是同一范畴,都是最高层次的抽象本体,而具体事物的本质和法则只不过是这个最高的抽象本体的再现。与此不同,戴震区分"道"与"理",用"分理"的观点否定理学的"理",使"理"与事物共存。

在此基础上,戴震对理学的社会作用也进行了批判。他提出,"理"自宋代以来,已经成为尊者、长者、贵者压迫卑者、幼者、贱者的工具。他说:

尊者以理责卑,长者以里责幼,贵者以理责贱,虽失,谓之顺;卑者、幼者、贱者以理争之,虽得,谓之逆。……人死于法,犹有怜之死,死于理,其谁怜之?(《孟子字义疏证》卷上)

这是对不公正的"理"的控诉和抗议。为了反对这种"理"的压迫,戴震还把"理"解释为人类正当的感情和欲望。他说:"理也者,情之不爽失也,未有情不得而理得者也。"(同上)这种感情和欲望人人都有,尊贵者有,卑贱者也有。如果尊贵者以所谓"理"来否定卑贱者应有的感情和欲望,这就是"以理杀人"的一种表现。

由此他批评了一些理学家的"理欲之辨",提出了"理存于欲"的观点。他说:"今以情之不爽失为理,是理者存乎欲者也。"(同上)这是说,情欲的适当满足就是理,理即在欲中,不是与欲对立的。他又说:"有欲而后有为"(同上),认为人欲对人类的存在有重要的意义。但理学家们以"理"来排斥人欲,戴震认为这无异于"以理杀人"。因此,他大声疾呼:"其所谓理者,同于酷吏之所谓法。酷吏以法杀人,后儒以理杀人,浸浸然舍法而论理,死矣,更无可救矣!"(《与某书》)这里是对封建礼教的强烈抗议和批判。

戴震对于人的情欲的肯定,从人的自然本性出发,这是与他的自然天道观一致的。其人性论与认识论,也都是从气化流行的自然天道观出发。他说:"人生而有欲、有情、有知,三者,血气心知之自然也。"(《孟子字义疏证》卷上)他指出人的认识作用是以人的生理机构为基础的,"有血气,夫然后有心知"(《原善》上),所谓"血气",指人的活的身体,是人的认识的基础。所谓"心知",是指人们认识事物之"理"的能力。他说:"味与声、色,在物不在我,接于我之血气,能辨之而悦之,其悦者,必其尤美者也。"就是说,味与声、色是事物本身所固有的,它们是通过和人的感官耳、目、口、鼻相接触而被感知的。但是,"血气"的作用只能达到对于事物的感性认识,要达到对事物的理性认识,他认为还必须通过"心知"。他说:"心能辨夫理义。……并理义在事物之条分缕析,接于我之心知,能辨之而悦之,其悦者,必其至是者也。"就是说,"心知"的作用,在于对外界事物进行分析、综合,以便掌握其中的条理、规律。由此可见,"血气心知"在认识过程中各有其职能:"血气""接于物",而"心通其则"。这样,戴震就肯定了"血气"与"心知"的不可分,"心知"是从"血气"而来的,进而否认了在"血气"

之外别有什么"天心"的观点。

戴震还谈到认识深化的必要性。他说:"必然与自然,非二事也。就其自然明之尽,而无几微之失焉,是其必然也。……若任其自然而流于失,转丧其自然,而非自然也。故归于必然,适完其自然。"(《绪言》)人要把自己初始的认识能力充分发挥,使之达到必然;这种必然实际上就是自然的完善,二者是一致的。反之,如果放弃主观的努力,任其自然,那么认识能力不仅不会提高,反而会丧失人本身具有的"能明"本性,也就丧失了自然。

六、浙东学派及汪中的学术思想

浙东学派是指清初活跃在浙东的学术派别,主要成就在史学方面。继黄宗羲之后,浙江东部的学者,如万斯大、万斯同(皆为黄宗羲的弟子)和全祖望、章学诚等人,形成了所谓"浙东之学"。他们一般主张治学先穷经而后求证于史(黄宗羲),并提出"六经皆史"等命题(章学诚),倡导一种注重研究史料和通经致用的风气,其主要特点是学术研究要切于"人事",反对在"人事"之外别求什么"义理"。

汪中(公元1744—1794年),字容甫,江苏江都(今扬州市)人。出身于贫寒的读书人家庭,十多岁入书店当学徒,得以博览群书。经过艰苦自学,卓然成家。汪中早年丧父,事母至孝,因母老竟不朝考,绝意仕进,生活甚为潦倒。但生性亢直,恃才傲物,流于偏荡。一生治学范围遍及经史诸子,多有所发明。可惜著述散佚不少。西泠印社发行的秦更年1905年序印的《江都汪氏丛书》收录著述最全,而以《述学》影响最大,是其平生撰著之文的汇集,大致可以分为两类:一为辞章之文;二为学术之文。

汪中虽然不属于浙东学派,但与章学诚是好友,同样精于史学。他的学术也受汉学的影响,不过他并没有沉湎于汉学的烦琐,而是把考据看作历史学的一部分。汪中的社会思想表现了对社会下层人民的同情,特别是对于妇女的同情,提出了一些乌托邦式的幻想,这些都带有市民意识的特点。汪中揭露封建礼教对妇女的压迫,写了《女子许嫁而婿死从死及守志议》等,主张寡妇可以再嫁,男女在一定程度上应该有社交的自由等等。这些思想在其笔下虽然还披着"礼"的外衣,但实际上已经突破了封建立法的内涵,透露出近代启蒙的意识。汪中还曾设想在各州县设立"贞苦堂"和"孤儿社",收容无依靠的寡妇、孤儿,并设立有详细的计划,但都未能实现。

汪中对传统思想的批评突出的是对《大学》的怀疑,这与清初思想家陈确非常相似。汪中在《述学·补遗》中有《大学评议》一篇,他从三个方面论证《大学》并非至高无上的经典:其一,从《大学》的文字看,与《礼记》中的其他篇,如

《坊记》、《表记》、《缁衣》等不相上下,为七十子后学所记,与曾子学说关系不大。宋儒表彰它,是为了用其中的"格物致知"一语来附会禅学。其二,根据周秦古书写作形式的通例,朱熹作《格物致知传》,将《大学》分为"经"一章,"传"十章,篡改了古书原秩序,无所根据。其三,他用孔子"因材施教"的原则,驳斥了宋儒所谓"三纲领"、"八条目"规范天下人的思想,认为这种用一定范式来教育人的方式,与孔门的教育原则相矛盾,因而《大学》不会是孔门的真传。

他还对明代以空谈心性为主要内容的"讲学"风气提出批评。写有《讲学释义》一篇,与顾炎武对明末讲学风气的批评颇为相似。

汪中学术方向与傅山相似,集中表现在对先秦诸子的研究上。在荀子研究方面,他认为"荀卿之学,出于孔氏,尤有功于诸经"。(《述学·补遗》《荀卿子通议》)这样的说法与传统上孔孟并齐,贬低荀子的观点不同,而是大胆地把荀子说成是孔子学说的真传者。他说:"自七十子之徒既殁,汉诸儒未兴,中更战国、暴秦之乱,六艺之传赖以不绝者,荀卿也。周公作之,孔子述之,荀卿子传之,其揆一也。"(同上)他作《荀子年表》,大力表彰荀子。这就否定了宋儒的"道统"说。

在墨子研究方面,汪中写了《墨子序》、《墨子后序》,论断墨子是春秋战国诸子中的一派,特别对孟子指责墨子的观点加以辩驳,为墨子翻案。他认为,(1)墨子学术为救世之作,墨子为救世之仁人,不可以洪水猛兽诬之,也不可假仁义以恶之;(2)墨学为当世之显学,九流之中惟儒学可与之抗衡,其余则非其伦比。杨墨并称之说与史实不符。(3)儒墨相攻,为道不同不相为谋,并非正统与异端之别,儒、墨互相批评,无害于学术的发展。这些大胆的言论,遭到了当时一些正宗学者的攻击,被视为"名教之罪人"。

在其他诸子的研究中,他也敢于提出自己的独立见解,不墨守前人旧说。如他撰有《老子考异》,论证老聃、老子、老莱子三人各不相蒙,五千言作者之老子是晚出于孔子之后的人。他还指出,对《庄子》中的寓言不能当作历史证据来看待。

诸子研究开启了清代诸子复兴思潮的产生,对清末乃至现代的思想学术界影响很大。晚清章太炎、康有为、梁启超等都对诸子怀着莫大兴趣,进行研究、阐发和批判,如章太炎写了《诸子学略说》,依照刘歆把西汉中叶以前学术派别分为九流十家,并逐一考察了各派的起源、发展和流变过程,发挥了"尊子贬孔"的观点。对现代思想史上胡适、冯友兰研究中国哲学史影响也很大,如其论墨子的事迹即为胡适《中国哲学史大纲》所采纳。

七、焦循与阮元的思想学术

焦循(公元1763—1820年),字理堂,江都(今属江苏)人。生于书香世家,

29岁中举,后来会试不济,遂绝意科举,终生居家治学,成为一位在各方面都有成就的学者。他于经、史、历算、音韵、训诂诸学无所不精,此外还精通诗词、戏剧、医学等。著作很多,汇编为《焦氏遗书》,其中《易学三书》、《论语通释》、《孟子正义》是为人所熟知的。

焦循思想中最具特色的部分,是他的数理研究、易学研究以及人性学说。他把这三个方面加以贯通,并把崇尚理性、讲求变通的思想融汇其中,表现出追求进取的精神。

焦循的数学研究,直接继承梅文鼎、戴震,对当时能见到的中国古代及西方数学著作进行了研究,认真会通中西算法,注重数理探讨,做出了超越前人的成绩。

焦循在数学研究中反映的哲学思想,用他自己的话来说,即"名起于立法之后,理存于立法之先"。(《加减乘除》卷一)所谓"立法",是指数学法则、规律,由"立法"而产生定义和概念,就是"名"。而法则和规律早已在天地之间存在着。这样的观点不能简单地加以指责,焦循在这里实际上区别了客观存在的"理",以及被人所认识的"理",不是没有道理的。

焦循用数学的思维方式理解人生,并以这种方式理解其他一切事物。他根据数学的理论还原,认为"理"是错综变化的抽象形式。他说:"名主其形、理主其数。"(《加减乘除》卷三)这是说,有形状的东西可以用"名"(概念)来把握,数量的关系可以用"理"来把握。他举勾股为例,说明只要掌握了理,便可以认识数,从而驾驭形,了解千变万化的客观世界。这种观点,把客观世界的一切变化看成是纯粹数量关系,有扩大之嫌。

焦循研究易学的基本精神就是力图找出事物变化之间的数量关系,并以这个关系作为他的哲学的出发点。他充分利用数学方法,探究《易》中对事物变化原则的表述,自认为作法取得了成功,找到了《易》中卦爻变化的三条根本原则,即:(1)旁通;(2)相错;(3)时行。所谓"旁通",从卦象上说,是指64卦每一卦中六爻皆成相反的卦象,64卦可以分为32对,每对中的两卦,其刚柔互相配合,又可以互相推移。引申到哲学上,就是指万物各按照不同的"取类"而形成彼此交感、贯通和互相依存、制约的关系。所谓"相错",从卦象上说,是指八卦交相重叠,互相联系,互相转化,其卦辞也可以互相发明。引申到哲学上,就是指矛盾着的对立物互相交错,构成事物存在的次序。所谓"时行",从卦象上说,是指刚柔之爻象推移互移而不终止,在此过程中,遇不通即变为旁通之卦,使趋于通。引申到哲学上,就是指事物趋时而变通。这三者当中,以旁通说为基础,相错是旁通说的补充和推衍,而时行说又在前二者基础上讲刚柔相易的总过程。

他认为有了这三条原则,就可以推求《易》中 64 卦 384 爻的变化,从而认识客观事物之间变化的数量关系。他称这个数量关系的原则为"比例",说:"近者学《易》十许年,悟得比例引申之妙。"

焦循易学研究有比前人进步的地方,如他敢于突破传统注的范围,直接从 64 卦内寻找"参伍错综"的关系。特别是他的易学研究中贯穿了"变通"的哲学思想,上面所讲的旁通、相错、时行,实质上都是讲"变"的。

焦循的人性学说,也贯穿着"变"的思想。他说:"人性所以有仁义者,正以其能变通,异乎物之性也。以己之心通乎人之心,则仁也。知其不宜,变而之乎宜,则义也。仁义由乎能变通。人能变通,故性善;物不能变通,故性不善。"(《孟子正义·告子上》)这段话是焦循人性学说的主旨。他用变通来解释人性,从人与物相区别开始,直到最高的伦理范畴"仁"、"义",都以变通为存在和发展的条件。

焦循认为人性变化有共同的趋向性:"以己之情通乎人之情,以己之欲通乎人之欲,……如是则情通。"(《孟子正义》卷 22)他反对宋儒把人性与情、欲决然对立的观点,认为性、情、欲三者互为表里、不可分割。情、欲是人所共有的,只有通过情、欲的交感"旁通",才能对人性的塑造产生影响。他说:"非通乎情,无以正乎性。"他批判宋儒"存天理,灭人欲"之说,指出"舍情而言善,舍欲而言仁",是"昧乎羲、文、孔、孟之传"的。他认为"人己之情通,而人欲不穷,天理不灭",才是真正的"善";反之,"不以己之欲不欲,通乎人之欲不欲,是无情。无情是不近人情。"泯灭人情的结果必将导致"人欲穷"、"天理灭"。可以看出,焦循的这些观点是站在晚明以来的反理学的传统这一面的,从中已经透露出近代人性觉醒的朦胧曙光。

阮元(公元 1764—1849 年),字伯元,江苏仪征人。早年中举,一生仕途顺利,显赫一时。作为一个经学家兼思想家,他的学术活动主要是解说经典,他的一些思想也就通过对经典的训诂考据而曲折委婉地表达出来。这种由考据以明义理的途径,标志着考据学走向思想的末路。阮元在学术和思想上的贡献一是对汉学的总结,一是对文化史的研究。

在对汉学思潮的总结方面,他的功绩之一是在汇刻编纂方面,为后人留下了宝贵的学术文化遗产,如《经籍纂诂》106 卷,重刻《十三经注疏》并附校勘记,《皇清经解》等,汇集了乾嘉汉学的研究成果,在今天仍有重要的学术价值。

阮元对汉学的总结,不仅在经籍的辑录与融合方面,更重要的是他对汉学学术方法以及学风的总结。他的治学的基本方法是由训诂以通经义,基本论点可以概括为:(1)由训诂求义理。他说:"古今义理之学必自训诂始",其原因是

"舍经求文,其文无质,舍诂求经,其经不实。为文者当不可以昧经诂,况圣贤之道乎!"(《研经室二集》卷七);(2)训诂以汉儒为准绳。原因是因为"圣贤之道存于经,汉人之诂,去圣贤尤近",他甚至把汉儒郑玄等人说成是"行藏契乎孔、颜,微言绍乎游、夏"(《研经室四集》卷二),反映出对汉儒的推崇;(3)在训诂中讲求实事求是。他说:"余之说经,推明古训,实事求是而已,非敢立异也。"(《研经室集·自序》)当然,这里的实事求是是有特定的范围和内涵的,是指揭示古圣贤的本意。这三种方法,是把以儒家经典为主的古代经书当作真理的源泉,这就有点狭隘。同时,汉学视训诂考据方法为求得真理的唯一方法,在客观上就排斥探索宇宙和世界的普遍法则的科学与哲学的方法。

阮元在训诂过程中,注重"义理"的发挥,这是他对戴震思想的继承。在他所阐述的"义理"中,"行"是一个重要的内容。他有释孔门"一贯"、释《大学》"格物"、"心"等考据论著,都强调"行"。在解释孔子的学说时,表现了他提倡实学、主张实行的义理观。

阮元的文化史研究主要是对于文化史资料的整理和考据,通过古文字的训释表达他的思想观点。例如,他力图通过对古代文字原义的分析而理解古代社会制度和思想,阐述了古代语言与古代文字的关系,提出"字从音出","义从音生"。他写的《释矢》、《释门》、《释且》等,都从古代文字源流的研究出发,加以引申,涉及古代文化及制度。他还善于利用考古成果来研究古代文化,他研究过金石学,撰有《山左金石志》、《两浙金石志》,还引用周器"散氏盘"等佐证经学,并从韵读上认识了一些周金文字。这种通过器物来考证古代制度的方法,开启了近代学人研究古史的新途径。

图书代号：JC6N0804

图书在版编目(CIP)数据

中国古代思想简史/韩星编著．—西安：陕西师范大学出版社，2006.8
ISBN 7—5613—3631—4

Ⅰ．中… Ⅱ．韩… Ⅲ．思想史—中国—古代　Ⅳ．B2

中国版本图书馆 CIP 数据核字(2006)第 072343 号

中国古代思想简史

韩　星　编著

责　任　人	王向辉
封面设计	徐　明
出版发行	陕西师范大学出版社
社　　址	西安市陕西师大 120 信箱(邮政编码：710062)
网　　址	http://www.snuph.com
经　　销	新华书店
印　　刷	陕西宝石兰印务有限责任公司
开　　本	787mm×960mm　1/16
印　　张	15
插　　页	2
字　　数	232 千
版　　次	2006 年 8 月第 1 版
印　　次	2006 年 12 月第 2 次
书　　号	ISBN 7—5613—3631—4/B・121
定　　价	20.00 元

读者购书、书店添货或发现印刷装订问题，请与本社营销中心联系、调换。
电　话：(029)85251046(传真)　85233753　85307864
E—mail：if—centre@snuph.com